LE TRAITÉ

DE

CATEAU-CAMBRÉSIS

PAR

LE BARON ALPHONSE DE RUBLE

LE TRAITÉ

DE

CATEAU-CAMBRÉSIS

LE TRAITÉ

DE

CATEAU-CAMBRÉSIS

(2 ET 3 AVRIL 1559)

PAR

LE BARON ALPHONSE DE RUBLE

PARIS

LABITTE, EM. PAUL ET Cie

LIBRAIRES DE LA BIBLIOTHÈQUE NATIONALE

4, RUE DE LILLE, 4

1889

Le traité de Cateau-Cambrésis, complété cinquante ans plus tard par le traité de Vervins, a été la charte fondamentale de l'Europe jusqu'au traité de Westphalie. Peu d'instruments diplomatiques ont eu des effets plus durables. La convention du 2 avril 1559 répondait aux nécessités présentes de l'Europe; elle délimitait sagement les possessions de chaque nation, réprimait pour toujours l'essor de la maison d'Autriche vers la monarchie universelle, amoindrissait la puissance de Philippe II dans les Pays-Bas et en Italie, cantonnait ce monarque dans les montagnes de sa péninsule et assurait la liberté du reste du monde, longtemps menacée par l'omnipotence de Charles-Quint.

Les Pays-Bas, l'Italie, l'Angleterre et la France en tirèrent de grands avantages.

Les Pays-Bas furent délivrés de la présence d'un prince que les traditions de mœurs et de religion éloignaient des peuples du Nord. Le pouvoir de Philippe II dans les Flandres se relâcha par degrés jusqu'au jour encore éloigné de la retraite définitive des Espagnols.

L'Italie, sauf le royaume de Naples, obtint l'indépendance que le traité avait seulement fait entrevoir aux Pays-Bas. La France et l'Espagne s'étaient longtemps disputé la possession de la Péninsule. La paix de 1559 termina cette longue querelle. L'Italie, livrée à elle-même, s'organisa suivant les lois de sa configuration géographique et chercha dans la puissance personnelle de ses petits princes, surtout en Piémont, une force de résistance capable de défier les retours offensifs de ses anciens maîtres. En même temps monta sur le trône pontifical un prélat, Paul IV, le premier des souverains romains qui ne furent inféodés ni à l'empire germanique, ni à la France, ni à l'Espagne, le véritable promoteur du concile de Trente. Le traité de Cateau-Cambrésis et l'avènement de Paul IV méritent donc d'être étudiés comme le point de départ des destinées de l'Italie moderne.

L'Angleterre, en perdant la ville de Calais, gagna la sécurité aux dépens de son amour-propre. Calais avait été conquis en 1346 par Édouard III d'Angleterre et restait, entre la France et le royaume uni, une cause de discorde, où se seraient usées les forces de deux peuples destinés par leur voisinage à devenir alliés. La race anglo-saxonne, chassée de sa dernière position au delà de la Manche et pour toujours confinée dans son île, se livra désormais à ses instincts commerciaux sans se laisser distraire par des ambitions continentales.

La France est de tous les pays celui qui obtint les plus grands avantages. Calais avait servi de port de ralliement à toutes les invasions anglaises pendant le XIVe et le XVe siècle. Metz, Toul et Verdun, villes libres soumises à la Diète, étaient des postes avancés de l'Empire qui menaçaient la Champagne. La reprise de Calais, la conquête de Metz, de Toul et de Verdun, la consécration de l'autonomie de la Lorraine et de l'Alsace assurèrent nos limites naturelles. L'ensemble de ces succès donna au royaume des Valois une force de cohésion qu'aucun autre pays n'a pu atteindre, même de nos jours. La France en fit l'épreuve pendant les guerres de religion. Déchirée au dedans, trahie au dehors par des partis impitoyables, elle ne fut menacée dans la possession d'aucune de ses provinces. Sans doute elle eut à combattre l'étranger; l'Allemand passa souvent le Rhin; le duc de Savoie envahit la Provence, l'Espagnol la Picardie; l'Anglais jeta ses troupes en Normandie et son or dans tous nos troubles. Mais la frontière du royaume ne fut pas contestée. Jamais la guerre civile ne s'aggrava d'une de ces grandes menaces de l'extérieur, qui exigent la réunion en faisceau de toutes les forces d'un peuple.

Malgré ces services, tous les historiens ont

condamné le traité de Cateau-Cambrésis et en ont parlé comme d'un acte néfaste, capable d'arrêter le développement d'une grande race. Les anciens basaient leurs critiques sur la restitution des places d'Italie. On croyait au XVI⁰ siècle que le génie de la France la poussait à s'étendre dans le nord de la Péninsule. Les modernes ne pouvaient user d'un argument contraire au système des frontières naturelles, en si grande faveur dans la politique contemporaine; mais le blâme du traité de Cateau-Cambrésis était une opinion toute faite qui dispensait de recherches. L'arrêt était sanctionné par la prescription. Les annalistes du XVI⁰ siècle lui avaient donné la force de chose jugée. Pas un écrivain de nos jours n'a su réagir contre la tradition et n'a reconnu que le traité de 1559 était un progrès pour la nation française.

Nous avons essayé de reviser ce jugement historique et de prouver que l'acte le plus reproché à Henri II est le plus grand bienfait qu'il ait légué à son peuple.

Dans un dernier chapitre, étranger à la haute politique, nous avons rétabli la vérité sur l'histoire d'Élisabeth de Valois, princesse qui fut le gage du traité et dont la vie et la mort ont été le sujet de fables mensongères.

CHAPITRE PREMIER.

Négociation du traité de Cateau-Cambrésis.

Ouverture des conférences de Cercamp (12 octobre 1558). — Mort de Marie Tudor (17 novembre 1558). — Conférences de Cateau-Cambrésis (février 1559). — Signature du traité de paix (2 et 3 avril). — Appréciation du traité. — Mariage du duc de Savoie et de Marguerite de France. — Blessure et mort de Henri II (30 juin-10 juillet 1559).

Quelle était la situation de la France vis-à-vis des états voisins à la fin du règne de Henri II et quelle était la situation des états voisins vis-à-vis de la France? La guerre avec l'Espagne durait presque sans interruption depuis l'avènement de Charles-Quint. Les succès et les revers avaient été partagés. Au nord, dans les Pays-Bas, au sud, en Italie, les garnisons françaises et espagnoles se coudoyaient sur tous les points. Il n'y avait d'autre frontière que la ligne des places fortes occupées par chaque parti, et tous les jours le hasard de la guerre avançait ou reculait la limite.

Des événements décisifs marquèrent la fin de

cette longue lutte. Le 10 août 1557, le connétable de Montmorency et le maréchal de Saint-André perdirent la bataille de Saint-Quentin. La France se releva de ce désastre, le 8 janvier 1558, par la prise de Calais, et, le 22 juin, par la prise de Thionville. Le 13 juillet, le maréchal de Thermes fut vaincu à Gravelines. Au mois d'août, Philippe II et Henri II se mirent à la tête de leurs troupes. Les deux armées étaient en face l'une de l'autre au nord de la Picardie. On s'attendait à un choc formidable. Ce fut la paix qui survint.

Vincent Carloix raconte que Vieilleville, à la première nouvelle de la maladie de Marie Tudor, envoya à Philippe II un moine chargé de lui reprocher « l'outrageux et insatiable désir qu'il avoit de verser le sang chrétien » et de lui proposer, s'il arrivait « fortune » à la reine d'Angleterre, une alliance matrimoniale avec la maison de France. Élisabeth de Valois, seconde fille de Henri II et de Catherine de Médicis, était alors âgée de près de quatorze ans. Philippe II, « oinct et gressé de ceste emmielleure, » ne repoussa pas « telle inspiration divine. » Henri II, sollicité à son tour, fut touché de la « tremeur de l'ire de Dieu » et mit au moine « la bride sur le col. » Celui-ci retourna au camp du roi d'Espagne « et joua si bien du plat de la langue » qu'un matin don Ruy Gomez de

Silva, comte de Melito, se présenta aux avantpostes et demanda à parler au marquis de Boisy, grand écuyer de France[1]. Les négociations durèrent assez longtemps sans donner de résultats. D'un côté, le connétable Anne de Montmorency et le maréchal de Saint-André, prisonniers en Flandre depuis la bataille de Saint-Quentin, de l'autre, les agents espagnols entassaient les propositions et les demandes. Les deux partis formulaient des exigences inacceptables et s'accusaient mutuellement de pousser à la guerre. On commença d'abord à parler de trêve, puis de désarmement, puis de licenciement des troupes étrangères. Enfin, le 6 octobre 1558, les deux rois désignèrent leurs plénipotentiaires. Ceux de la France étaient le connétable de Montmorency, le maréchal Saint-André, Jean de Morviliers, évêque d'Orléans, Claude de l'Aubespine[2] et plus tard son frère, Sébastien de l'Aubespine, évêque de Limoges, conseillers du roi, magistrats sans grande initiative, mais capables de défendre les intérêts de la France, et enfin le cardinal de Lorraine, ministre remuant et plein de ressources, le véritable homme

---

1. Vincent Carloix, *Mémoires sur Vieilleville*, liv. VII, ch. XVIII.
2. Flassan observe dans son *Traité de la diplomatie*, t. II, p. 46, qu'en signant le traité, Claude de l'Aubespine prit le titre de *secrétaire d'Estat*, et que ce fut le premier acte où cette qualification se trouva substituée à celles de *secrétaire du roi* ou de *secrétaire des finances*, précédemment employées.

d'état de ce groupe[1]. L'Espagne était représentée par Ferdinand Alvarez de Tolède, duc d'Albe, favori du roi, Guillaume de Nassau, prince d'Orange, dit le Taciturne, le héros de l'indépendance des Pays-Bas, Ruy Gomez de Silva, comte de Melito, l'époux complaisant de la belle duchesse d'Eboli, maîtresse de Philippe II, Antoine Perrenot de Granvelle, évêque d'Arras, l'âme de la politique espagnole, l'adversaire indiqué du cardinal de Lorraine, comme le duc d'Albe était celui du connétable, et enfin par le président Viglius. Ce dernier était malade et ne put assister aux négociations[2].

Le 8 octobre, Henri II concéda aux députés la ville de Cercamp et donna aux Espagnols un sauf-conduit pour eux et leurs gens[3]. La première réunion s'y tint le 12 octobre[4]. Elle commença par des échanges de pouvoirs et des protestations de pure forme. On parla de trêve.

1. Une copie des pouvoirs donnés par le roi à ses plénipotentiaires est conservée dans le f. fr., vol. 3153, f. 147.
2. *Papiers d'Estat de Granvelle*, t. V, p. 399, dans la collection des *Documents inédits pour servir à l'histoire de France*.
3. *Mémoires-journaux de Guise*, p. 429, dans la *Collection de mémoires sur l'histoire de France*, de Michaud et Poujoulat. La nouvelle de l'ouverture des négociations était publique à Paris à la date du 11 octobre. Ce jour-là, le conseil de la ville fit une grande procession en faveur du succès des négociations (Cérémonial de l'Hôtel de Ville, f. fr., vol. 18528, f. 1).
4. *Traité de paix fait à Chasteau-Cambrésis*. Paris, in-4°, p. 19. Recueil de lettres des ambassadeurs français pendant les négociations. Ce recueil est attribué à Henri de Mesmes de Roissy.

Les Espagnols ne l'acceptaient que jusqu'à la fin du mois. Ils voulaient même circonscrire étroitement la terre neutralisée ; mais la discussion prouva la difficulté de répartir équitablement les sauvegardes, les immunités, et la trêve fut généralisée à la frontière du nord de la France. Les ambassadeurs des deux rois signèrent l'acte, le 17 octobre, à leur seconde réunion.

Le 18 octobre, arriva à Cercamp une princesse qui tenait presque également aux deux cours de France et d'Espagne, Christine de Danemarck, duchesse douairière de Lorraine, cousine de Philippe II et belle-mère d'une fille de Henri II. Le jour même, elle réunit les députés sous sa présidence et aborda les questions graves. Les Espagnols voulaient laisser les Français formuler leurs demandes sans se prononcer. Le cardinal de Lorraine avait dévoilé cette tactique à l'occasion des premiers pourparlers. Un mois auparavant, il avait écrit au connétable : « Qui m'en croiroit, ils parleroient d'oires en avant les premiers, car nous avons trop faict les gracieulx..... Quant à faire offres nouvelles et de s'eslargir plus avant, je ne vois une seule raison pourquoy le roy le doibge faire, et ne serviroient nos négociations à aultre fin que en chacune leur accorder quelque chose d'avantaige[1]..... »

---

1. *Papiers d'Estat de Granvelle*, t. V, p. 203.

Cette lettre a d'autant plus d'autorité qu'elle est datée d'Amiens et écrite sous les yeux du roi. Il ne paraît pas que le connétable et le maréchal Saint-André en aient tenu grand compte. Ils sacrifiaient tout à la paix, à leur désir de revoir la cour et d'y reprendre leur influence. Le cardinal de Lorraine et les secrétaires du roi montraient plus de fermeté. Les hommes de guerre se faisaient les avocats de la paix et les hommes de robe les avocats de la guerre.

Les ambassadeurs espagnols prirent un autre avantage. La guerre se poursuivait contre la France par une coalition composée de l'Espagne, de l'Angleterre et de la Savoie; la France n'avait pour allié que le roi de Navarre. Le duc d'Albe fit entrer aux conférences les députés anglais; le connétable ne sut pas faire admettre les députés béarnais. L'iniquité était flagrante; si le duc de Savoie avait été injustement dépouillé du Piémont pendant la guerre, la maison d'Albret avait perdu la Navarre espagnole. Antoine de Bourbon, devenu roi de Navarre par son mariage avec Jeanne d'Albret, protesta, mais il fut mollement soutenu par les gens du roi de France[1]. Le cardinal de Lorraine dit confiden-

---

[1]. Jeanne d'Albret avait écrit deux lettres, l'une au roi, l'autre au connétable, pour les prier de soutenir les réclamations de la maison d'Albret aux conférences de Cateau-Cambrésis. Nous les avons publiées dans *Antoine de Bourbon et Jeanne d'Albret*, t. I, p. 419 et 420.

tiellement au duc d'Albe « qu'ils ne pourroyent délaisser de parler du royaulme de Navarre, mais que l'on n'y persisteroit[1]. » Sur cet aveu, les ambassadeurs espagnols daignèrent faire montre d'équité. Quand on annonça à Cercamp l'arrivée des plénipotentiaires de la maison d'Albret, le duc d'Albe fut le premier à proposer à la conférence de les recevoir solennellement. Le 12 novembre, Nicolas Dangu, évêque de Mende, et Jean-Jacques de Mesmes, représentants du roi de Navarre, entrèrent en séance sous la présidence de la duchesse de Lorraine. De Mesmes prononça une longue harangue, parfaitement en règle avec les principes de la dialectique du XVIe siècle, qui prenait la question à l'origine de la maison d'Albret[2]. Les ambassadeurs espagnols répondirent que, tenant depuis longtemps la contestation de la Navarre pour résolue au profit de leur maître, ils ne lui avaient pas demandé d'instructions spéciales[3]. Antoine de Bourbon se retira alors en Béarn et envahit sans déclaration de guerre,

---

1. Lettre des plénipotentiaires espagnols à Philippe II, du 17 octobre 1558 (*Papiers d'Estat de Granvelle*, t. V, p. 261).
2. Le discours de de Mesmes est imprimé dans les *Mémoires pour l'histoire de Navarre et de Flandre*, par Galland, in-fol., 1648, preuves, p. 72, et par Dumont, *Corps diplomatique*, t. IX, p. 23.
3. *Traité de paix fait à Chasteau-Cambrésis*, in-4°, 1632, p. 64. Le mémoire de de Mesmes est dans le volume, p. 171.

à la tête d'un corps de partisans, la Navarre espagnole. Cette expédition, mal combinée et mal conduite, échoua misérablement [1].

Le roi d'Espagne profita habilement des fautes de ses adversaires. Au moment de l'ouverture des pourparlers, l'épuisement de ses finances et de ses armements ne lui permettait pas de continuer la guerre. La flotte turque ravageait l'île de Minorque ; les Marocains avaient détruit l'armée espagnole d'Afrique ; la réforme se propageait en Espagne ; l'empereur Charles-Quint, dont les conseils et la sagesse étaient encore une force, venait de mourir au monastère de Yuste (21 septembre 1558). Dans les Pays-Bas, le feu des guerres religieuses couvait sous un calme apparent. En Angleterre, l'époux de Marie Tudor[2] rencontrait tant d'aversion chez le parti anglican que la haine traditionnelle de la France en était presque oubliée. Telle était sa détresse qu'il écrivait à Granvelle : « Je dois vous dire qu'il m'est de toute impossibilité de soutenir la guerre ; j'ai déjà dépensé un million deux cent mille ducats que j'ai tirés d'Espagne, il y a deux ou trois mois, par le moyen des banquiers, et j'ai besoin d'un autre million d'ici au mois de

---

1. Cette campagne, connue sous le nom de *Guerre mouillée*, a été racontée avec détails dans *Antoine de Bourbon et Jeanne d'Albret,* t. I, p. 303.
2. Philippe II avait épousé Marie Tudor le 15 juillet 1554.

mars prochain. On m'envoie d'Espagne le docteur de Lasco pour me certifier qu'on ne peut rien faire de plus pour moi. La situation me semble tellement grave que, sous peine de me perdre, je dois en venir à un arrangement. J'attends avec une vive impatience le récit de ce qui se sera passé ultérieurement ; mais que l'on ne rompe, en aucune manière, les négociations entamées[1]. »

Malgré sa faiblesse, Philippe II, convaincu que celui qui se montrerait le plus accommodant passerait pour le plus affaibli, n'hésita pas à demander, en échange du Vermandois, la restitution de la Savoie, du Montferrat, du Milanais, de l'Italie centrale et de Calais. Les Espagnols dévoilèrent enfin leurs prétentions dans la séance du 24 octobre. Les ambassadeurs français répondirent, d'après leur lettre au roi : « S'ils nous avoient tenu ce langage, nous n'aurions jà perdu tant de temps. » Les Espagnols demandèrent alors « combien nous voudrions retenir de places en Piémont, et nous, combien ils nous y voudroient laisser, afin de sentir quelque chose de leur intention, mais il n'a esté possible. Et, nous estant levez pour plus meurement considérer ce qu'aurions à leur répondre, leur avons à la fin dit que jà ledit s. de Savoie vous avoit

---

1. Granvelle, t. V, p. 453. La correspondance de Philippe II contient plusieurs aveux analogues.

par divers moyens faict scavoir qu'il s'accommoderoit à vous en laisser six ; que, s'ils vouloient doubler ce nombre, nous essayerions de le faire trouver bon à Votre Majesté, ce qu'ils ont fort rejeté[1]..... » Le connétable balançait : « Le connestable, écrit l'évêque d'Arras, se montre fort étonné et dolent ; il veult la paix, mais nous cognoissons que le cardinal tient son crédit fort opprimé et est le cardinal plus brave[2]. » On consulta le duc de Savoie. Le 23 octobre arriva sa réponse ; au lieu de douze places, il en laissait quatre au roi de France à son choix. Mais le sacrifice était compensé par de nouvelles exigences ; le duc d'Albe réclama la restitution de la Corse sous prétexte qu'elle appartenait au royaume d'Aragon. Le duc était sourd ; son infirmité rendait les dialogues pénibles. De plus, les conversations se traitaient en latin ; les hommes de guerre, le connétable, Saint-André, le duc d'Albe, s'exprimaient difficilement dans cette langue ; les cardinaux de Lorraine et Granvelle devaient le plus souvent servir d'interprètes à leurs collègues[3].

Les contestations relatives au Piémont s'aplanirent cependant dans les séances de novembre, grâce à la modération du duc de Savoie. Dès le

---

1. *Traité de paix fait à Chasteau-Cambrésis*, in-4°, p. 32.
2. *Papiers d'Estat de Granvelle*, t. V, p. 281.
3. *Traité de paix fait à Chasteau-Cambrésis*, p. 36.

début des conférences, il avait sollicité la main de la princesse Claude, seconde fille de Henri II, déjà promise au duc de Lorraine. Le connétable lui offrit Marguerite de France, fille de François Ier et sœur de Henri II, alors âgée de trente-cinq ans. Le duc l'accepta avec empressement[1]. Dès ce jour, il considéra ses intérêts comme séparés de ceux de Philippe II, et, malgré de nouveaux succès en Piémont, il n'éleva pas ses demandes[2].

La ligne des frontières du Nord souleva un plus long débat. Le connétable, qui, depuis sa première jeunesse, avait guerroyé en Picardie et en Champagne, connaissait les moindres villes et prétendait au rôle d'arbitre. Les autres plénipotentiaires français remarquèrent qu'il les soutenait faiblement et que, dans les points douteux, il capitulait sans discussion. Il conférait souvent seul avec le duc d'Albe, avec la duchesse de Lorraine, et portait en séance des concessions toutes faites. Le cardinal de Lorraine se plaignit de la condescendance de son collègue

---

1. Les négociations du mariage de Marguerite de France sont postérieures au 15 octobre 1558, car une lettre de cette princesse à Charles de Cossé-Brissac, de cette date, l'encourage à faire la guerre au duc de Savoie (Orig., f. fr., vol. 20451, f. 74).

2. *Traité de paix fait à Chasteau-Cambrésis*, p. 26 et 36. Une lettre du Dr Wootton à lord Cecil, datée de Bruxelles et du 9 janvier 1558 (1559), parle avec détails de la modération du duc de Savoie (*Calendar of State papers, foreign series*, 1559, p. 83).

pour les ambitions espagnoles et en informa le duc de Guise. Sur cette dénonciation, le parti des princes lorrains, rivaux des Montmorency, donna libre cours à ses calomnies.

On apprit bientôt dans l'entourage du roi que le duc de Savoie insinuait que le chiffre de la rançon du connétable pourrait être abaissé à la fin de la guerre[1], et enfin que le roi d'Espagne l'avait fixé à cent mille écus en cas de paix et à deux cent mille en cas de reprise des hostilités[2]. Malgré les recommandations, ces conditions s'étaient ébruitées. Une lettre autographe du roi à Montmorency porte en post-scriptum : « Beauregard et Roquancourt m'ont dist à ce matin que Meru[3] leur avoit dict que vous estiés à ranson à sant mille escus au cas que la pays se fist, et, sy elle ne se fayt, à deux sens myle[4]. » Les ennemis de Montmorency l'accusèrent d'avoir sacrifié les intérêts du roi et de la France au désir de recouvrer sa liberté. Ces reproches étaient mal

---

1. Bibl. nat., f. fr., vol. 3139, f. 40. Lettre autographe du cardinal de Châtillon au connétable, datée du 30 novembre 1558.

2. *Relations des ambassadeurs vénitiens*, t. I, p. 409, dans la *Collection des documents inédits*.

3. Le roi écrit *Tetu*. C'était le surnom familier de Charles de Montmorency, seigneur de Meru, un des fils du connétable. Il s'était rendu à Bruxelles auprès de son père ; mais nous voyons par deux lettres, une du dauphin François, l'autre du cardinal de Châtillon, qu'il allait et venait de France à Bruxelles (F. fr., vol. 3139, f. 34 et 49).

4. Lettre autographe, sans date, de Henri II au connétable ; f. fr., vol. 3139, f. 18.

fondés. En montrant ses dispositions conciliantes, le connétable obéissait à des ordres impérieux dont il était seul dépositaire. Le roi Henri II lui écrivait pendant les conférences : « Mon amy,… je vous assure que M. de Guyse ne désire la pays, me remontrant tous les jours que j'é plus de moyan de fayre la guerre que je n'us jamès… Faytes se que vous pourés afin que nous ayons la pays ; et ne monterés sete lestre que au maréchal Synt André et la brulés aperès. Le dyst personnage (le duc de Guise) a dyst isy à quelquen que, tant que la guerre durera, pas ung de vous deus ne sortirés jamès de prison ; et, pour se, pansési, comme chose qui vous touche[1]. » Dans une autre lettre : « Pour l'année qui vient jé autant ou plus de moien que je né eu setecy, et croy que l'on ne se fut pas esforcé de trouver ses moiens isy, sy se neust esté l'esperance que l'on a que vous ne serés rien[2]. » Henri II écrit encore au connétable, dans le style hyperbolique du temps, qu'il « subiroit volontiers la mort, laquelle j'estimerois heureuse et mouroys contant quant je veroys une bonne

---

1. *Lettres inédites de Dianne de Poytiers*, p. 155, note. Dans une autre lettre, le roi conseille au connétable de traîner la négociation en longueur à moins que les Espagnols le laissent partir sur parole, auquel cas il faudra se montrer facile et conciliant (Autogr. s. d.; f. fr., vol. 3139, f. 20).

2. F. fr., vol. 3139, f. 8. Lettre autographe au connétable, sans date.

pays et lonme du monde que jayme et estime le plus[1]. » Comment un vieux courtisan aurait-il résisté à de tels encouragements ?

L'Angleterre n'avait encore pris aucune part aux négociations. Les ambassadeurs de Marie Tudor n'arrivèrent à Cercamp que le 21 octobre. C'étaient Thomas Thurlby, évêque d'Ély, Thomas Howard d'Effingham, premier gentilhomme de la Chambre, et Nicolas Wootton, doyen d'Yorck. Ils entrèrent en séance le 24 octobre. Une grave querelle divisait la France et l'Angleterre, la possession de Calais. Le sujet avait été touché dans les réunions précédentes, mais d'un commun accord il avait été ajourné à l'arrivée des commissaires anglais. Dès l'ouverture de la conférence, les ambassadeurs de Marie Tudor, soutenus par les Espagnols[2], déclarèrent que la reprise de Calais était la condition de leur acquiescement à la paix. Les Français ne se montrèrent pas moins absolus; ils refusèrent d'accepter la discussion de la clause. Ce début ne permettait aucune transaction. Les plénipotentiaires espagnols proposèrent alors à Philippe II de laisser les Anglais et les Français

---

1. F. fr., vol. 3139, f. 5. Lettre autographe au connétable, sans date.
2. L'opinion publique en Angleterre rendait Philippe II responsable de la perte de Calais. Voyez les pièces publiées dans une étude, *Apuntamientos para la historia del rey Philippe II* (*Mémoires de l'Académie hist. de Madrid*, t. VII).

en présence les uns des autres, et dans l'intervalle de renvoyer le connétable en France, « puisque, regaignant le crédit, il se pourroit opposer à ces jeunes gens, désirant le trouble, et peu à peu, par ses prudentes raisons, persuader le roy[1]. » Le connétable accepta la mission. Il déclara « qu'il estoit amateur de la paix, comme l'on l'avoit toujours cogneu, et que, s'il se pouvoit veoir libre vers le roy, son maistre, il feroit librement l'office[2]..... » Mais il ne donna pour le moment aucune suite à ce projet.

Les séances des 26 et 28 octobre, 7, 9, 13, 16 et 21 novembre montrèrent l'opiniâtreté des Anglais. La restitution de Calais devenait le nœud de la négociation. Les trois parties s'éloignaient chaque jour davantage d'un accommodement, quand, le 24 novembre, arriva à Cercamp un courrier d'Angleterre. On crut qu'il apportait l'ultimatum de la reine Marie Tudor, mais bientôt s'ébruita, malgré les dénégations des députés anglais, une plus grave nouvelle : la reine d'Angleterre était morte le 17 du même mois. Le 26, avant la confirmation de sa mort, le duc d'Albe et Ruy Gomez proposèrent au connétable et au cardinal de Lorraine de se réunir encore une fois et de conclure ensemble un traité en dehors des Anglais. Les

1. *Papiers d'Estat de Granvelle*, t. V, p. 325 et 326.
2. *Ibid.*, t. V, p. 365.

plénipotentiaires français répondirent qu'ils ne pouvaient rien arrêter avant d'avoir obtenu Calais.

Les conférences furent suspendues et les ambassadeurs se retirèrent[1]. Leur retraite mettait la paix en péril. Il suffisait d'un coup de main heureux, de la surprise d'une place, d'une rixe entre les postes avancés pour rompre la trêve et rallumer la guerre. Le roi ne confia ses inquiétudes qu'à Montmorency, mais il les manifesta en termes qui justifiaient l'attitude conciliante du connétable : « Mon amy, je ne sauroys vous dire le regret que j'é de vous voir separer sans rien fere et ne scay quand Dieu permetera que vous vous rassenbliés[2]. »

La mort de Marie Tudor ne laissait dans le cœur de Philippe II qu'un vide facile à remplir. Le prince ne s'abandonna pas à des regrets hypocrites, et le duc de Feria fut envoyé aussitôt en Angleterre pour saluer la nouvelle reine,

---

1. *Traité de paix fait à Chasteau-Cambrésis*, p. 74 et 76. Les ambassadeurs anglais et espagnols se retirèrent à Bruxelles ; le cardinal de Lorraine et les secrétaires d'État du roi de France à Villers-Cotterets. Le connétable, prisonnier sur parole, obtint l'autorisation de se rendre à Paris dans les premiers jours de janvier (Lettre du connétable à François de Noailles, du 11 janvier; copie; f. fr., vol. 20620, non paginé, pièce 20).

2. F. fr., vol. 3139, f. 20. Lettre autographe au connétable, sans date. Dans le reste de la lettre, le roi regrette la suspension d'armes qui, dit-il, n'aura servi qu'à l'Angleterre, et donnera à la reine Élisabeth le temps de s'établir.

Élisabeth, fille de Henri VIII et d'Anne de Boleyn[1].

Marie Tudor reposait à peine dans son tombeau de Westminster que le roi d'Espagne demanda la main d'Élisabeth[2], à la condition qu'elle professerait la religion catholique. La princesse écouta avec faveur ces propositions, mais évita d'y répondre. Peu de temps après, Philippe II lui écrivit de sa propre main une première, puis une seconde lettre[3]. Déjà la reine d'Angleterre s'engageait avec le parlement dans la guerre à l'Église romaine. Son acharnement était un refus déguisé. Philippe II renonça à la couronne d'Angleterre.

Un mois après son avènement, Élisabeth ratifia les pouvoirs des ambassadeurs anglais et leur donna ses instructions[4]. Les trois rois désiraient la reprise des conférences, surtout Phi-

---

1. Les ambassadeurs français réunis à Cercamp savaient déjà, le 25 novembre, que le duc de Feria était parti pour Londres (*Traité de paix fait à Chasteau-Cambrésis*, p. 74 et 75).

2. Les négociations de Philippe II pour épouser Élisabeth d'Angleterre étaient déjà connues à la cour de France le 10 décembre 1558. A cette date, Henri II commande à son ambassadeur à Rome, Babou de la Bourdaizière, évêque d'Angoulême, de conseiller au pape de refuser les dispenses nécessaires (*Catal. d'autographes* de M. Filon, 1877).

3. Les relations de Philippe II et d'Élisabeth sont savamment exposées dans les *Mémoires de l'Académie royale d'histoire de Madrid*, t. VII, p. 249.

4. Voyez la lettre de Henri II à la reine Élisabeth, concernant l'affermissement de l'union entre les deux royaumes, en date du 20 janvier 1559 (Copie; coll. Moreau, vol. 717, f. 265).

— 18 —

lippe II, qui n'avait plus rien à espérer de son ancienne alliée[1]. Le connétable de Montmorency montrait autant d'empressement que le roi d'Espagne : « Me ferez bien grand plaisir, écrivait-il à Granvelle, de me mander de vos nouvelles et le temps et le lieu où nous nous devons assembler, afin de nous y trouver et parachever ce qui estoit bien commencé[2]. »

Dès les premiers jours de janvier, les ambassadeurs cherchèrent un lieu de rendez-vous. On ne pouvait songer à Cercamp, abbaye délabrée, inhabitable pendant l'hiver, ni à Cambrai, ville pleine de gens de guerre. La duchesse douairière de Lorraine proposa Cateau-Cambrésis[3]. L'évêque de Cambrai y possédait un château démeublé et sans fenêtres. On y pourvut « en faisant faire, à grande diligence, fenestres de papier en châssis de latteaulx[4]. » Ces réparations furent menées avec négligence et parcimonie. Les ambassadeurs arrivèrent à Cateau-Cambrésis dès les premiers jours de février ; ils s'y trouvèrent plus mal qu'à Cercamp.

Avant de reprendre officiellement les négociations, le 10 février, les ambassadeurs français signifièrent aux Espagnols qu'ils rapportaient

---

1. *Papiers d'Estat de Granvelle*, t. V, p. 453.
2. *Ibid.*, t. V, p. 408.
3. *Papiers d'Estat de Granvelle*, t. V, p. 409.
4. *Ibid.*, t. V, p. 410.

de France le même esprit de conciliation, mais qu'ils ne pouvaient abandonner Calais. La question paraissait insoluble ; les uns et les autres invoquaient le même droit, le droit de la force : les Anglais, la conquête d'Édouard III de 1347, les Français, la conquête du duc de Guise du 8 janvier 1558.

La première réunion générale eut lieu le 11 février, dans la chambre de la duchesse de Lorraine, à une heure. Les Anglais s'assirent au haut bout de la table, les Espagnols sur les côtés, « comme spectateurs de la farce qui se devoît jouer. » Milord Howard prit la parole en français et déclara que la reine Élisabeth ne voulait point séparer ses intérêts de ceux du roi d'Espagne, qu'elle faisait des vœux pour la paix « de tous les princes chrétiens, » mais que son premier devoir de reine d'Angleterre était de rendre Calais à son peuple. Cette déclaration, dit un témoin, fut lancée d'un ton sec et absolu qui ne comportait pas de tempérament. Les Français répliquèrent à l'instant d'une voix unanime que le roi ne rendrait jamais la ville. Le cardinal de Lorraine se montrait le plus ardent et rappelait que le duc de Guise avait juré qu'il « luy cousteroit la vie de cent mille hommes et la sienne avec » plutôt que d'évacuer sa nouvelle conquête. Après cette double déclaration, la séance fut suspendue. Les Anglais se mirent en conférence dans un coin de la salle avec les députés espagnols. Le docteur Wootton s'étonnait de l'opiniâtreté des Français. Granvelle lui rappela qu'il l'en avait averti. Les Anglais reprirent leur place en face des Français et les deux partis entamèrent une longue discussion où les droits des deux couronnes sur Calais furent soutenus par des arguments juridiques et canoniques. Assurément la casuistique n'avait rien à voir dans la querelle. Le connétable proposa de laisser Calais aux mains du roi et d'en réserver la propriété nominale jusqu'à des conférences ultérieures. Plusieurs députés prirent la parole. Le cardinal de Lorraine témoigna encore une fois de la volonté du roi de conserver Calais. Les Anglais demandèrent au connétable des éclaircissements sur sa proposition, mais il ne fit que se répéter. Personne ne concevait clairement, et le connétable moins que tout autre, comment la propriété d'une ville pouvait être séparée de la souveraineté et enfin quelle sanction assurerait l'exécution de ce partage singulier. Cependant les Anglais en référèrent à leur maîtresse[1].

Le lendemain matin, 12 février, le connétable, sous prétexte d'entendre la messe, descendit du château dans la ville, où logeaient les

---

1. *Traité de paix fait à Chasteau-Cambrésis*, p. 82.

ambassadeurs d'Élisabeth. Il rencontra l'évêque d'Ély et le docteur Wootton, qui le saluèrent sans lui parler. Un peu plus loin, milord Howard l'accosta. Mais les deux interlocuteurs ne purent rien obtenir l'un de l'autre. Dans la journée, les plénipotentiaires français et espagnols se réunirent dans la chambre de la duchesse douairière de Lorraine. Chacun cherchait un moyen terme et n'en trouvait point. Le cardinal proposa un parti qui prouve la fertilité de son imagination. Calais resterait pour le moment au roi de France ; la fille aînée du dauphin épouserait un jour le fils aîné d'Élisabeth et lui porterait la ville de Calais en dot ; de cette façon Calais rentrerait à l'Angleterre sans déshonneur pour la France. On tranchait de la même façon certaines difficultés d'argent qui divisaient les deux couronnes : la fille aînée d'Élisabeth épouserait le fils du dauphin et lui porterait ces sommes en dot. Or, le dauphin et Marie Stuart n'avaient ni fils ni fille et Élisabeth n'était pas mariée. Les députés espagnols se chargèrent de transmettre la proposition aux Anglais[1].

La séance du 13 février n'amena aucun changement. Les ambassadeurs anglais n'y assistaient pas ; ils attendaient les ordres de la reine. Les négociations se trouvèrent suspendues offi-

1. Granvelle, t. V, p. 468. — *Traité de paix fait à Chasteau-Cambrésis*, p. 90.

ciellement, mais elles se continuèrent secrètement dans les conversations, dans le cabinet de la duchesse, au milieu des intrigues de chaque parti. Le connétable, homme de lutte ouverte, embarrassé dans ces « toiles d'araignée, » prit la poste et se rendit auprès du roi. Son départ fut un soulagement pour tout le monde. Depuis la réunion des députés au Cateau, il avait été informé des sourdes accusations répandues contre lui à la cour par le parti des Guises, et, malgré l'approbation du roi, il en éprouvait un amer dépit. Son humeur se faisait jour à chaque séance. Il soulevait des difficultés inattendues, menaçait ses contradicteurs de les jeter à la porte et prononçait même le mot de rupture. Les ambassadeurs étrangers, mal informés des bruits de la cour de France, se demandaient avec étonnement la cause de ce changement d'attitude. Le cardinal de Lorraine, qui en était bien instruit, poussa habilement son rival dans cette évolution, et, quand il l'eut amené à se compromettre, il écrivit au duc de Guise que le connétable troublait la négociation par des exigences de parti pris. Ainsi l'infortuné Montmorency, qui la veille avait été accusé de trop de faiblesse, fut représenté au roi comme un plénipotentiaire imprudent, capable de faire échouer le fragile bâtiment de la paix. Le roi ne se laissa pas persuader ; il révéla au connétable que le duc de Guise lui avait montré la lettre du cardinal de Lorraine : « Il se plainct que c'est vous qui mestés oposition à la pays..... Ne prenés pas garde à tout cecy, mais faytes la pays sy vous pouvés, et lesé-les discourir à leur fantesie[1]. »

Le 3 mars 1559, les négociateurs se réunirent de nouveau dans la chambre de Christine de Danemarck. Les Anglais parlèrent les premiers et repoussèrent dédaigneusement le compromis du cardinal de Lorraine. Après un débat plein d'aigreur, où les parties ne s'épargnèrent aucune des récriminations qui couvaient sourdement au fond de l'âme des deux peuples depuis la guerre de Cent ans, les Français se levèrent avec vivacité et se retirèrent dans le jardin du château. Un page apporta la nouvelle qu'ils avaient donné l'ordre de préparer leurs équipages pour retourner en France. Aussitôt la duchesse alla les retrouver et s'efforça de les ramener.

Quelques jours se passèrent encore. On touchait à la fin de la trêve. Il fallait s'accorder ou recommencer la guerre. Les propositions se croisaient entre les ambassadeurs des trois

---

[1]. F. fr., vol. 3139, f. 11. Lettre autographe au connétable, sans date. Une lettre originale de Henri II au duc de Nevers, en date du 26 mars 1559, à la veille de la clôture des négociations, témoigne de son désir ardent d'obtenir la paix (F. fr., vol. 3130, f. 104).

rois. Dès les premiers jours de la négociation, au mois de septembre, le connétable et le maréchal de Saint-André avaient proposé au cardinal Granvelle un mariage entre la princesse Élisabeth, fille de Henri II, et l'infant don Carlos. Cette proposition avait été bien accueillie. La mort de Marie Tudor et le refus de la nouvelle reine d'Angleterre donnèrent une autre direction aux projets de Philippe II; il songea pour lui-même à Élisabeth de France. Montmorency lui épargna les premiers pas : « Le connétable, écrit Granvelle, a dit, à part moy et le comte de Melito, qu'il seroit bien que Vostre Majesté se mariast avec leur fille aynée et que Monseigneur nostre prince print la troisième[1]. » Comme les enfants à naître d'Élisabeth de Valois devaient souffrir des droits de progéniture de don Carlos, fils aîné de Philippe II, celui même à qui le connétable offrait la main de la princesse Marguerite, il demandait pour eux la propriété du duché de Milan, mais les ministres espagnols objectèrent que la couronne du roi catholique ne pouvait être divisée. Le mariage de Philippe II fut fixé au printemps suivant. Les projets relatifs à don Carlos et à Marguerite, troisième fille de Henri II, plusieurs fois abandonnés et repris pendant le règne de

---

1. *Papiers d'Estat de Granvelle*, t. V, p. 429. La *troisième* était Marguerite de Valois, plus tard femme de Henri IV.

François II et de Charles IX, n'eurent aucune suite.

Les conséquences de cette alliance de famille se firent sentir au Cateau. On remarqua que le cardinal Granvelle soutenait plus mollement les prétentions de l'Angleterre, que le duc d'Albe cessait de glorifier les exploits des deux armées réunies, que le prince d'Orange se souvenait de la rivalité commerciale des Flamands et des Anglais. A Londres, le duc de Feria, ambassadeur de Philippe II, laissa pressentir à la reine Élisabeth que l'appui du roi d'Espagne ne s'étendrait pas au delà de certaines limites[1]. C'était un présage d'abandon. Au Cateau, le cardinal de Lorraine redoublait d'empressement auprès du cardinal Granvelle. Le connétable et milord Howard avaient des entrevues secrètes et chassaient quelquefois ensemble. Un agent italien, Guido Cavalcanti, à la grande jalousie des Espagnols, allait d'un camp à l'autre[2]. Le 8 mars, la duchesse de Lorraine convoqua les Espagnols et les Français et leur soumit, comme venant d'elle, la proposition suivante : le roi de France s'obligerait absolument à rendre Calais dans quatre, six ou sept ans ou autre délai, en donnant des sûretés pour l'exécution

---

1. *Papiers d'Estat de Granvelle*, t. V, p. 472.
2. *Ibid.*, t. V, p. 529.

de son engagement[1]. La duchesse avait pris de l'autorité par sa modération et par sa qualité de souveraine ; son fils venait d'épouser, le 22 janvier précédent, la princesse Claude, fille de Henri II ; elle passait pour favorable à la France. Cependant le connétable voulut soumettre la proposition au roi.

Enfin, le 12 mars, les ministres anglais acceptèrent l'accord suivant : Calais resterait à la France pendant huit ans ; après ce délai, le roi devait rendre la ville ou payer cinq cent mille écus aux Anglais, qui n'en conservaient pas moins leurs droits. La question de souveraineté devait être tranchée par un arbitrage[2]. Toute attaque des Anglais contre la France ou l'Écosse libérait le roi de France de ses engagements. Les ministres de Henri II comptaient sur cette clause pour conserver la ville. Le traité avait l'avantage de laisser Calais à la France et de ménager l'orgueil britannique.

La fin de mars fut employée à rédiger le traité. Le 28 seulement, le connétable écrit à ses neveux, l'amiral de Coligny et le cardinal de Chastillon, que la paix est faite, et les charge d'annoncer à Marguerite de France que son mariage avec le duc de Savoie est décidé[3]. Le

---

1. *Traité de paix fait à Chasteau-Cambrésis*, p. 91 et ss.
2. *Papiers d'Estat de Granvelle*, t. V, p. 538.
3. F. fr., vol. 3139, f. 74. Lettre originale.

2 avril, les plénipotentiaires signèrent la paix entre l'Angleterre et la France[1], et, le 3, la paix entre la France et l'Espagne[2].

La cour apprit alors les conditions du traité de Cateau-Cambrésis[3]. La France rendait Mariembourg, Thionville, Damvillers, Montmédy, en échange de Saint-Quentin, de Ham, du Catelet et de Thérouanne ; elle gardait Calais ; elle rendait sans compensation Bovigny et Bouillon à l'évêque de Liège, tandis que Philippe II conservait Hesdin. En Italie, la France évacuait le Montferrat, le Milanais, la Corse, Montalcino, Sienne, la Savoie, la Bresse, le Bugey, le Pié-

---

1. Après la signature du traité, le roi envoya en Angleterre le maréchal de Vieilleville et François de Montmorency. Le dauphin et Marie Stuart écrivirent à cette occasion une lettre de salutation à la reine Élisabeth (Copie datée du 12 mai ; coll. Moreau, vol. 717, f. 267. — Autre copie ; coll. Brecquigny, vol. 93, f. 267).

2. Le roi envoya à Bruxelles, auprès de Philippe II, le cardinal de Lorraine (Lettre de Sébastien de l'Aubespine au roi et au connétable, du 13 mai ; orig., f. fr., vol. 6614, f. 8 et 10), et Henri de Montmorency-Damville (Lettre du même au connétable, du 19 mai ; orig., f. fr., vol. 6614, f. 34).

3. La plupart des correspondances entre le roi et ses plénipotentiaires pendant les négociations de Cateau-Cambrésis ont été imprimées dans un volume in-4°, publié à Paris en 1632 chez Camusat et attribué à de Mesmes, *Traité de paix fait à Chasteau-Cambrésis*, que nous avons souvent cité. Il est encore beaucoup de lettres inédites sur ces négociations, notamment dans le f. fr., vol. 3153, 3253, 5139, 15839, 18062, 18744, 23628, coll. Dupuy, vol. 177, et ailleurs. On frappa une médaille qui représentait deux mains jointes avec cet exergue : *Regum concordia*, 1559. Cette médaille, qui est fort rare, est dessinée dans le vol. 4921, f. 11, du fonds français.

mont, excepté les places de Turin, Chieri, Pignerol, Chivasso et Villeneuve d'Asti, qu'elle ne conservait qu'en gage[1].

Le traité de Cateau-Cambrésis fut mal accueilli en France. Les Guises condamnaient surtout la restitution de ces villes que la guerre n'avait pu enlever à nos armes : « Sire, disait le duc de Guise au roi, quand vous ne feriez que perdre durant trente ans, si ne scauriez-vous perdre ce que vous voulez donner en un coup. Mettez-moy dans la pire ville de celles que vous voulez rendre, je la conserveray plus glorieusement sur la bresche que je ne ferois jamais parmy une paix si désadvantageuse que celle que vous voulez faire. Vous avez, Sire, assez d'autres serviteurs qui en feront autant que moy et deçà et delà les monts[2]. »

Presque tous les contemporains partagent ces regrets. Blaise de Monluc écrit dans ses *Commentaires :* « La paix se feit au grand malheur du roy principalement et de tout son royaulme, car ceste paix fust cause de la rendition de tous les païs et conquestes qu'avoient faict les roys François et Henry, qui n'estoient pas si petites

---

[1]. A la dernière séance des négociations, les ambassadeurs du roi de France avaient été forcés de faire de nouvelles concessions en Piémont (Lettre de Henri II au duc de Nevers, du 26 mars; orig., f. fr., vol. 3130, f. 104).

[2]. *Mémoires de Boyvin du Villars*, liv. X, édit. du *Panthéon littéraire*, p. 846.

qu'on ne les estimast autant que la tierce partie du royaulme de France. J'ay leu dans un livre escript en espaignol que le roy avoit rendu cent quatre vingt dix huit terres de préside, qui s'entend forteresses[1]. »

Le maréchal de Vieilleville seul, le plus sage des conseillers de Henri II, approuvait les conditions de la paix. Chargé de porter au roi l'instrument original du traité, il révéla aux courtisans que l'armée de Metz commençait à se désorganiser, que l'armée espagnole, au contraire, se renforçait tous les jours, que les Pays-Bas, l'Allemagne des bords du Rhin et la Livonie dépêchaient des troupes à Philippe II dans l'espoir de livrer une grande bataille, comme celle de Saint-Quentin, sous les murs de Paris[2].

Aussitôt après la signature du traité de Cateau-Cambrésis, le roi quitta Villers-Cotterets, en Valois, et rentra à Paris au château des Tournelles[3]. Le lendemain, il convoqua les présidents du Parlement et de la Cour des comptes, les prévôts et les échevins de la ville, leur annonça la paix et commanda au Parlement de se trans-

---

1. *Commentaires de Blaise de Monluc*, édit. de la Société de l'hist. de France, t. II, p. 318.
2. *Mémoires sur Vieilleville*, par Vincent Carloix, liv. VII, chap. XXII.
3. Le 8 avril 1559, on célébra à Paris, en présence du roi, une procession d'actions de grâces en l'honneur de la paix (Cérémonial de l'Hôtel de Ville; f. fr., vol. 18528, f. 8).

porter aux Augustins, afin de laisser le palais libre pour les fêtes du mariage d'Élisabeth[1]. La paix fut criée à son de trompe dans les rues par Vigueron, héraut d'armes du roi[2].

Le 15 juin, le duc d'Albe, chargé d'épouser par procuration, au nom de Philippe II, la princesse Élisabeth de Valois, et les autres ambassadeurs espagnols arrivèrent à Paris. Le 18, le roi ratifia le traité de paix que Philippe II avait déjà confirmé le 7 avril[3]. Le 21 juin, le duc Emmanuel-Philibert de Savoie, accompagné de cent cinquante gentilshommes vêtus de pourpoints de satin rouge, de chausses cramoisies et d'une casaque de velours noir brodé de passements d'or, fit une entrée solennelle. Chaque cavalier portait sur son cheval « une mallette » de velours noir fermée de boucles d'argent[4]. Le duc d'Orléans, second fils du roi, plus tard

---

1. *Mémoires sur Vieilleville*, par Vincent Carloix, liv. VII, chap. XXIII.
2. Extrait des registres de l'Hôtel de Ville de Paris (Bibl. nat., V^c de Colbert, vol. 252, f. 189).
3. Les ratifications des deux rois sont conservées en copie à la Bibliothèque nationale; celle de Philippe II (F. fr., vol. 3113, f. 119); celle de Henri II (F. fr., vol. 3153, f. 149). Après la mort de Henri II, au mois de décembre 1559, François II ratifia le traité (Orig. sur parchemin; coll. Moreau, vol. 739).
4. Sébastien de l'Aubespine écrit, le 23 mai, que le duc de Savoie doit partir le 10 juin de Bruxelles (Lettre au connétable; orig., f. fr., vol. 6614, f. 39). Le récit de l'entrée de ce prince est conservé dans le cérémonial de l'Hôtel de Ville de Paris (F. fr., vol. 18528, f. 11).

Charles IX, le reçut aux portes de la ville et le conduisit au Louvre [1].

Le roi avait résolu de célébrer les mariages du roi d'Espagne et du duc de Savoie par des fêtes éclatantes. Le 28 juin, après la cérémonie des fiançailles de Marguerite de France et de Philibert-Emmanuel, les tournois commencèrent. Le troisième jour, vendredi 30 juin, le roi entra en lice [2]. Il rompit une lance contre le duc de Savoie, puis contre François de Lorraine, duc de Guise. A la troisième passe, il fut si rudement ébranlé par le jeune Gabriel de Lorges, comte de Mongonmery, un des capitaines des gardes, qu'il faillit perdre les étriers. Aussitôt il commanda à son adversaire de lui donner une revanche. En vain, les princes et les dames le supplièrent de ne pas tenter l'épreuve. Henri II, dépité d'avoir été presque désarçonné par un jeune homme de vingt-sept ans sous les yeux de la cour et de tous les ambassadeurs étrangers, jura, « foy de gentilhomme, qu'il courroit ceste

---

[1]. V^c de Colbert, vol. 140, f. 517. Extrait des registres de l'Hôtel de Ville de Paris. — Le contrat de mariage du duc de Savoie et de la princesse Marguerite ne fut signé que le 27 juin. Il est imprimé dans le *Corps diplomatique* de Dumont, t. IX, p. 50. L'énumération de son trousseau est conservée dans le f. fr., vol. 3119, f. 55.

[2]. Nous avons raconté ce terrible accident d'après des documents nouveaux dans le tome I de *Antoine de Bourbon et Jeanne d'Albret*, p. 320 et suiv.

lance sans plus[1]. » Il n'attendit même pas pour rentrer en lice que la visière de son casque fût bouclée[2]. Les deux cavaliers prennent leur élan à l'extrémité de la carrière. Mongonmery touche le roi en pleine poitrine. Le bois de lance vole en éclats, relève la visière du roi, frappe le front au-dessus de l'œil droit et pénètre profondément dans la tempe gauche. Sur le premier moment, la blessure fut jugée sans danger, mais, le quatrième jour, la fièvre, les douleurs de tête se déclarèrent avec violence, et bientôt se dissipèrent les espérances de la cour. Il avait été décidé que le mariage du duc de Savoie et de Marguerite de France serait ajourné jusqu'après le rétablissement du roi[3]. Henri II voulut assurer avant sa mort l'exécution de ses volontés. Le huitième jour, de son lit d'agonie, il fit appeler Catherine de Médicis et lui ordonna de célébrer sans retard les noces de la princesse. Catherine obéit, et le dimanche, 9 juillet, à minuit, la messe nuptiale fut dite à la lueur des torches, dans la petite église Saint-Paul. Jamais cérémonie n'avait présenté un aspect

---

1. *Mémoires de Tavannes*, chap. xiv. Gaspard de Tavannes, plus tard maréchal de France, était juge du camp.
2. Ces détails et ceux qui suivent sont mot à mot extraits d'une lettre de l'ambassadeur Ricasoli au duc de Florence (*Négoc. de la France et de la Toscane*, t. III, p. 400).
3. Lettre d'Estienne Guillaume, bourgeois de Paris, à Claude Jacob (F. fr., vol. 20153, f. 87).

plus lugubre. Le roi touchait à ses derniers moments. Catherine, seule assise au banc royal, était inondée de larmes. Le duc de Savoie et la princesse Marguerite, attentifs aux bruits du dehors, tremblaient de voir apparaître au seuil du sanctuaire le héraut chargé de proclamer la mort du roi. Enfin, la messe se termina. Le roi vivait encore. Les nouveaux époux traversèrent le palais des Tournelles et se retirèrent au logis du duc de Savoie. Henri II mourut le lendemain, 10 juillet.

CHAPITRE II.

Exécution du traité de Cateau-Cambrésis en Italie.

Piémont. — Restitution du Piémont au duc de Savoie, à l'exception des places de Turin, de Chieri, de Pignerol, de Chivasso et de Villeneuve d'Asti. — Le maréchal de Brissac fait démanteler les autres places. — Indiscipline de l'armée. — Retour du duc de Savoie en Piémont (déc. 1559). — Ordonnances de ce prince. — Brissac est remplacé par Bordillon. — Échange des cinq villes contre Savigliano, Pignerol et Pérouse (2 nov. 1560).

Toscane. — Ambition de Cosme de Médicis. — Conquête du Siennois.

Ferrare. — Hercule d'Este, fidèle allié de la France. — Alphonse, son successeur, s'allie à l'Espagne.

Montferrat. — La ville de Casal est rendue au marquis de Montferrat.

Corse. — Le capitaine Sampiero Corso. — La Corse est restituée aux Génois par le traité de Cateau-Cambrésis. — Sampiero à Constantinople. — Meurtre de la dame Vanina d'Ornano. — Soulèvement des Corses (1564). — Assassinat de Sampiero (17 janvier 1567). — Alphonse d'Ornano évacue la Corse (1er avril 1569).

États romains. — Paul IV. — Sa mort (18 août 1559). — Le duc de Paliano et le cardinal Carafa. — Meurtre de la duchesse de Paliano (28 août). — Ouverture du conclave (5 sept.). — Élection de Pie IV (25 décembre). — Procès et supplice du duc de Paliano et du cardinal Carafa (1560-61).

Le maréchal Charles de Cossé-Brissac, gouverneur du Piémont, apprit par une lettre du roi et de Diane de Poitiers, du 1ᵉʳ avril 1559, que, en vertu du traité de Cateau-Cambrésis, son gouvernement échappait à la France [1]. « Quand cette nouvelle lui arriva, ce bon seigneur ne se peut tenir de dire en exclamant : « O misérable France ! à quelle perte et à quelle « ruyne t'es-tu laissée ainsy réduire, toy qui « triumphois par sus toutes les nations de l'Eu- « rope ! » Et à la vérité ceste paix luy estoit si à contre-cœur que durant deux mois tous ses propos n'estoient autres que plaintes et regrets [2]. » Le texte du traité lui fut transmis par une lettre du roi le 7 avril 1559 et publié le 11 en Piémont. Le roi renonçait à toutes ses possessions italiennes, excepté Turin, Chieri, Pignerol, Chivasso et Villeneuve d'Asti ; il livrait toutes ses villes fortes, même celles qu'il avait créées, et ne conservait que le droit de les démanteler. Les clauses devaient être exécutées deux mois après la signature du traité. C'était l'abandon de toutes les conquêtes de la France en Italie depuis le règne de Charles VIII.

L'armée du Piémont fut aussi douloureuse-

---

1. *Lettres de Dianne de Poytiers*, publiées par M. Guiffrey, p. 166. — La sœur de Brissac, Anne de Cossé, écrivit en même temps à son mari une lettre circonstanciée qui est conservée à la Bibl. nat., f. fr., vol. 20527, f. 85. — Il est probable que toutes ces lettres furent apportées au maréchal par Boyvin du Villars, alors en mission à la cour.

2. *Mémoires de Boyvin du Villars*, liv. X.

ment surprise que son chef. En 1559, victorieuse dans presque toutes les rencontres, elle comptait dix à douze mille hommes. Parmi les capitaines, plusieurs guerroyaient en Italie depuis le règne de François Ier. Le Piémont était devenu pour eux une seconde patrie. Les soldats, dit Brantôme, s'en prenaient à la princesse Marguerite et l'accusaient d'avoir porté en dot à son mari les plus belles conquêtes des Valois. « Quand aux soldats et compagnons de guerre, qui estoient jà si longtemps accoustumez aux garnisons, douceurs et belles nourritures de ce pays, ne faut point demander ce qu'ilz en disoient, commant ilz en crioyent, s'en désespéroient et ce qu'ilz en débagouloient. Les uns, tant Gascons qu'autres, disoient : « Hé ! « cap de Diou ! faut-il que..... » Et ici Brantôme leur prête un discours qui, même dans la bouche d'un soudard gascon du XVIᵉ siècle, dépasse la mesure de ce qu'un historien peut faire lire à un lecteur de nos jours[1].

L'annonce de la paix surexcita les Italiens. Les villes s'agitèrent au cri de *Vive Savoie!* Sur plus d'un point les partisans du roi furent menacés. Les négociateurs avaient oublié de stipuler une amnistie générale en faveur des habitants dévoués à la France et compromis

---

1. Brantôme, édit. de la Soc. de l'hist. de France, t. VIII, p. 130.

pour elle. Les maisons de Birague, de Beyne, de Sanfré, de Moretto, la Chiusa et d'autres, le Parlement et la Cour des comptes de Turin étaient livrés au ressentiment du duc de Savoie. D'autres difficultés n'avaient pas été prévues dans le traité de paix : le terme de deux mois était insuffisant pour démolir les places fortes que le roi devait rendre; les pionniers italiens refusaient de travailler contre les intérêts du duc de Savoie. Brissac conseilla au roi, si le terme de deux mois ne pouvait être prolongé, de livrer au duc les places fortes sans les démolir, afin de se faire honneur de sa générosité.

Le maréchal de Brissac envoya au roi, le 22 avril, Me Coiffier, général des finances, pour lui présenter ces objections et lui demander de l'argent. L'armée mécontente réclamait le paiement de sa solde ou menaçait de se débander. Le connétable réunit dans son château d'Écouen les députés savoyards et entama de nouvelles conférences. La discussion porta principalement sur le démantèlement des places. Marguerite de France, future duchesse de Savoie, n'y restait pas étrangère. Entre autres avantages, elle obtint que les fortifications de Santhia seraient conservées[1]. Le duc d'Albe pressait l'exécution

1. Archives nationales, K. 1492, n° 39. Lettre autographe de Marguerite de France à Philippe II, en date du 17 mai 1559. Un rôle du temps constate que Santhia n'avait pas été touchée (F. fr., vol. 3150, f. 58).

du traité dans toute sa rigueur. Montmorency excusait les lenteurs du maréchal en arguant de la pauvreté du trésor royal[1]. Malgré les tiraillements, les relations restaient fort amicales entre Philibert Emmanuel et Henri II[2]. Enfin le connétable obtint que, outre les cinq places fortes, le marquisat de Saluces resterait au roi de France.

Brissac, ne pouvant trouver des pionniers en Italie, en demanda à la France, et le roi lui envoya 400 paysans du Dauphiné. Avec ce secours, malgré le manque d'argent, il entreprit la démolition des places fortes. Les plus importantes, Vigliano, Moncalieri et Savigliano, furent tellement rasées que toute restauration des murs devenait impossible[3]. Ce zèle impatienta le duc de Savoie, qui envoya des représentations au roi. Une lettre de la dame Anne de Cossé, sœur de Brissac, lui révèle la mauvaise humeur du prince et lui conseille d'adresser sa justification à Madame Marguerite[4]. Mais déjà le blâme porté par le maré-

---

1. Archives nationales, K. 1492, n° 43. Lettre originale du duc d'Albe à Philippe II, en date du 26 juin 1559.
2. Lettre de Philibert de Savoie au connétable, du 20 février 1560 (Orig., f. fr., vol. 3194, f. 138).
3. Une pièce du temps nous apprend que le roi avait particulièrement recommandé la démolition de Vigliana, Moncalieri, château d'Yvrée, Savigliano, Casal, Verrue, San Damiano et Albe (F. fr., vol. 3150, f. 58).
4. Lettre d'Anne de Cossé à Brissac, en date du 3 juillet 1559 (Autogr., f. fr., vol. 20527, f. 75).

chal contre le traité de Cateau-Cambrésis n'était plus un secret à la cour. Les négociateurs du traité et tous ceux qui l'avaient approuvé, le roi le premier, supportaient avec peine les reproches du gouverneur du Piémont. Les messagers et les dépêches se succédaient de Turin à la cour et de la cour à Turin, chargés de récriminations réciproques. On accusait Brissac de s'être rendu impopulaire, d'avoir abattu des châteaux par esprit de vengeance, levé injustement des impôts, établi des prohibitions à son profit[1], etc. Le maréchal, irrité des ordres qu'il recevait, ne craignait pas de les supprimer dans l'intérêt de son maître. Ainsi le roi avait prescrit de vendre aux enchères les munitions de guerre conservées dans les villes fortes qui devaient revenir au duc de Savoie; sans nul doute ce prince s'en fût rendu acquéreur; Brissac les répartit dans les arsenaux des cinq villes.

Le duc d'Albe se plaignait aussi du maréchal. Valence, ville du duché de Milan, devait être rendue au roi d'Espagne. Le maréchal inventait des prétextes pour retarder la restitution. Une première fois, disait-il, les Espagnols n'avaient pas envoyé d'otages, comme ils y étaient obligés; une seconde fois, les lieu-

---

1. Lettre originale de Sébastien de l'Aubespine au roi, en date du 1er juin 1559 (F. fr., vol. 6614, f. 23).

tenants n'avaient pu s'accorder sur les termes de la capitulation. A de nouveaux ordres, Brissac répondit que le duc de Sessa ne lui avait pas réclamé la place et que ce n'était pas à lui de l'offrir. Enfin le duc d'Albe obtint un double des instructions du roi et l'envoya au duc de Sessa[1].

Le mariage du duc de Savoie avec Marguerite de France donna une force nouvelle aux réclamations de ce prince. Le duc restait à la cour, retenu par des convenances qui lui défendaient de paraître en Piémont avant que les officiers du roi eussent terminé leur œuvre, mais chaque jour il était informé du zèle de Brissac contre ses places fortes. Deux jours après la mort de Henri II, le 12 juillet, dans le trouble où l'établissement du nouveau gouvernement et les compétitions des courtisans jetaient le duc de Guise, il obtint l'ordre de cesser les travaux. Le maréchal para le coup en demandant des explications et traîna en longueur pour achever les démolitions commencées[2]. Le duc le traitait ouvertement d'ennemi de sa maison. La sœur du maréchal, Anne de Cossé, lui écrit le

---

1. Lettre du duc d'Albe à Philippe II, en date du 22 juillet 1559 (Arch. nat., K. 1492, n° 60).

2. Aussitôt après son retour en Piémont, le duc de Savoie fit venir un ingénieur, nommé Orologio, pour présider à la fortification de ses villes (Lettre du 10 février 1560; *Épistres des princes réunies par Ruscelli*, trad. par Belleforest, in-4°, 1572, p. 184 v°).

18 juillet : « Encore hier Z... me dict que l'on avoit dict à Madame que vous aviez dict et escript que vous rongneriés les oncles de sy près à M. de Savoie que vous le gerderiés bien de faire le mauvès, qui les esgrit fort[1]. » La nouvelle duchesse de Savoie, élevée à priser haut la valeur de ce capitaine, n'osait plus le défendre auprès de son mari. Pendant que les seigneurs de la cour se faisaient les courtisans du prince, ses affidés lui écrivaient de Turin que Brissac consommait la ruine de son duché. Aussitôt il se plaignait au roi que le lieutenant en Piémont excédait les clauses du traité ; la reine mère prenait peur de voir le nouvel allié de la France passer dans le camp ennemi ; et le malheureux Brissac était blâmé encore une fois. Cependant les bons serviteurs du roi ne pouvaient se garder d'un sentiment d'admiration pour lui. Le duc de Guise montrait à ses familiers « l'anvie de lui faire plaisir[2]. » Le prince de Condé, qui cherchait à se créer des partisans sérieux, s'efforçait aussi de le rattacher à sa cause en le soutenant au conseil[3]. Malgré ses protecteurs, Brissac, outre les désaveux, ne

---

1. Lettre autographe d'Anne de Cossé, en date du 15 juillet 1559 (F. fr., vol. 20527, f. 71).
2. Trois lettres autographes d'Anne de Cossé à Brissac, en date des 15 et 30 juillet et du 6 août (F. fr., vol. 20527, f. 71).
3. Lettre de Condé à Brissac, du 10 septembre 1559 (F. fr., vol. 20527, f. 87).

recevait de la cour que des injustices. L'ordonnance qui réduisait certaines compagnies d'hommes d'armes lui avait été appliquée dans toute sa sévérité, tandis que les compagnies des autres maréchaux de France, moins anciens que lui, avaient conservé leur contingent. Lassé de ces rigueurs, il sollicita son rappel du Piémont et demanda à résigner toutes ses charges. Déjà il s'était mis en négociation pour acquérir la terre de Maurepas[1]. François II eut la sagesse de refuser sa démission, du moins avant l'achèvement de son œuvre en Piémont[2].

Le plus grand embarras du gouverneur était le maintien de la discipline dans l'armée[3]. La solde manquait. Pendant les négociations, le maréchal avait fait prendre patience aux troupes en leur promettant des combats. A la réception du traité, les soldats, démoralisés, réclamèrent avec plus ou moins de violence l'arriéré de leur solde. Les Suisses surtout se montraient

---

1. Lettre originale de Philippe de Brezé à Brissac, en date du 2 août 1559 (F. fr., vol. 20527, f. 21).
2. Lettre originale de Gonnor à Brissac, en date du 18 septembre 1559 (F. fr., vol. 20527, f. 91).
3. Une pièce du temps, datée du 18 mai, donne les noms des capitaines et des compagnies retenus en Piémont ; les deux enseignes colonelles, Maligny, Bricquemaut, Le Fort, Bertheville, Gordes, Richelieu, Blancfossé, La Gastine, Mauthin, les deux Tilladet, Fontrailles, Billambis, Merins, La Val en Provence, Mus, Monluc de Lioux, Birague, Gourdan (F. fr., vol. 3150, f. 57).

turbulents. Ils étaient commandés par un colonel que Boyvin du Villars nomme Apro[1], « petit de corps et gros de cœur, » aussi exigeant pour sa compagnie que peut l'être un soldat mercenaire. Apro protestait « que là où on luy manqueroit de parole, qu'il scauroit si bien brouiller les cartes que sa nation rabattroit beaucoup de l'affection qu'elle portoit à la France. » Le maréchal n'avait pas d'argent ; le roi ne lui envoyait que des promesses. Le trésor de l'armée était vide. Les juridictions royales, livrées au duc de Savoie, ne payaient plus d'impôt. Cependant les réclamations des Suisses ne comportaient pas d'ajournement. A force de prières, au mois de novembre, Brissac obtint du roi une délégation de 25,000 livres. La somme suffisait à peine aux besoins les plus urgents. Encore se fit-elle attendre. Au mois de décembre enfin, le cardinal de Lorraine annonça au maréchal qu'un marchand de Lyon, nommé Aubrech, apporterait la somme. Brissac, qui connaissait le mandataire, n'eut pas le temps de prévenir le conseil du roi. Aubrech faisait profession de falsifier les monnaies. Il apporta l'argent promis en écus d'or, mais chaque écu était trop léger de dix à douze grains[2].

---

1. Il est appelé *Pro* dans un rôle du temps et est signalé comme capitaine de 200 hommes de pied (F. fr., vol. 3150, f. 57).
2. *Mémoires de Boyvin du Villars.*

Depuis plus d'une année, le maréchal et ses lieutenants n'avaient pas touché de gages. Les capitaines de gens de pied, la plupart soldats de fortune ou petits cadets de province, tombèrent peu à peu dans la misère. Brissac représente ceux qui obtenaient leur congé comme obligés de mendier le long du chemin pour rentrer en France. Reçus en ennemis par les habitants, ils ne trouvaient aucun secours sur leur route. L'un d'eux, nommé Bazordan, gentilhomme gascon, après de nombreux actes d'indiscipline « qui laissoient mauvaise odeur de luy, » déserta et fut arrêté par les ordres de son chef. Heureusement pour lui, le maréchal Paule de Thermes intercéda en sa faveur[1]. Le s. d'Ossun, capitaine de la Bigorre, suivit l'exemple de Bazordan[2]. Ils trouvèrent un si grand nombre d'imitateurs que Brissac renonça à les poursuivre. Quant aux Italiens, la plupart songeaient à se mettre au service du duc de Savoie.

Un passe-droit blessa les capitaines. Les fonctions de mestre de camp étaient exercées par François de Bricquemaut, vieux capitaine qui servait en Piémont depuis le règne de François Ier. Bricquemaut fut rappelé et, au lieu de

---

1. Lettre originale de Paule de Thermes à Brissac en date du 9 septembre 1559 (F. fr., vol. 20527, f. 29).

2. Lettre de Brissac au duc de Guise en date du 1er octobre 1559 (Copie, f. fr., vol. 20451, f. 128).

chercher son remplaçant parmi les gens de guerre sans emploi de l'armée, le roi accorda la charge à Roger de Bellegarde, neveu du maréchal de Thermes, courtisan des Guises. Les capitaines, évincés par le nouveau favori, dressèrent une protestation que signèrent Fontenilles, Palasot, Lefort, Blanquefort et d'autres qui avaient fait en Italie toutes leurs armes [1].

Les sommes apportées par Aubrech avaient été rapidement dépensées. Les compagnies vivaient dans l'indiscipline et pillaient le bonhomme comme en temps de guerre. A Turin, malgré son ascendant personnel, le maréchal ne put contenir les gens de pied. Un jour, vers le mois de février, il apprit qu'un soulèvement militaire se préparait. Il fit entrer secrètement dans la ville la compagnie des Suisses, commandée par le capitaine Apro, et l'établit dans le château même. Au jour marqué, les conspirateurs se portent en tumulte au pied de la herse. Ils sont accueillis par une forte décharge d'arquebusades et ripostent à leur tour. Avant de continuer le feu, Brissac envoie en parlementaires le président Birague, les capitaines de Monfort et de Richelieu. Les séditieux refusent de déposer les armes. Force fut au maréchal de capituler ou de continuer, sous les yeux du duc

---

1. **Protestation datée du 25 octobre (1559) (Vᶜ de Colbert, vol. 27, f. 114).**

de Savoie, une guerre civile inégale. Il s'adressa aux juifs, aux banquiers, aux commerçants de la ville et emprunta à des taux élevés 80,000 livres. Le capitaine Apro et les hommes de sa compagnie prêtèrent 12,000 livres.

Pendant la négociation de cet emprunt, un matin, au lever du jour, les Suisses de la garde du château aperçurent deux enseignes en embuscade à cent pas des portes. Le maréchal les fit « régaler d'arquebuzades. Ils cogneurent que le pot aux roses estoit descouvert et par ainsi s'en retournarent. » Le maréchal distribua les 80,000 livres, mais il ne pardonna pas aux révoltés. Les compagnies les plus coupables étaient celles de Villambis et de Tilladet. Brissac leur ordonna de se rendre à Carmagnoles. Montfort et ses gens d'armes les attendaient sur la route. Au moment où elles passaient sans défiance, les cavaliers les chargèrent l'épée à la main et tuèrent une cinquantaine d'hommes. Le reste prit la fuite et se réfugia dans les villes voisines. Averties par ce terrible exemple, les autres garnisons rentrèrent dans l'obéissance.

Après une longue attente, le duc de Savoie, jugeant son crédit solidement établi auprès de François II, quitta la cour vers le mois d'octobre avec la princesse Marguerite[1]. Il empor-

---

1. Lettre du poète Joachim du Bellay, en date du 5 octobre

tait de France un vif ressentiment contre le maréchal et se flattait d'avoir raison de son zèle. Il arriva en Italie au commencement de décembre. Brissac, d'un côté, les représentants du prince en Piémont, de l'autre, bataillaient avec aigreur sur une contestation que le maréchal avait vainement essayé de prévenir quelques mois auparavant. Le traité de Cateau-Cambrésis stipulait que la France garderait les places de Turin, Chiesi, Villeneuve d'Asti, Chivasso et Pignerol, mais le traité ne réservait à chaque ville qu'une enceinte de demi-lieue de large, insuffisante pour nourrir les habitants et la garnison. Les dangers de cette délimitation se firent bientôt sentir. A peine les frontières étaient-elles tracées que le duc établit des douanes et des péages qui doublaient le prix des denrées. La conséquence prochaine de ces mesures était le dépeuplement des terres qui demeuraient à la France. La récolte en 1559 avait été mauvaise dans le nord de l'Italie et les habitants des provinces, découragés par les restrictions fiscales du duc, n'apportaient aucune denrée sur les marchés des cinq villes. En attendant le règlement du litige, Brissac obtint dix mille sacs de blé de Provence ou de Lyon-

---

1559, publiée dans les *Nouveaux lundis* de Sainte-Beuve, t. XIII, p. 352.

nais, provision dérisoire qui fut consommée en peu de semaines.

Aussitôt après l'arrivée de Philibert Emmanuel en Italie, le 10 décembre, Brissac lui envoya à Nice le s. de Montbazin pour le saluer et lui demander la suppression des douanes. Le duc accueillit le messager avec bienveillance et, sans entrer dans le détail des faits, promit de satisfaire le lieutenant du roi. Mais le lendemain, informé par ses officiers du succès de son administration intérieure, il retira toutes ses promesses[1] et envoya au roi de nouvelles plaintes contre le maréchal. La Savoie était représentée à la cour par deux personnages importants, Jérôme de la Rovere, évêque de Toulon, qui avait eu l'honneur de prononcer l'oraison funèbre de Henri II, et le s. de Coconas, dont le fils devait jouer un grand rôle dans les annales galantes de la cour. Tous deux soutinrent les récriminations de leur maître et les présentèrent en forme de menaces. Aussitôt le roi adressa de nouveaux reproches à son lieutenant. La lettre allait être expédiée par courrier quand arriva une dépêche du maréchal qui faisait valoir les promesses du duc de Savoie. Le secrétaire du Thier arrêta la lettre du roi ; mais l'évêque insista tellement et trouva tant de crédit au conseil que les reproches

---

1. *Mémoires de Boyvin du Villars,* édit. du *Panthéon littéraire,* p. 893.

furent envoyés à leur adresse[1]. A cette nouvelle injustice, Brissac, exaspéré par la faiblesse et la partialité du roi, demanda pour la seconde fois sa retraite immédiate. Les secrétaires d'état conseillaient de rappeler un gouverneur que le duc de Savoie visait comme son ennemi personnel. Lui-même se disposait à partir, quand une lettre du duc de Guise le détermina à rester en Piémont jusqu'à l'arrivée de son successeur[2].

Enfin, au mois d'avril 1560, Brissac obtint son remplacement et reprit le chemin de la cour. Il était accompagné des juifs et des marchands qui lui avaient prêté les 80,000 livres. En arrivant à Montléry, il reçut du roi l'ordre de le rejoindre à Dampierre, chez le cardinal de Lorraine, mais de laisser son cortège en route. Il refusa d'abandonner ses créanciers et les conduisit tous au roi. A la première demande de remboursement, le conseil objecta la pauvreté du trésor royal. Brissac ne put obtenir qu'une assignation sur de futures coupes de bois. Indigné, il fit honneur lui-même à sa signature. Il commanda à la maréchale d'apporter à Fontainebleau les 20,000 écus qu'il avait économisés pour marier sa fille aînée, emprunta le reste aux usuriers de

1. Lettre de du Thier à Brissac, déc. 1559 (F. fr., vol. 20527, f. 95).
2. Lettres du grand écuyer Boissy, du 21 décembre 1559 (F. fr., vol. 20451, f. 131), et de Sypierre, du 10 janvier 1560 (Ibid., vol. 20528, f. 24).

Paris et distribua la somme entière. Cet acte de générosité, inattendu à la cour, excita l'admiration générale. Le roi, à défaut de récompense, lui envoya ses félicitations. La fille du maréchal, Diane de Cossé-Brissac, dépouillée de sa dot, n'y perdit rien; elle épousa le comte de Mansfeld[1]. La reine nomma Brissac gouverneur de la Picardie[2]. Telle était la faveur du roi pour son ancien lieutenant en Piémont qu'il paraissait disposé, d'après Boyvin du Villars, à lui confier « le maniement de l'estat[3]. »

Le successeur du maréchal de Brissac, Imbert de la Platière, seigneur de Bordillon, plus tard maréchal de France, entra en fonction vers le 1er mai 1560. Le duc de Savoie entama immédiatement avec lui une lutte de tarifs, de requêtes, de plaintes, de représentations, qui prouve toute la fertilité d'esprit de ce prince italien, décidé à expulser par tous les moyens pacifiques le roi de France de la péninsule. Il avait inventé d'interdire à tout propriétaire de terres situées dans ses propres domaines de séjourner dans les villes du roi sous peine de

1. Ce mariage eut une issue funeste; le comte de Mansfeld, ayant surpris sa femme en adultère avec le comte de Maure, les tua tous deux.
2. Ce gouvernement lui avait été offert quelques mois auparavant (Lettre de Chantonay du 2 février 1560; orig. espagnol; Arch. nat., K. 1493, n° 38).
3. *Mémoires de Boyvin du Villars*, liv. XII.

confiscation de biens. C'était la dépopulation à bref délai de ces villes qu'il décrétait par des moyens détournés. Bordillon eut beaucoup de peine à obtenir le retrait de cette ordonnance. Il avait reçu de la reine mère l'instruction de maintenir la paix à tout prix et de soumettre les cas difficiles à Marguerite de France, que la double situation de fille de France et de duchesse de Savoie vouait au rôle d'arbitre[1]. Malheureusement, aussitôt après son arrivée en Piémont, la princesse tomba gravement malade. Catherine de Médicis envoya en poste à Turin un de ses médecins, le s. de Castellan.

Pour vous faire scavoir, écrit le duc de Savoie à Catherine de Médicis, des nouvelles de madame ma femme, encores que ceste malladye soit longue et que cella me donne le plus grand regret et desplaisir que je puisse avoir en ce monde pour l'affection que j'ay à une personne que j'ayme tant, si est-ce que peu à peu elle va toujours en amendant; et me promettent les médecins, mesmement le s. de Castellan, une si bonne espérance que cela me fait porter cet ennuy plus patiemment. Il ne reste plus qu'à donner ordre à une grand maigreur et débilitation qui luy est demourée de sa malladye, à quoy je m'attends bien que led. s. de Castellan remediera, veu le bon debvoir qu'il y fait et aussi qu'il sera

---

1. Voyez les lettres de Marguerite, publiées dans la *Revue des Sociétés savantes*, 5ᵉ série, tome IV, d'après les originaux conservés à la Bibliothèque du palais de l'Ermitage, à Saint-Pétersbourg.

creu de tout ce qu'il ordonnera pour la santé de mad. femme[1].

Le duc de Savoie avait mis le temps à profit. Il avait inventé des restrictions nouvelles et les appliquait rigoureusement. Ses officiers de finance le servaient avec tant de dévouement que Bordillon, même à prix d'or, ne put se procurer copie de ses ordonnances fiscales. Le ravitaillement des cinq villes exigea autant de négociations que le traité de Cateau-Cambrésis. Blâmé une première fois sur la question des tarifs par le conseil du roi, dont il feignait de respecter les arrêts en sa qualité d'époux d'une fille de France, le duc transforma ses ordonnances ; il interdit le transport des marchandises entre les cinq villes et les isola comme en pays ennemi. La délimitation de la terre neutralisée fut aussi l'objet de querelles où sa mauvaise foi se donna libre carrière. La vente du blé et le transport du sel furent écrasés d'impôts, les péages multipliés, les sauvegardes abolies, les droits personnels des habitants, fidèles à leur ancienne résidence, entourés de formalités inextricables. Jamais souverain, esclave de la lettre d'un traité, n'en offensa plus audacieusement l'esprit[2].

---

1. Lettre originale de Philibert de Savoie à la reine mère, datée de Nice et du 12 juin 1560 (F. fr., 3898, f. 63). Voyez aussi la lettre du même, du 29 juin (Ibid., f. 65).
2. Le récit de l'administration de Bordillon en Piémont pen-

Après avoir longtemps lutté sans importuner le conseil de ses plaintes, Bordillon s'adressa à la reine mère et lui écrivit que le duc de Savoie se conduisait en Piémont comme le pire ennemi du roi[1]. Marguerite de France s'efforça d'atténuer la valeur de ces reproches. « Nous ne voulons, écrivit-elle au cardinal de Lorraine, que remédier aux abus, réprimer les fraudes. Le duc a tant de charges pour satisfaire au fournissement des vivres qu'il doit aux cinq villes ! » Puis, faisant allusion aux difficultés qu'elle trouvait dans sa nouvelle cour : « Mon cousin, dit-elle, pource que vous estes celluy à qui je me plains privement de ce que l'on nous faict, je vous prie vouloir pourvoir à ceste afaire et avoir

dant l'année 1560 est présenté dans les plus grands détails, avec pièces à l'appui, par un manuscrit intitulé : *Discours des disputes et négociations passées entre les ministres du Roy et ceulx de Monseigneur de Savoye, depuis l'arrivée de Monseigneur de Bordillon en Pyemont, par Jehan Girard, conseiller du roi et secrétaire de son conseil d'estat deçà les monts*. Ce manuscrit, qui paraît être la mise au net d'un travail destiné à être publié, occupe 224 pages petit in-folio. Il contient de nombreuses pièces officielles, lettres du roi, du duc de Savoie et de Bordillon, instructions et arrêts du conseil. Claude Malingre, dans son *Histoire générale des guerres de Piémont* (Paris, 1630, 2 vol. in-8°), paraît en avoir eu connaissance, bien qu'il ne le cite pas, mais il est loin d'avoir épuisé toutes les indications qu'il contient. Nous le signalons avec nos recommandations aux historiens qui s'occupent de l'étude de l'Italie septentrionale au XVIe siècle. Il est conservé à la Bibliothèque nationale sous le numéro 23622 du fonds français.

1. Lettre de Bordillon à la duchesse de Savoie, de septembre 1560 (Copie du temps; f. fr., vol. 15542, f. 30).

esgard qu'au sortir de ma maladie et pensant me remettre du tout, fus en Piémont, où, je voys, je y auray bien peu de contentement et de plaisir, si vous ne faites que je y puisse vivre en paix et faire cesser toutes ces cryeries [1]. » En même temps l'habile princesse recherchait l'alliance de Philippe II pour le cas où le roi de France prêterait l'oreille aux plaintes de Bordillon [2].

Marguerite adressait des justifications aux ministres du roi, mais le duc de Savoie n'en poursuivait pas moins ses errements ordinaires. Bordillon, découragé, avait déjà demandé à revenir en France [3], quand les difficultés reçurent une solution inattendue. La guerre civile avait commencé en 1562. Catherine de Médicis, débordée par les ennemis de l'intérieur, résolut de sacrifier les villes piémontaises, qui n'étaient d'aucun rapport et dont la possession allait devenir un ferment de discorde avec le duc de Savoie, et d'acheter ainsi un allié fidèle sur les frontières du Dauphiné et de la Provence. Les

1. Lettre du 6 septembre 1560 (*Revue des Sociétés savantes*, 5ᵉ série, t. IV, p. 482).
2. Plusieurs lettres de la duchesse de Savoie au roi d'Espagne contenues dans le carton K. 1493 des Archives nationales.
3. Bourdillon ne revint que beaucoup plus tard en France. Il mourut le 4 avril 1557 à Fontainebleau, « suffoqué d'un rheume et si tost emporté que ce a esté un estonnement merveilleux à ceste cour. » (Lettre de L'Aubespine à Tavannes, du 5 avril 1567; orig., f. fr., vol. 4641, f. 58.)

négociations furent conduites par Charles de Birague[1] et par Florimond de Robertet, s. d'Alluye[2]. En vain Bordillon protesta contre cet acte de faiblesse[3]. Il envoya au roi mission sur mission et ne put se faire écouter[4]. Après de longs pourparlers, conduits par le duc de Savoie avec autant d'âpreté que la cour de France y mettait d'indolence, le cardinal de Lorraine, avant de se rendre au concile de Trente[5], signa à Fossano au nom du roi, le 2 novembre 1562[6], un nouveau traité aux termes duquel les villes de Turin[7], de Chieri,

1. Négociations de Charles de Birague avec M. de Savoie touchant la restitution....., 1562 (F. fr., vol. 3195, f. 47).

2. « Acte... sur la despêche et lectres patentes apportées par M. d'Alluye pour le fait de la restitution, » du 15 septembre 1562 (Copie du temps; f. fr., vol. 3195, f. 35).

3. Instructions de Bordillon à divers capitaines envoyés au roi, lettres et injonctions du roi et de la reine, pièces diverses sur le même sujet (F. fr., vol. 3195, f. 7, 11, 19, 45, 65, 67, 79).

4. Le roi envoya à Bordillon les pouvoirs et les ordres nécessaires à la restitution de Turin, le 13 août 1562 (Acte de cette date; f. fr., vol. 3195, f. 56).

5. Une lettre de Charles IX au cardinal de Lorraine, datée du 19 août 1562 et de Mehun-sur-Yèvre, près Bourges, lui commande de se rendre au concile de Trente et de se trouver le 25 octobre à Turin (Copie du temps communiquée à Philippe II; Arch. nat., K. 1498, n° 26).

6. Articles accordés à Fossan entre M. le cardinal de Lorraine et les commissaires députés par le roi touchant la restitution des quatre places du Piémont d'une part et M. le duc de Savoie d'autre part (Copie du temps datée du 2 nov. 1572; f. fr., vol. 3195, f. 15).

7. La ville de Turin fut livrée au duc de Savoie le 12 décembre 1562 (Acte officiel de cette date; copie du temps; f. fr., vol. 3195, f. 39).

de Villeneuve d'Asti[1], de Chivasso et de Pignerol retournaient au duc de Savoie en échange des places de Savigliano[2] et de Pérouse[3]. Le marquisat de Saluces fut détaché du Dauphiné et réuni au nouveau gouvernement du Piémont[4]. Les villes remises au roi étaient moins importantes que les anciennes, mais elles occupaient un territoire mieux délimité. On croyait encore au XVIe siècle que l'intérêt du roi de France était de conserver quelques possessions en Italie, afin de pouvoir y rentrer un jour en maître. Les trois places ne restèrent pas longtemps entre les mains du roi. Henri III, à son passage en Piémont en 1574, les restitua sans motif au duc de Savoie. Le marquisat de Saluces fut conquis par Charles-Emmanuel en 1588, repris par Henri IV et définitivement abandonné à la Savoie en 1601 en échange de la Bresse et des cantons du Bugey, situés à l'occident du Rhône.

La restitution des places du Piémont consomma la séparation de la France et de l'Italie

---

1. Mémoire touchant le comté d'Ast, s. d. (1562) (F. fr., vol. 3195, f. 58).

2. Pièce sur l'acceptation de Savigliano (F. fr., vol. 3195, f. 62 et 90).

3. Procès-verbal de la restitution des places de Turin, Chieri, Villeneuve d'Asti et Chivasso, recueil de pièces de juillet à décembre 1562 (Copie du temps; f. fr., vol. 3195, f. 1). — Lettres patentes du roi sur ce sujet (Ibid., f. 81).

4. Édit du roi du 23 janvier 1562 (1563) (Copie du temps; f. fr., vol. 3195, f. 27).

septentrionale. Malgré quelques retours de la France au delà des monts, justifiés par la rivalité de la France et de l'Autriche plutôt que par la passion des conquêtes, l'Italie commença dès lors à vivre de sa vie propre. La perte de notre puissance au sud était sans doute regrettable, mais elle était amplement compensée par les progrès de la France au nord, progrès qui devaient s'étendre, dès la fin du XVIe siècle, sous la courageuse et sage dynastie des Bourbons.

Toscane. — Le départ des Français rendait les Italiens à eux-mêmes et les livrait aux petits despotes de leur race. Toutes les municipalités, tous les seigneurs rêvaient leur propre indépendance. Chacun n'ayant rien de plus odieux que la supériorité de son voisin, aucune agrégation un peu considérable ne paraissait possible, si ce n'est au prix de la violence. Telle fut l'œuvre du souverain le plus hardi et le plus ambitieux de l'Italie centrale, de Cosme de Médicis, grand-duc de Toscane[1]. Cosme s'était élevé par degrés au premier rang à Florence. Toujours en guerre avec les Strozzi, ses rivaux, avec les républiques de Piombino, de Lucques, de Montalcino et de Sienne, il avait acquis une

---

[1]. Voyez surtout la savante *Histoire du grand-duché de Toscane* de Galuzzi.

grande puissance en Italie. Les conspirations, les trahisons et l'assassinat étaient ses armes favorites ; mais les mœurs de l'Italie ne condamnaient pas ces moyens. Les plus grands princes, les rois de France et d'Espagne, l'empereur et le pape, suivant les nécessités de leur politique, briguaient son alliance. Il les trompait tous trois à son profit.

La grande œuvre de sa vie fut la conquête de Sienne. Une haine ardente, tout italienne, divisait les villes de Sienne et de Florence. Cosme n'épargna aucun de ses moyens ordinaires pour réduire la célèbre république. Aidé des Espagnols, qui poursuivaient la politique de la France dans toutes ses entreprises en Italie, il envoya, au commencement de 1554, le marquis de Marignan avec une forte armée dans la Marenne[1]. Pierre Strozzi, le héros de l'indépendance siennoise, avait presque autant de troupes, mais elles se composaient de mercenaires peu solides devant l'ennemi. Il fut battu

---

1. Il n'entre pas dans notre sujet de raconter la guerre de Sienne et de Florence. Nous nous contenterons de renvoyer le lecteur aux admirables récits des *Memorie storico, critiche della cita di Siena* de Pecci, 4 vol. in-4°, 1755. Cet ouvrage fut commencé pour servir à la biographie de Pandolphe Petrucci, podestat de Sienne, et continué jusqu'au traité de Cateau-Cambrésis. Il est peu connu en France et mériterait cependant une étude approfondie. Nous n'en connaissons pas qui présente un tableau plus animé, plus éloquent et plus vrai des passions de la guerre civile dans l'Italie du xvie siècle.

deux fois, le 20 juillet, à Marciano, et, le 3 août, à Lucignano. Après cette double déroute, la ville, défendue par Blaise de Monluc, l'auteur des *Commentaires*, fut assiégée et resserrée par un blocus impitoyable. Le marquis de Marignan fut le premier de ces lieutenants impériaux dont la férocité semblait être le caractère principal. Vingt ans plus tard, il servit de modèle au duc d'Albe. La ville manquait de vivres. Les femmes, les enfants, les vieillards, inutiles à la défense, que Blaise de Monluc était obligé d'expulser de la ville à mesure que les vivres se faisaient rares, furent tous livrés aux soldats ou égorgés[1]. Les paysans du voisinage, qui s'efforçaient de ravitailler la ville, étaient pendus sans jugement. Menacé dans ses approvisionnements par les Italiens de la Marenne, Marignan prit la résolution de la dépeupler. Les villages de la province entière furent brûlés, les habitants égorgés, les récoltes détruites. Pendant qu'une moitié de l'armée hispano-florentine livrait à Monluc de glorieux combats sous les murs de la ville, l'autre moitié, le fer et la torche à la main, transformait la province en un vaste désert. Encore aujourd'hui, dit Sismondi, l'État de Sienne porte la trace de la barbarie florentine. Les terres de la plaine, laissées longtemps

---

1. *Commentaires de Blaise de Monluc*, t. II, p. 73.

incultes, sont devenues des marais pestilentiels qui éloignent les immigrants [1].

Après une lutte acharnée, les assiégés, réduits à leur dernier morceau de pain, furent obligés de capituler. Le 21 avril 1555, les troupes françaises de Blaise de Monluc et la plupart des habitants sortirent de la ville. Les Siennois s'établirent à Montalcino, petite ville forte sur la route de Rome, et y fondèrent une république libre qui dura jusqu'au traité de Cateau-Cambrésis. Sienne et l'État siennois restèrent deux ans entre les mains de Philippe II. La ville, conquise au prix de tant de sang par l'or et l'armée de Cosme Ier, faillit lui échapper. Le roi d'Espagne voulait la donner aux frères Carafa, neveux de Paul IV, puis à Antoine de Bourbon, en échange de la Navarre espagnole [2]. Enfin, il la remit au duc de Toscane. Le 19 juillet 1557, Cosme Ier en prit possession. Philippe II se réserva seulement les ports d'Orbitello, de Porto-Ercole, de Telamone, de Monte-Argentaro et de Porto-San-Stefano. Ces remaniements furent ratifiés par le traité de Cateau-Cambrésis [3]. Les cinq villes formèrent un petit État qui a long-

---

1. Sismondi, *Histoire des républiques italiennes*, t. X, p. 189.
2. Nous avons raconté ces négociations dans *Antoine de Bourbon et Jeanne d'Albret*, t. III, p. 260.
3. L'article 23 du traité de Cateau-Cambrésis stipule l'évacuation du Siennois par les troupes du roi de France et l'article 24 une amnistie aux Siennois.

temps gardé son indépendance sous la domination nominale de l'Espagne. Cette séparation, aggravée par des entraves commerciales et par des tarifs judaïques, priva le Siennois de ses communications avec la mer et contribua, dit Sismondi, à entretenir « l'état effrayant de désolation » de la Marenne[1].

Depuis le jour de la conquête de Sienne, la grandeur de Cosme de Médicis demeura sans rivale en Italie. Il s'appliqua à guérir les maux que sa politique sanguinaire avait causés. Une administration sage, des fondations commerciales, une économie rigide, la création de canaux, des ports de Livourne et de Porto-Ferrajo, rendirent la prospérité à la Toscane. Cosme reçut le surnom de Grand ; il avait fondé l'État le plus puissant de l'Italie centrale.

Ferrare. — Hercule d'Este, duc de Ferrare, prince éclairé, ami des arts et des lettres, avait épousé Renée de France, fille de Louis XII. Sa politique, après avoir longtemps oscillé entre l'Espagne et la France, s'était résolument fixée en faveur de Henri II. Beau-père du duc de Guise, il devint le représentant le plus autorisé du roi au centre de l'Italie. Après sa mort

---

1. Sismondi, *Histoire des républiques italiennes du moyen âge*, t. X, p. 192.

(3 octobre 1559[1]), Renée de France quitta Ferrare[2] et s'établit à Montargis. La retraite de cette princesse, protectrice de Marot, imbue des principes de la Réforme, mais également éloignée des violences des deux partis, restée française au milieu des splendeurs de la renaissance italienne, était un échec pour le roi. Le nouveau duc de Ferrare, Alphonse d'Este, bien qu'il eût été élevé à la cour de France[3], ne suivit pas les leçons de sa mère. Il se mit au service de la politique espagnole et ne se distingua que par son faste. Il s'est rendu tristement célèbre en persécutant le Tasse. Après sa mort, ses états retournèrent au Saint-Siège.

Montferrat. — L'article 19 du traité de Cateau-Cambrésis stipulait que le marquisat de Montferrat serait restitué au duc de Mantoue. Le Montferrat appartenait à Frédéric II de Gonzague, mais avait été séquestré par ordre de Charles-Quint. Rentré en possession de ses terres, le 3 novembre 1536, le marquis se mit au service de l'Espagne. Ses états furent plu-

---

1. Il mourut après deux jours de maladie, dit Chantonay, non sans soupçon de poison (Lettre à Marguerite de Parme d'octobre 1559; Recueil conservé aux Arch. de Bruxelles).
2. Lettre de Renée de France à Philippe II, du 15 août 1560 (Autographe conservé au Musée des Archives).
3. Lettre de Chantonay à Marguerite de Parme, du 13 octobre (Recueil conservé aux Arch. de Bruxelles).

sieurs fois occupés, pillés, évacués et repris par les armées françaises. Le traité de Cateau-Cambrésis les assura définitivement à ses fils et y adjoignit la ville de Cazal, que le hasard de la guerre avait laissée entre les mains du roi[1]. C'était un succès pour la maison d'Autriche, dont les Gonzague étaient les lieutenants.

Corse. — La Corse était unie à la France depuis 1553. La domination du roi, que rien n'appelait dans l'île, ni les souvenirs ni les intérêts, y avait été introduite par l'énergie indomptable d'un capitaine de fortune, Petro de Bastelica, dit Sampiero Corso, et acceptée avec empressement en haine des Génois. Sampiero, né vers 1498, avait fait ses premières armes en Italie dans les bandes noires de Jean de Médicis. Nommé colonel général de l'infanterie corse vers 1527[2], Sampiero fit la guerre aux Impériaux jusqu'à la fin du règne de François Ier avec une bravoure qui illustra son nom. En 1535, pendant le séjour de Charles-Quint à Rome, il proposa au cardinal du Bellay de ter-

---

1. « Forma d'instrumento qual s' havea da fare nella restitutione di Casale, 1559 » (Copie du temps; f. fr., vol. 3195, f. 71). — Instruction au s. de la Mothe-Gondrin, chargé de restituer la cité de Casal et son château à MM. les duc et duchesse de Mantoue, marquis de Montferrat (Copie du temps, s. d., ibid., f. 83). — Autre pièce sur le même sujet (Ibid., f. 85).

2. Pinard, *Chronologie historique et militaire*, t. III, p. 578.

miner la guerre en assassinant l'empereur. « Ainsi qu'il passeroit sur le pont Saint-Ange, dit Brantôme, Sampiero viendroit à luy, luy donneroit un grand coup de dague, estant tout à cheval, et aussitôt se précipiteroit à cheval du haut du pont dans le Tibre, où estant dedans, luy, qui scavoit nager comme un poisson, nageroit si bien entre deux eaux qu'on ne le verroit point. » Le cardinal du Bellay n'osa prendre sur lui d'autoriser un si grand crime ; il voulut en référer au roi. Dans l'intervalle, l'empereur quitta Rome et « le coup fut failly[1]. »

Au commencement du règne de Henri II, Sampiero Corso, malgré l'obscurité de sa naissance, épousa une des plus nobles filles de son pays natal, Vanina d'Ornano. Il devint le plus important seigneur de la Corse et rêva de donner son pays à la France en chassant les Génois. La reprise de la guerre en 1552 lui offrit l'occasion. Aidé par Paule de Thermes, lieutenant de roi en Italie, il obtint les compagnies italiennes de Jourdain des Ursins, de Jean de San-Séverin, duc de Somme, et quelques autres, enrôla tous les Corses réfugiés sur le territoire de la péninsule et fit transporter son armée, dont il était l'âme, sous les murs de Bastia par les galères françaises du baron de la Garde et

---

1. Brantôme, t. VI, p. 215, édit. de la Société de l'hist. de France.

par la flotte du corsaire Dragut. A la fin d'août 1553, il s'empara de Bastia, et bientôt après de Saint-Florent, de Corte et d'Ajaccio. L'occupation de Bonifacio, ville riche, que Sampiero refusa de livrer au pillage des Turcs, le brouilla avec Dragut. Bientôt André Doria, amiral au service de la république de Gênes, débarqua dans l'île. La guerre prit alors le caractère féroce des guerres civiles. La population presque entière courait sur les pas de Sampiero Corso pour échapper aux Génois. Les coups de main, les embuscades ensanglantèrent les moindres villages. Les qualités de Sampiero trouvaient leur emploi dans cette lutte. Les Génois, repoussés à chaque rencontre, se renfermèrent dans les villes qu'ils possédaient encore, ravitaillés par la mer, dans l'attente d'un siège, tandis que leur ennemi promenait victorieusement dans la campagne l'enseigne fleurdelisée.

Ainsi s'écoula le règne de Henri II. Dès les premières négociations de Cercamp, le 21 octobre 1558, les représentants de Philippe II demandèrent la restitution de l'île à la république de Gênes. Les députés français refusèrent. La revendication fut renouvelée le 23 octobre, le 9 et le 13 novembre, et soutenue par le duc d'Albe à force d'arguments juridiques et historiques [1]. Le

---

1. *Traicté de paix de Chasteau-Cambrésis*, p. 4, 39, 62 et 66.

connétable et le cardinal de Lorraine, désunis sur tant de points, s'accordaient à garder la Corse. Français et Espagnols sentaient que la possession de l'île assurait la prépondérance de leur maître sur la Méditerranée. La question était encore en suspens quand la mort de Marie Tudor interrompit les délibérations des plénipotentiaires. A Cateau-Cambrésis la discussion fut reprise. Pendant de longues semaines, le sort de la Corse fut débattu avec autant d'acharnement que la propriété de Calais. Les officiers du roi en Italie et surtout Sampiero Corso aiguillonnaient le zèle des ambassadeurs français. Mais la Corse fut enfin sacrifiée et l'article 22 promit la restitution de l'île aux Génois.

> Le roy très Chrestien recevra les Génois en sa bonne grâce et amitié, oubliant toutes causes de ressentiment qu'il pourroit avoir à l'encontre d'eux, et en ceste considération leur restituera toutes les places que présentement ils tiennent en l'isle de Corsique, à la charge aussi que les dits Génois ne pourront directement ni indirectement user de quelque ressentiment à l'encontre de leurs dits sujets, soit de la dite isle de Corsique ou autres, à l'occasion des services que, comme qu'il soit, ils peuvent avoir fait audit seigneur très Chrestien ou à ceux de son côté dans ceste guerre.

A cette nouvelle, les principaux chefs de bande, qui combattaient sous les ordres de Sampiero Corso depuis le commencement de la guerre de l'Indépendance, se réunirent à Ajaccio en présence de Jourdain des Ursins, lieutenant du roi, et protestèrent contre l'injuste abandon de la France : « Sire, écrit Jourdain des Ursins, ce seroit chose trop longue d'escripre à Vostre Majesté, par le meneu, toutes les choses qu'ils me dirent, car, pendant une grosse heure, ce ne feust que pleurs et lamentations, vous disant en substance, Sire, que c'estoit la plus grand pitié du monde de les voir[1]. » Les capitaines chargèrent Sampiero et deux d'entre eux d'apporter leurs plaintes au roi.

La cour était en fête quand les députés corses arrivèrent à Paris. On attendait l'ambassadeur d'Espagne. Le mariage de la princesse Élisabeth était proche. Les députés ne furent même pas écoutés. Ils reçurent de Henri II l'assurance que « ses sujets de ladite isle de Corseque ne seroient plus aucunement inquiétez par les Génevois et qu'ils jouiroient en sûreté de tous et chascuns leurs biens[2]. » François II ne leur accorda pas davantage. Il les renvoya avec une lettre aux habitants qui équivalait à une fin de non-recevoir : « Par quoy, en vous acomodant au temps et à l'occasion qui s'offre, il fault que vous espériez de vivre

1. *Mémoires de Ribier*, t. II, p. 454; lettre de Jourdain des Ursins au roi.
2. Texte du traité de Cateau-Cambrésis.

doresnavant en repos et tranquillité, vous pouvant asseurer de nostre amitié et qu'en tous lieux et endroits où nous aurons moyen et pouvoir de faire pour vous et les vostres, nous nous y employerons d'aussi bon cueur que le meilleur et le plus parfait ami que vous ayez[1]. »

Livrés à eux-mêmes, sans alliés, sans secours, les chefs du parti français prirent la résolution héroïque de poursuivre à eux seuls la guerre de l'Indépendance. Pendant que Jourdain des Ursins passait la mer pour demander au roi les sommes nécessaires à la solde des gens de pied, Sampiero Corso appelait aux armes les durs montagnards du Rotondo, les proscrits, les victimes des Génois, les hommes qui s'étaient compromis en faveur de la France, les capitaines de profession que la paix jetait sur le pavé. Les premiers Génois qui débarquèrent furent reçus à coups d'arquebuse. Déjà les soldats des places fortes de l'île s'étaient joints aux rebelles. Le duc d'Albe, retenu encore à la cour de France par le mariage d'Élisabeth de Valois, pressentit la gravité de la sédition. Aussi perspicace que son maître, il reconnut dans le mouvement l'intervention déguisée de la cour de France. Il s'inquiéta surtout des agissements de Jourdain des Ursins, qui allait et venait de Marseille à

---

1. *Mémoires de Ribier*, t. II, p. 564.

Ajaccio et d'Ajaccio à Marseille, et demanda des explications au cardinal de Lorraine. L'habile ministre sentait le prix de la Corse et voulait attendre les effets de la révolte. Il répondit au duc d'Albe que Jourdain des Ursins n'avait charge que de restituer la Corse à ses possesseurs légitimes, mais que le licenciement des troupes était onéreux pour le trésor du roi et le transport de l'artillerie long et difficile[1]. Le roi confirma cette déclaration et commanda à Jourdain des Ursins de rejoindre à Marseille Boistaillé et le chevalier de Seure, chargés de l'exécution du traité[2]. Des Ursins ne rêvait que de rendre un grand service au roi, même à son insu et malgré ses ordres, en gardant la Corse. Il partit pour Lyon et entama un marché secret avec les banquiers de la ville au profit de la sédition. Malheureusement, il ne réussit pas. Découragé par l'insuccès et par le mauvais vouloir du roi, il rejoignit les deux négociateurs à Marseille et passa la Méditerranée[3]. L'insurrection n'avait pu tenir la campagne, malgré la bravoure de Sampiero. Ses troupes étaient disper-

---

1. Lettre du duc d'Albe et de Ruy Gomez de Silva au roi d'Espagne, en date du 22 juillet 1559 (Orig. espagnol; Arch. nat., K. 1492, n° 60).

2. Lettre de Chantonay à Philippe II, du 16 août 1559 (Orig. espagnol; Arch. nat., K. 1492, n° 66).

3. Lettre de Boistaillé au cardinal de Lorraine, du 8 août 1559 (Orig., f. fr., vol. 15872, f. 143).

sées et lui-même en fuite dans la montagne. Des Ursins fut obligé de livrer les places fortes aux Génois, ramassa ses compagnies à Ajaccio et s'embarqua avec elles le 7 novembre 1559.

Pendant trois ans, l'île subit un joug détesté. Soumis à des entraves commerciales qui les empêchaient de vendre leurs produits à d'autres acheteurs qu'à des Génois, rançonnés par un vainqueur sans pitié, victimes de vengeances implacables, les Corses ne cessèrent de conspirer contre leurs maîtres. L'ardent Sampiero était l'âme de la résistance. Réfugié à Marseille avec sa femme et ses enfants, chaque jour menacé d'assassinat, il vivait misérablement d'une pension que lui avait accordée le roi de France sur l'imposition foraine de Villeneuve-lès-Avignon[1]. Il implora en faveur de sa patrie le secours du duc de Florence, dont la fortune frappait les imaginations italiennes. L'ambitieux Cosme Ier aurait désiré, mais n'osa pas s'engager, sans l'autorisation de Philippe II, dans une aventure aussi périlleuse[2]. Le 25 juin 1564, Sampiero écrivit à la reine mère : « Les gentilshommes et les peuples de mon pays sont décidés à vivre et à mourir sujets fidèles du Roy. Que la Royne

---

1. Documents cités par M. Rombaldi (*Sampiero Corso*, 1887, p. 83).

2. Ces négociations sont racontées avec détails d'après des documents nouveaux par Galuzzi, *Histoire du grand-duché de Toscane*, et par Livi, *la Corsica et Cosimo I de Medicis*.

consente à me donner les moyens de lever une compaignie de mille hommes et je me charge de conquérir à nouveau la Corse pour le compte de la couronne. En désespoir de cause, j'iray jusqu'à solliciter l'appui du Turc, afin d'ayder ma patrie à s'arracher des mains des tyrans, qui, sans crainte de Dieu ni d'aucun monarque et sans respect pour les lois, l'oppriment et la torturent[1]. »

La reine mère craignit de violer, pour satisfaire aux passions de la Corse, la clause la plus discutée du traité de Cateau-Cambrésis. Cependant elle proposa à Sampiero d'aller à Constantinople et lui donna des pouvoirs auprès de Soliman. En même temps, le roi envoya le baron Cochart, son valet de chambre, au Grand Seigneur pour négocier un emprunt de deux millions d'or[2]. L'argent et les armes, les flottes et l'armée du Turc, si le Turc se décidait à les envoyer en Corse, devaient, en cas de victoire, profiter à la cour de France, et la négociation, en cas d'insuccès, pouvait être

---

1. Lettre originale citée par M. Rombaldi, p. 64, d'après le vol. 3189 du f. fr., f. 46.
2. L'instruction donnée par le roi au baron Cochart, conservée en original parmi les autographes de Saint-Pétersbourg, est reproduite parmi les copies de la Bibliothèque nationale (Nouv. acquis. du f. fr., vol. 1236, f. 2). Le roi écrivit aussi à Sampiero (Ibid., f. 17). Ces documents sont sans date, mais nous les attribuons aux premiers mois de 1563.

désavouée. Sampiero entama les pourparlers à Alger et ne put rien obtenir des successeurs de Barberousse qui ne rêvaient que le pillage. Aussitôt arrivé à Constantinople, au lieu de tenir sa charge secrète, il s'annonça comme un ambassadeur extraordinaire, supérieur en grade aux représentants du roi. Dans les villes de son passage, il exigeait « fanfares et entrées » et prétendait à la préséance comme un prince du sang. Les Génois furent avisés de la mission par Cosme de Médicis : « Nous sommes informés, par lettre de notre gouverneur du Levant, écrit Cosme de Médicis à l'abbé de Negro, son plénipotentiaire à Gênes, que le colonel Sampiero Corso y était arrivé avec douze capitaines de son île, et, comme nous pouvons penser que les intentions de cet homme ne tendent qu'à quelque funeste projet, il nous a paru convenable de vous le faire savoir, afin que vous en donniez connaissance de notre part à l'illustrissime Seigneurie[1]. » Le secret d'une mission annoncée avec tant de fracas fut bientôt pénétré par les Génois. Sous prétexte de demander au Grand Seigneur des privilèges commerciaux analogues à ceux des Vénitiens, ils envoyèrent à la Porte une ambassade, chargée d'or et de présents, qui acheta facile-

---

[1]. Lettre de Cosme Ier à l'abbé de Negro, datée de Pise, du 8 janvier 1563 (trad.) (Morati, *la Corse, Cosme de Médicis et Philippe II*, 1886, p. 13).

ment les ministres du Sultan[1]. Six mois après, le sieur de Pietremol, ambassadeur de France, racontait malicieusement l'échec du hardi capitaine : « Le colonel Sanpetre, Corse, depuis huit jours, a baisé la main du Grand Seigneur pour prendre congé et a eu bonnes et douces paroles.....; mais de prêter argent, on n'en parle point. Ledit colonel n'attend que les lettres du Grand Seigneur, en responce de celles du Roy, et la commodité de son voyage de s'en retourner, pour passer avec quelque galliotte en Tripoli ou en Alger et de là à Marseille[2]. »

Peu de jours après avoir quitté Constantinople, Sampiero Corso reçut des nouvelles qui le frappèrent dans ses affections de famille. Les Génois avaient tout mis en œuvre pour prendre en otages la dame Vanina d'Ornano et les enfants de Sampiero. Ils achetèrent son intendant, Augustin-Bazzica Lupo, que les affaires du maître obligeaient à de fréquents voyages à Gênes, et un prêtre, M⁰ Michel, gouverneur de ses deux fils. Ces deux conseillers persuadèrent à Vanina qu'en se rendant à Gênes elle obtiendrait de la République le rappel des arrêts de proscription et de saisie qui frappaient son mari et ses biens. Peut-être, dit de Thou, cédait-elle à la tentation de s'éloigner d'un homme

---

1. Charrière, *Négociations dans le Levant*, t. II, p. 711 et 724.
2. Charrière, *Négoc. dans le Levant*, t. II, p. 724.

plus âgé qu'elle, d'un caractère sombre et vindicatif, toujours prêt à hasarder le repos de sa famille dans des conjurations aventureuses. Le dessein arrêté, Vanina envoya à Gênes ses meubles, ses joyaux, tout l'or dont elle put disposer. Surprise au moment du départ par un réfugié corse, Florio de Corte, ami de son mari, elle le fit étrangler par des esclaves turcs. Puis elle s'embarqua avec le plus jeune de ses fils et le prêtre Michel, qui s'était chargé de la conduire. Sa fuite fut bientôt connue. Un compagnon d'armes de Sampiero, Antonio de San Fiorenzo, monté sur un brigantin, la rattrapa en mer et la conduisit à Antibes, où elle fut remise à la garde du Parlement de Provence, à Aix.

Sampiero faisait escale aux côtes d'Afrique quand il apprit à la fois la fuite de sa femme et l'enlèvement de l'un de ses fils. Le coup l'atteignit profondément. Pendant qu'il se plaignait à ses amis, l'un d'eux, Pierre-Jean de Calvese, dans l'espoir de le calmer, lui avoua maladroitement qu'il connaissait depuis longtemps le secret de sa femme. A cet aveu, Sampiero se jeta sur lui et le tua de ses propres mains pour le punir de sa discrétion. Il se rendit à Marseille, puis à Aix, et le même soir demanda la prisonnière. Le parlement refusa de le laisser pénétrer auprès d'elle avant de connaître ses résolutions. Ici commence le drame qui eut tant de retentissement à la cour de France. Vanina, reprise des sentiments héroïques de son mari, voulut le suivre à Marseille. La maison était dépouillée des meubles, que la malheureuse avait envoyés à Gênes. La vue des murs dénudés ralluma la colère de Sampiero. Il se mit aux genoux de sa femme et lui dit « avec beaucoup d'honneur » que la trahison commise méritait la mort et qu'elle allait être étranglée par les esclaves. Elle ne tenta pas de se justifier, dit d'Aubigné, et se contenta de lui dire : « Il y a vingt ans que votre vertu m'a amenée à vous faire mon mari. Depuis ce temps, je n'ay souffert le toucher d'homme vivant que de vous. Je vous supplie que ma mort ne soit point souillée par ces vilaines mains, mais que les vôtres, honorables par leur valeur, me conduisent elles-mêmes au repos. » Après ces paroles, qui ne l'émurent pas, Sampiero lui arracha ses jarretières et l'étrangla[1].

Le lendemain, Sampiero prit la poste et se rendit à la cour. La nouvelle du crime était arrivée avant lui. Plusieurs seigneurs, dit d'Aubigné, l'accueillirent « par les marques d'horreur les plus vives. » Le Corse leur montra les cicatrices des blessures qu'il avait reçues au service

---

1. De Thou, d'Aubigné, Brantôme, La Popelinière, etc.

du roi. D'autres, plus avisés, feignirent d'admettre sans protester « qu'en France on n'avoit pas à se mêler des affaires de famille. » La reine refusa de le recevoir, mais elle s'adoucit bientôt. Séduite ou dominée par la passion implacable de ce *condottieri*, elle l'encouragea à poursuivre ses desseins contre les Génois et lui promit des secours.

Un rapport adressé au roi vers cette époque présente le tableau de cette administration génoise qui établissait sa souveraineté par les exactions et la terreur. Les impôts avaient été doublés, les droits d'héritage supprimés, la justice enlevée aux nationaux, les plus simples opérations commerciales frappées de telles entraves que les habitants des villes, qui ne cultivaient pas les terres de leurs propres mains, ne pouvaient vivre. Les vainqueurs s'étaient emparés des capitaines corses et avaient fait mourir, « avecques grandz et insupportables tormentz, » tous ceux qui avaient servi dans les armées du roi de France. Les habitants n'étaient guère mieux traités. Les bourgeois Rassel, de Brandi, Marque, Pollidiro, Dacosta, Togante, les neveux de Termo Gratiano, les parents de Sampiero Corso, une foule d'autres, « lesquelz l'on ne nommera icy pour n'estre prolixe, » avaient été suppliciés « de mort cruelle, » pendus par les pieds, brûlés vifs, mis à la chaîne, déportés après confiscation des biens. Des villages entiers, connus par leur attachement à la France, avaient été dépeuplés et les habitants, au nombre de huit ou neuf mille, vendus aux corsaires de Barbarie[1].

Après avoir reçu les promesses de la reine, Sampiero repartit pour Marseille et y réunit quelques aventuriers. Catherine avait donné 10,000 écus au fils aîné du colonel, Alphonse d'Ornano, avec des drapeaux ornés de la devise *Pugna pro patria*. Le 12 juin 1564[2], Sampiero, à la tête d'une poignée d'hommes, débarqua sur la plage de Valinco, à quelques lieues d'Ajaccio, s'empara des châteaux d'Istria et de Corti[3] et s'y fortifia. Bientôt, de tous les points de l'île, les ennemis des Génois accoururent sous ses armes. L'ambassadeur d'Espagne en France, don Francès de Alava, porta plainte à la reine mère. Catherine s'était munie d'une lettre de Sampiero rédigée en termes convenus et dont le texte dégageait la cour de France de toute complicité. Elle la montra au ministre de Phi-

---

1. Copie du temps, s. l. n. d. (F. fr., vol. 15881, f. 290).
2. Sampiero Corso écrivit le même jour à Cosme et trois jours après Cosme informa Philippe II de la prise d'armes du capitaine corse. Dans l'affaire de Corse comme dans toutes les autres, la politique de Cosme est pleine de duplicité et de trahisons. Voir les documents originaux publiés par Morati, *la Corse, Cosme de Médicis et Philippe II*, p. 15 et suiv.
3. Lettre de Pierrebon au roi (Orig. sans date (août 1564); f. fr., vol. 15881, f. 275).

lippe II et l'envoya à Jean d'Ébrard, s. de Saint-Suplice, ambassadeur du roi à Madrid, avec ses protestations de neutralité[1]. Dans son indignation simulée contre Sampiero, elle donna l'ordre de « resserrer les enfants dudit colonel plus estroictement qu'ilz n'estoient, afin que cela le retienne[2]. »

L'ordre fut exécuté avec un certain apparat par un officier du roi, le s. de Pierrebon, lieutenant à Marseille. « Je suys allé, écrit-il au roi, trouver les deux enffans du collonnel Sanpietro Corso en leur logis, et, le plus doulcement que j'ay peu, je les ay accompagnez au myen, où, après leur avoir fait entendre le commandement de V. M., je me suys asseuré de leurs personnes, ayant advisé les envoyer en la forteresse de la Garde[3]. »

La nouvelle de l'arrestation fut communiquée à l'ambassadeur d'Espagne. « Si nous y pouvions faire davantage, écrit la reine mère à Saint-Suplice, nous le ferions comme j'ay dict à l'ambassadeur, requérant de faire davantage; il (Sampiero) est en lieu là où nous n'avons nulle

---

1. Cette conférence est racontée avec détails dans une lettre du roi à Saint-Suplice, du mois d'août 1564 (Copie; f. fr., vol. 7070, f. 114 v°).
2. *Lettres de Catherine de Médicis*, t. II, p. 217.
3. Lettre de Pierrebon au roi; orig. sans date (F. fr., vol. 15881, f. 275).

puissance de luy mal faire[1]. » Philippe II ne fut pas dupe. L'intervention française était évidente, mais que servait de protester? La duplicité de Catherine, les fausses déclarations de ses ministres, les mensonges de l'ambassadeur, la perfidie politique (dont il avait lui-même donné tant d'exemples et dont il devait faire l'arme de son gouvernement durant le cours de sa longue carrière) le touchaient dans ses plus chers intérêts en Corse, mais il préféra les subir en silence. En 1564, il n'était pas prêt à recourir aux armes. Ses conseillers les plus prudents s'offensèrent plus que lui et l'un des plus écoutés l'engagea à déchirer le traité de Cateau-Cambrésis. « S'ils passent plus avant, écrit le cardinal Granvelle, le 28 août 1564, et que l'on y voit aller secours de Marseille, je tiens que le Roy, nostre maistre, pour faire ce qu'il convient, sera contrainct de se déclarer de guerre avec les François, et à la vérité, en ce cas, on aura par trop grande cause[2]. » Bientôt Gênes, à bout de force, implora les secours de Philippe II. Un corps d'armée de 4,000 Espagnols débarqua à Ajaccio et se fondit en moins d'une année dans les défilés de la montagne[3].

---

1. *Lettres de Catherine de Médicis*, t. II, p. 217.
2. *Papiers d'état du cardinal Granvelle*, t. VIII, p. 277.
3. Sur l'intervention des Espagnols en Corse, voyez Morati, *la Corse, Cosme I*er *et Philippe II*, p. 40 et suiv.

Un mémoire inséré dans la correspondance des officiers du roi de France en Provence présente d'émouvants récits de la guerre de Corse. A Vescovato, sur neuf enseignes de gens de pied, les Génois perdirent 1,800 hommes; à Gaule, près de la Bastie, 3,000 hommes; à Campilore, le jour du débarquement d'Étienne Doria, 2,500 hommes. A la prise de Certaine, à la reprise d'Istrie, de Porteneese, de Leryo, les Génois qui avaient défendu ces villes furent tous passés au fil de l'épée. Ces désastres inspirèrent à Étienne Doria l'idée d'affamer le centre de l'île. Il ramassa en Italie 3,000 pionniers, les arma de faux, et les lâcha, sous la protection de quelques détachements génois, sur les blés mûrs et les récoltes des vallées. Sampiero laissa engager « le dégast, » fondit sur les soldats épars et les mit en pièces, saisit tous les pionniers et, par un raffinement barbare, les fit décapiter avec les faux mêmes « dont ils avoient travaillé au dégast[1]. »

Pendant plus de deux ans, Sampiero Corso tint tête aux troupes coalisées de ses ennemis. Vainqueur dans une rencontre, il resserrait les villes, pillait les comptoirs, faisait pendre ou égorgeait de sa propre main les capitaines génois que le sort de la guerre lui avait livrés.

1. Mémoire des affaires de Corse, copie du temps, s. d. (F. fr., vol. 15881, f. 66).

A Vescovato, il les fit brûler vifs dans une maison fermée. Vaincu, il disparaissait dans la montagne et reparaissait bientôt avec de nouveaux compagnons fanatisés par son exemple. La république mit sa tête à prix ; elle offrait 3,000 écus d'or à celui qui le livrerait vivant, 2,000 à celui qui l'assassinerait. La guerre prit le caractère barbare des guerres civiles. Les deux partis ne faisaient quartier ni aux soldats, ni aux familles qui s'engageaient contre eux. Le capitaine Altobello de Gentili, blessé à mort de deux coups d'arquebuse, se fit amener tous les prisonniers génois et les poignarda lui-même avant de rendre le dernier soupir. Un autre capitaine, Antoine de Saint-Florent, livrait ses captifs à des chiens dressés à les mettre en pièces. Les Génois n'étaient pas moins féroces. Un capitaine corse de grand renom, Paris de Saint-Florent, retenu sur parole, fut pendu aux vergues d'une frégate et servit de cible aux arquebusiers. Les femmes se distinguaient par leurs cruautés ; elles égorgeaient les prisonniers, achevaient les blessés avec des raffinements barbares au cri de *Liberta! Carne! Carne*[1]*!*

On conserve à la Bibliothèque nationale la copie d'une curieuse lettre du terrible Sampiero

---

1. Filippini, *Historia di Corsica*, réimpression de 1827, passim. — Morati, *la Corse, Cosme de Médicis et Philippe II*, passim.

à son fils. Il s'y peint tout entier : vainqueur impitoyable, il passe au fil de l'épée tous les vaincus ; ennemi des Génois, il parle de se donner au diable avec ses compatriotes plutôt que de subir une domination abhorrée ; capitaine inflexible, il demande la tête d'un lieutenant qui a mal défendu une place forte, et, ne pouvant l'atteindre, il égorge le fils de ce malheureux ; père de famille et père tendre quand ses passions politiques ne sont pas en jeu, il ouvre son cœur à son fils aîné et lui dévoile tous les trésors de son affection paternelle[1].

La trahison apporta aux Génois un secours plus utile que celui du roi d'Espagne. Le 17 janvier 1567, Sampiero, conduit par un de ses écuyers, nommé Vittolo, sortit de Vico avec sa compagnie et s'engagea dans les défilés du Cauro. En route, il envoya Vittolo en reconnaissance devant lui. Tout à coup il se trouve en face des trois frères de la maison d'Ornano, qui avaient juré de venger le meurtre de Vanina. Attaqués à l'improviste, Sampiero et les siens se défendent en héros. L'issue du combat restait douteuse, quand un détachement de mousquetaires génois, commandé par Raphaël Justiniano, surgit d'une embuscade. Vittolo passe derrière

---

1. Lettre de Sampiero Corso à son fils aîné, Alphonse d'Ornano, en date du 9 mars 1565 (Copie du temps ; f. fr., vol. 15881, f. 68). La copie est médiocre et souvent fautive.

son maître et lui tire un coup de pistolet à bout portant. Sampiero tombe de cheval et est achevé par les soldats. Les assassins portèrent sa tête au capitaine François Fornari, gouverneur d'Ajaccio. Le gouverneur ordonna une grande fête et pendant trois jours fit tirer le canon et sonner les cloches. La somme promise en échange de la vie du colonel français fut régulièrement soldée, mais la répartition suscita des querelles entre les frères d'Ornano, qui avaient soutenu le combat, et les soldats génois qui avaient égorgé le blessé. Vittolo fut exclu du partage et chassé. Il laissa une mémoire abhorrée. Son nom est resté dans la langue du pays comme synonyme de traître[1]. L'assassinat de Sampiero mit en froideur la cour de France et la république de Gênes. « La Seigneurie de Gênes, dit l'ambassadeur vénitien, Jean Corraro, n'est guère dans les bonnes grâces de cette couronne. Quand on apprit la mort de Sampietro Corso, chacun en montra du mécontentement, et on regrettait que la perte d'un tel homme dût mettre fin aux troubles de Corse[2]. »

La guerre se poursuivit encore pendant deux années, entretenue par les subsides de la cour de France et par le courage d'Alphonse d'Ornano, fils aîné de Sampiero. Mais les secours

---

1. De Thou, liv. XLI. — Rombaldi.
2. *Relations des ambassadeurs vénitiens*, t. II, p. 190.

devenant de jour en jour plus rares, surtout pendant la guerre civile de 1567 et de 1568, d'Ornano ne put tenir la campagne. En vain il fit de nouveaux appels au duc de Florence[1]. Deux ans après la mort de son père, il signa, avec Georges Doria et Jérôme-Léon Anconitano, évêque de Sagone, une capitulation pour lui et pour les siens. Il s'embarqua le 1er avril 1569 et quitta la Corse pour n'y jamais rentrer. Il prit du service dans les armées du roi, resta fidèle à Henri III et à Henri IV, fut nommé maréchal de France et mourut en 1610. Son tombeau est au musée des antiquités de Bordeaux.

Deux siècles s'écoulèrent encore, marqués par une longue suite d'insurrections, de massacres et d'assassinats, avant que la France prît définitivement possession de la Corse.

Le nom de Sampiero est toujours resté populaire parmi les habitants. Au moment où nous écrivons, une souscription nationale élève une statue au premier libérateur de l'île, au héros de son indépendance, au « premier Corse français. »

États Romains. — En 1559, la tiare appartenait au pape Paul IV. Chef de la maison Carafa, de tout temps suspecte à Charles-Quint

---

[1]. Voyez les documents publiés par le conseiller Morati, *la Corse, Cosme de Médicis et Philippe II*, p. 67 et suiv.

et dévouée à la France, Paul IV avait l'ambition de rendre l'indépendance à l'Italie. Il maudissait les rivalités qui avaient ouvert les portes de la péninsule à l'ambition des rois de France et d'Espagne ; mais il était surtout l'ennemi de Cosme de Médicis et des princes attachés à Philippe II. Son administration ne valait pas sa politique. Il avait livré la direction de sa puissance temporelle à ses deux neveux, le duc de Paliano et le cardinal Charles Carafa. Le duc n'avait fait la guerre que dans les troupes romaines. Le cardinal, ancien capitaine de gens de pied, avait servi avec honneur dans les compagnies du roi de France, notamment sous les ordres de Blaise de Monluc. Tous deux, à l'ombre de l'autorité de Paul IV, pillaient, rançonnaient, dépouillaient ses sujets et exerçaient à Rome un despotisme qui rappelle les tyrannies de l'antiquité. Le pape, circonvenu par les créatures de ses neveux, ignorait leurs crimes. Il les apprit enfin et se contenta d'exiler les coupables [1].

Paul IV avait accueilli avec peu de faveur la demande d'un concile universel contenue dans le prologue du traité de Cateau-Cambrésis. Il niait la nécessité de réformer l'Église et jugeait que les anciens canons suffisaient à la régle-

---

1. Voyez Bromato, *Storia di Paolo IV*. Ravenne, 1758, 2 vol. in-4°.

mentation des difficultés nouvelles[1] ; il croyait dangereux de rouvrir de grandes discussions où l'autorité souveraine du saint-siège pouvait sombrer et où la cause du libre examen serait soutenue par des évêques d'opinions incertaines. Sa violence lui faisait perdre toute mesure. Un jour, il fit appeler Odet de Selve et Louis de Saint-Gelais-Lansac, représentants de France à Rome, et les interrogea sur les alliances du roi avec les princes protestants. Peu à peu, il s'anima contre les souverains catholiques qui désertaient la cause de l'Église, et qualifia leurs ministres de « ministres du diable. » Puis il dit aux deux ambassadeurs terrifiés : « Cheminez droit l'un et l'autre, car je vous jure le Dieu éternel que, si je puis entendre que vous vous mesliez de telles menées, je vous feray voler les testes de dessus les espaules[2]. »

La mort de Henri II mettait en question la réunion du concile œcuménique. La fatale nouvelle resta quelques jours douteuse à Rome. Le 10 juillet, le nonce avait envoyé un courrier qui arriva dans la nuit du 17 au 18 juillet. Paul IV chargea l'évêque de Bergame de communiquer la dépêche à Philibert Babou de

---

1. Lettre de Sébastien de l'Aubespine au roi, en date du 1er juin 1559 (Orig., f. fr., vol. 6614, f. 23).
2. *Mémoires de Ribier*, t. II, p. 666.

la Bourdaisière, évêque d'Angoulême, ambassadeur de France. Mais en même temps on reçut des lettres contradictoires et plusieurs jours se passèrent dans l'incertitude. « Je commençay à doubter que led. nonce se feust un peu hasté d'escripre, écrit l'ambassadeur au roi, comme je luy ay veu faire despuis que je suis par deçà et en chose d'importance, où il n'a pas toujours esté heureux à rencontrer vérité. » Le 31 juillet seulement, un messager de Lyon apporta la confirmation des lettres du nonce[1]. Il était parti le 12 juillet. On s'étonne de sa lenteur quand on voit la nouvelle des derniers moments du pape, un mois après, arriver à Philippe II, de Florence à Gand, en sept jours et demi[2].

Paul IV était hydropique. Les ambassadeurs des deux rois suivaient d'un œil attentif les progrès de son mal, surtout les représentants de Philippe II, roi d'Espagne, l'ennemi de ce vieillard. Sébastien de l'Aubespine, évêque de Limoges, écrit de Gand, le 15 juillet 1559 : « Par les dernières que nous avons de Rome, Sa Majesté est asseurée de bon lieu que l'enfleure de Sa Sainteté monte fort et qu'elle commence

---

1. Lettre de La Bourdaisière au roi, en date du 17 août 1559 (Copie; V^c de Colbert, vol. 343, f. 339).
2. Lettre de Sébastien de l'Aubespine, du 31 juillet 1559 (*Négociations sous François II*, p. 52).

à approcher l'estomach..... Je sais qu'il est veneu à ceste fin courrier exprès, non pas qui apportast l'extrémité, mais l'assurance de la voir bientôt[1]. » Le 11 août, Paul IV se coucha pour ne plus se relever[2]. « Il a un flux de ventre qui est petit, écrit Babou de la Bourdaisière, mais le desgonflement et la faiblesse sont telles que les médecins en font mauvaise estime. Quoi qu'il en soit, là où il eschappera ceste bourasque, ils ne luy donnent pas plus long terme que le mois de septembre prochain. » Seul, le

---

1. *Négociations sous François II*, p. 8.
2. Joachim du Bellay, dont l'esprit satirique est aussi vif que l'esprit poétique, a dépeint en traits piquants le trouble de la cour romaine pendant la dernière maladie du saint-père. Il se trompe seulement sur le mal, mais la peinture n'en est pas moins exacte. La troisième strophe compare en termes un peu obscurs le principe électif, qui règne à Rome, avec le principe d'hérédité des monarchies. Joachim du Bellay, frère du cardinal de ce nom, avait toutes ses entrées au Vatican et avait pu faire ses observations de près.

> « Quand je vois ces Messieurs, desquels l'autorité
> Se voit ores ici commander en son rang,
> D'un front audacieux cheminer flanc à flanc,
> Il me semble de voir quelque divinité;
> Mais les voyant pâlir lorsque sa Sainteté
> Crache dans un bassin, et d'un visage blanc
> Cautement épier s'il y a point de sang,
> Puis d'un petit souris feindre une sûreté :
> Oh! combien, dis-je alors, la grandeur que je voi
> Est misérable au prix de la grandeur d'un roi!
> Malheureux qui si cher achète tel honneur!
> Vraiment le fer meurtrier et le rocher aussi
> Pendent bien sur le chef de ces seigneurs ici,
> Puisque d'un vieil filet dépend tout leur bonheur. »

pape se faisait illusion. Il racontait que son père avait été atteint d'hydropisie comme lui à l'âge de quatre-vingt-trois ans, et qu'il avait vécu dix-sept ans avec cette infirmité[1]. Le 14 août, sentant ses forces décroître, Paul IV rassembla les cardinaux dans sa chambre et leur adressa une allocution sur les troubles religieux qui menaçaient la chrétienté et principalement la France. Il leur recommanda « le très saint tribunal de l'Inquisition » comme la meilleure arme du saint-siège. Le cardinal de la Cueva l'assista à ses derniers moments. Avant de rendre le dernier soupir, il renouvela ses prévisions sinistres sur le sort de l'Église et parla des espérances que lui inspirait la ferveur catholique du roi d'Espagne. Il expira le vendredi, 18 août, à la vingt et unième heure suivant l'usage de compter des Italiens[2].

Le secret de « l'extrémité » du pape avait été si bien gardé par les serviteurs du Vatican que l'ambassadeur de France, le 17 août, ne prévoyait pas une catastrophe aussi prochaine[3]. La nouvelle s'échappa du palais dans la nuit

---

1. Lettre de La Bourdaisière, du 17 août (Copie; Vᶜ de Colbert, vol. 343, f. 339).
2. *Négociations sous François II*, p. 98. — L'inventaire de la succession et du mobilier de Paul IV est imprimé dans le *Bulletin archéologique du département de Tarn-et-Garonne*, 1879.
3. Lettre du 17 août 1559 citée plus haut.

qui précéda le décès. Le 18 au matin, tandis que le saint-père rendait le dernier soupir, une insurrection éclata dans Rome. La populace se porta au Capitole et ouvrit une sorte de conseil à l'imitation des assemblées de l'ancienne Rome, sous la direction de magistrats improvisés, appelés *Capporiens*, qui jouaient le rôle de tribuns du peuple. Les séditieux se ruèrent sur le monastère de Ripetto, où demeuraient les frères inquisiteurs. Les prisons du saint-office furent forcées, les détenus délivrés, les registres et les dossiers brûlés, le monastère saccagé de fond en comble. Le palais de la Minerve, qui appartenait au grand inquisiteur, le cardinal Alessandrini, fut pris d'assaut et pillé. Le cardinal était en fuite. Le commissaire de l'ordre de Saint-Dominique fut blessé, les juges chargés de coups, un vicaire et trois frères de l'ordre égorgés. Pendant le pillage, on força les portes de la cave et « 25 ou 30 bottes de vin grec, *Lachryma*, de Malvoisie, feurent tous gastez, versez, emportez. »

Le lendemain de cet exploit, les factieux abattirent une statue de marbre, élevée à Paul IV sur le Campo d'Oglio, à l'occasion de la suppression des gabelles. Un homme tailla la barbe à coups de hache, brisa le nez et la main, et fit rouler la tête jusques au pied du mont Capitolin. « Les coquins[1], dicts chanoines de Fiez, » l'enveloppèrent de paille, le jetèrent sur un bûcher, et, après de nouveaux outrages, le couronnèrent d'un bonnet de Juif.

Pendant ces désordres, la ville de Rome était la proie de la plus vile multitude. Les princes et les cardinaux étaient gardés dans leurs palais par de nombreuses escouades de serviteurs armés ; mais les bourgeois, les marchands étaient rançonnés sans merci. Une troupe de *Bravi*, la dague à la main, parcourait isolément ou en compagnie les rues de la ville et prélevait sur les habitants et jusque sur les passants des impôts forcés sans cesse renouvelés. Les assassinats se comptèrent par centaines. Malheur aux faibles qui pouvaient avoir des ennemis ou seulement des envieux. Des spadassins à gages offraient leurs services aux maris jaloux, aux amoureux pressés, aux vieillards vindicatifs, aux héritiers lassés d'attendre. Les *Bravi* se faisaient concurrence et la vie d'un bourgeois romain avait baissé jusqu'à quatre écus[2].

Le 20, un crieur publia dans Rome, « par ordonnance du peuple romain obedientissime et fidelissime, » l'ordre d'effacer les armoiries

---

1. *Coquin*, gueux, mendiant.
2. Relation de l'ambassadeur vénitien Louis Mocenigo (*Relazioni Venete*, série II, t. IV, p. 37-39).

des Carafa à l'extérieur ou à l'intérieur des maisons, « sur peine d'estre tenu traistre de ce peuple et infâme. » Le duc de Paliano et son frère avaient pris la fuite. Le cardinal rentra à Rome secrètement la veille de la mort du pape et se cacha chez le cardinal Carpi. Si l'un des deux Carafa se fût montré au milieu de l'exaspération populaire, il eût payé de la vie ses anciens crimes. Le corps de Paul IV fut porté sans pompe dans une chapelle de l'église Saint-Pierre par des serviteurs dévoués. Sept ans après, Pie V lui fit élever par Pyrrho Ligori, sculpteur napolitain, un mausolée de marbre dans l'église de la Minerve[1].

La France, l'Espagne, l'Italie, l'Allemagne, presque tout l'ancien monde, longtemps agité par la rivalité des maisons de Valois et d'Autriche, étaient intéressés à l'élection du nouveau pape. La France redoutait avant tout un pape espagnol; l'Espagne un français; les Italiens un pape qui rappellerait l'étranger; l'Allemagne un second Paul IV, capable de sacrifier la paix générale à l'anéantissement de la réforme. A Rome, le sacré collège n'était pas moins troublé. Les candidatures sérieuses s'étaient révélées avant l'ouverture du conclave. La France repoussait le cardinal Pie de Carpi à cause de ses tendances

---

1. *Négociations sous François II*, p. 98, 99, 100, 101, 102, 103, 104, 105.

espagnoles[1]. Carpi, comblé des dons de François Ier, avait rempli les fonctions de légat en 1551 auprès de Charles-Quint et avait rapporté de la cour impériale un grand dévouement à la maison d'Autriche. A Rome, il était le rival de Hippolyte d'Este, cardinal de Ferrare, chef avoué du parti français. Il avait même réussi à l'expulser de la cour romaine pendant le pontificat de Paul IV[2]. Aussitôt après la mort de Henri II, l'ardent prélat, qui aspirait à la tiare, publia que son exclusion provenait de la haine personnelle du roi défunt et que le nouveau roi ne la ratifierait pas[3]; mais François II confirma les instructions de son père[4] et l'ambassadeur de France les communiqua aux cardinaux de Ferrare, du Bellay, Robert de Lenoncourt et Reoman[5].

La France disposait d'un assez grand nombre de voix au conclave. L'ambition du roi était de faire décerner la tiare à Hippolyte d'Este, cardinal de Ferrare, ou au cardinal François

---

1. Lettre de La Bourdaisière, du 6 septembre (Copie; V^c de Colbert, vol. 343, f. 350).
2. De Thou, liv. XVI, 1740, t. II, p. 351.
3. Lettre de La Bourdaisière au roi, du 17 août (Copie; coll. Clairembault, vol. 65 (anciens numéros), f. 5013).
4. Lettre originale du roi aux cardinaux du Bellay, de Tournon et de Ferrare, en date du 27 août 1559 (F. fr., vol. 3921, f. 21).
5. Lettre de La Bourdaisière au roi, du 5 septembre (Copie; V^c de Colbert, vol. 343, f. 350).

de Tournon[1]. Hippolyte d'Este, né en 1509, archevêque de Lyon et d'Arles, cardinal en 1538, avait été chargé de diverses missions diplomatiques en Italie sous le règne de François Ier. En 1552, il était devenu lieutenant général du roi dans le duché de Parme et dans le Siennois, et, en 1554, protecteur de France à Rome. Il avait donné des gages de son dévouement au roi en convertissant au parti français son frère le duc de Ferrare. Le cardinal de Tournon, né en 1489, en Vivarais, archevêque d'Embrun en 1517, signataire du traité de Madrid, négociateur des mariages de François Ier et de Henri II, archevêque d'Auch et de Lyon, avait été le ministre favori de François Ier à la fin de son règne. Personne ne connaissait mieux que lui la politique de la France. Ses nombreuses missions à Rome l'avaient rendu familier avec les traditions du saint-siège. Ses vertus, la dignité de sa vie et de son caractère l'élevaient au premier rang des candidats à la tiare.

Au moment où le conclave allait s'ouvrir, le duc de Paliano et Charles Carafa commirent de concert un crime épouvantable, dont le récit frappa de stupeur leurs derniers amis. La dame Violante Garlonia, duchesse de Paliano, avait pour amant Marcello Capece, neveu de son

[1]. Lettre de La Bourdaisière au roi, du 6 septembre 1559 (Copie; V^c de Colbert, vol. 343, f. 350).

mari[1], jeune seigneur de Rome, connu pour ses galanteries. L'intrigue dura longtemps à l'insu du duc et lui fut enfin révélée par une dame de la suite de la duchesse. Aussitôt Paliano fit enfermer sa femme au château de Gallese et Marcello dans un cachot. Il convoqua le seigneur Ferrante Garlonio, comte d'Aliffe, frère de la dame Violante, avec un autre de ses parents, au château de Soriano, et cita Marcello devant ce tribunal de famille. Le coupable, interrogé, commença par nier sa faute. Le duc lui mit les preuves sous les yeux, s'emporta et, dans un accès de rage, lui déchira le visage à coups de dents. Puis il le fit mettre à la torture. Vaincu par la souffrance, Marcello confessa l'adultère et écrivit de sa propre main : « Oui, j'ai trahi mon seigneur; oui, je l'ai déshonoré. » Le duc prit et lut la déclaration, se jeta sur le gentilhomme et le perça de vingt-sept coups de poignard. Le soir on jeta le cadavre à l'égout.

Restait la duchesse que le duc de Paliano, au milieu de ses aventures de guerre et d'amour, avait toujours aimée. La malheureuse était enceinte de sept mois. Le duc hésita longtemps sur son sort. Il était alors en pleine disgrâce et pouvait redouter la vengeance d'une maison riche et puissante. Paul IV, à la fin de son pon-

---

[1]. Lettre de La Bourdaisière au roi, du 16 juin 1560 (Copie du temps; f. fr., vol. 3102, f. 96).

tificat, avait été instruit du meurtre de Marcello par le plus jeune des Carafa, cardinal de Naples, et s'était contenté de demander des nouvelles de la duchesse, parole énigmatique que les flatteurs du duc de Paliano interprétèrent comme un arrêt de mort. Beaucoup d'autres en voulaient à sa vie. La mère du duc, les femmes de sa maison s'efforcèrent de persuader au mari que l'enfant à naître était le fruit d'un amour coupable. On lui assura que, du fond de sa cellule, la duchesse avait demandé sa délivrance à Marc Antoine Colonna, le rival détesté des Carafa, et qu'elle lui avait conseillé de faire assassiner son mari. Le cardinal Charles Carafa blâmait impérieusement l'imbécile longanimité de son frère et lui signifia qu'il ne saurait défendre auprès du nouveau pape les intérêts d'un chef de famille aussi lâche devant l'outrage, aussi indifférent à l'honneur de son nom[1]. Ces reproches l'emportèrent sur les derniers scrupules.

Le 28 août, le duc de Paliano envoya au

---

[1]. Le cardinal Carafa protesta plus tard contre l'accusation d'avoir conseillé le meurtre, mais les dépositions du comte d'Aliffe, de Leonardo di Cardine, dont on va apprécier le rôle, l'accusent de complicité. Un secrétaire du cardinal, Silvino Gozzini, déclare qu'il avait écrit au duc, sur l'ordre de son maître, pour le presser de « satisfaire à l'honneur, car autrement il ne le vouloit plus pour frère » (*Archivio storico artistico, archeol. e litterario della cita e provincia di Roma*, t. II).

château de Gallese le capitaine Vico de Nobili, pour les préparatifs du meurtre, qu'il se réservait à lui-même. Au moment de rejoindre son complice, il tomba malade. Hors d'état d'exécuter le crime, il requit le service de deux parents, le comte d'Aliffe, témoin du supplice de Marcello Capece, et Leonardo di Cardine, oncle des Carafa, spadassins à gages dont il pouvait répondre. La duchesse était couchée quand ils arrivèrent à Gallese. Le soir même ils lui annoncèrent qu'elle devait se préparer à mourir. « Y a-t-il un ordre du duc? demanda-t-elle. — Oui, Madame, » répondit Leonardo. Et il lui montra l'ordre d'assassinat. La victime observa qu'elle était enceinte et qu'on devrait attendre sa délivrance ; mais elle n'osa protester contre les volontés de son mari. On introduisit dans sa chambre deux moines et le curé de Gallése, chargés de la confesser. Pendant qu'elle était en prières avec eux, les deux assassins discutaient le mode de supplice. Le comte d'Aliffe proposait de l'empoisonner, mais Leonardo objecta que la mort serait lente à venir et qu'il était pressé de retourner à Rome. Il voulait accomplir sa mission jusqu'au dernier soupir de la victime. Aliffe se rendit à ces raisons et alla chercher les instruments nécessaires pour l'étrangler.

La confession terminée, le curé se retira et

les deux bourreaux s'avancèrent auprès du lit de la duchesse. « Mon frère, mon oncle, criat-elle dans un moment d'angoisse, pourquoi voulez-vous me tuer? » Ils répondirent que l'honneur l'exigeait. Les deux moines lui présentaient un crucifix et l'exhortaient à bien mourir. Le comte d'Aliffe lui banda les yeux et lui jeta autour du cou une corde emmanchée sur un bâton de cornouiller. Puis il serra avec force; mais la corde était trop longue; il la retira. La duchesse arracha le bandeau et demanda : « Que font-ils donc? » Aliffe dit qu'il allait raccourcir la corde pour ne pas la faire souffrir. Quand il eut achevé les nœuds, il remit un mouchoir sur les yeux de sa sœur et lui passa la corde au cou. La duchesse était assise en chemise au pied de son lit. Don Leonardo saisit les mains de sa victime et les retint sur ses genoux. Le comte enroula la corde autour du manche et vira rapidement. La malheureuse fit un effort suprême, retomba en poussant un soupir et rendit l'âme. Le lendemain, pendant la nuit, elle fut ensevelie sans pompe dans l'église de Gallese [1].

1. Dans le récit qui précède nous avons presque littéralement traduit une relation écrite par un des moines qui assistèrent la duchesse à ses derniers moments, et publiée dans l'*Archivio storico artistico archeologico e litterario della citta e provincia di Roma*, t. II, 1877 et 1878. M. Georges Duruy avait déjà fait

Le chroniqueur qui nous a servi de guide raconte que l'événement passa inaperçu à Rome, soit que l'on s'attendît à la vengeance du duc, soit que le supplice ait paru justifié par les fautes de la duchesse ; mais il se contredit lui-même en disant que six mois après le duc de Paliano fit jeter au cachot trente habitants de Gallese coupables d'indiscrétion. D'ailleurs les correspondances des ambassadeurs français, que nous avons citées et que nous citerons plus loin, sont unanimes à signaler le retentissement du crime.

La triste fin de la belle Violante était la fable des carrefours de Rome quand s'ouvrit le conclave. On racontait tout bas la part que Charles Carafa avait prise au meurtre de sa belle-sœur, et les récits sans doute renchérissaient sur l'horrible vérité. Habitué à tout braver, l'ancien condottieri sortit du palais Carpi, sa retraite depuis que sa vie était menacée dans les rues de Rome, et prit sa place dans le sacré collège. Telle était la rudesse des mœurs de l'Italie du XVIe siècle qu'il n'eut pas de peine à y reconquérir tout son ascendant. Il disposait des voix de dix ou onze cardinaux « promeuz par le feu pape Paul quart, son oncle, lesquelz, pour recognoissance du bien et de l'honneur qu'ilz avoyent receu de

---

connaître et mis en œuvre ce curieux document avant nous (*Le cardinal Carlo Carafa*, p. 315 et suiv.).

son dit oncle, estoient pour demeurer unis et jurez avec luy pour l'incluzion ou l'excluzion de ceux qu'ilz jugeroient leur torner à propos d'empescher ou ayder en ceste occasion du siège vacant. » Carafa en outre rattacha à son parti les cardinaux Farnèse, Saint-Ange, Savelli et di Monte. Ainsi soutenu, il était l'arbitre du conclave[1]. Carafa ne poursuivait qu'un but, la grandeur de sa maison. Le duc de Paliano possédait des biens immenses ; toute son ambition était de les conserver. Les deux frères tremblaient d'être obligés de rendre compte de leurs crimes et étaient décidés à tout sacrifier à un pontife qui leur assurerait l'impunité.

Un mémoire inédit nous permet de raconter les péripéties du conclave[2]. Le document ressemble aux copies de pièces qu'il était d'usage de faire passer sous les yeux des principaux membres du conseil du roi. Il émane de l'un des prélats qui représentaient la France, peut-être le cardinal Louis de Guise, frère du duc François. Outre le soin du narrateur à faire valoir les bons offices de ce prélat, ce qui est déjà un indice, nous savons par une lettre de Jehan Bertrand, archevêque de Sens, datée de Rome,

---

1. *Mémoires de Ribier*, t. II, p. 833 et suiv.
2. Cette intéressante pièce, d'une bonne écriture cursive du XVIe siècle, est conservée à la Bibliothèque nationale, f. fr., vol. 6617, f. 73 et suivantes.

du 1er janvier 1560, que le cardinal de Guise avait écrit une relation « de la création du pape, » et qu'il l'avait envoyée au roi[1].

Le conclave s'ouvrit le 5 septembre[2]. Le soir même les cardinaux présents furent privés, suivant l'usage, de toute communication extérieure[3]. L'ambassadeur de France attendait le cardinal de Tournon pour le lendemain. Les cardinaux Strozzi et de Guise entrèrent le 14

---

1. *Négociations sous François II*, p. 208. — Le cardinal de Guise envoyait périodiquement des messagers au roi (Lettre de La Bourdaisière au roi, du 15 novembre 1559 ; copie ; f. fr., vol. 3102, f. 72). — Le cardinal du Bellay adressait aussi des lettres au roi (Lettres de du Bellay à la reine, du 20 novembre et du 25 décembre 1559 ; orig., f. fr., vol. 3898, f. 5 et 6).

2. Lettre de Gonzague au duc de Ferrare, du 5 septembre (*Épistres des princes réunies par Ruscelli*, trad. par Belleforest, in-4°, 1572, f. 177 v°). Lettre de La Bourdaisière au roi, du 6 septembre (Copie ; Vᶜ de Colbert, vol. 343, f. 350).

3. Joachim du Bellay, que nous avons déjà cité, dépeint en vers agréables la cour romaine et le commerce des cardinaux entre eux. On nous permettra cette citation, ce tableau pris sur le vif par un grand poète.

« Marcher d'un grave pas et d'un grave sourcil,
Et d'un grave souris à chacun faire fête,
Balancer tous ses mots, répondre de la tête,
Avec un *Messer non* ou bien un *Messer si*;
Entremesler souvent un petit *E cosi*,
Et d'un *Son Servitor* contrefaire l'honneste,
Et, comme si l'on eut sa part en la conqueste,
Discourir sur Florence et sur Naples aussi ;
Seigneuriser chacun d'un baisement de main,
Et, suivant la façon du courtisan romain,
Cacher sa pauvreté d'une brave apparence :
Voilà de ceste cour la plus grande vertu,
Dont souvent mal monté, mal sain et mal vêtu,
Sans barbe et sans argent on s'en retourne en France. »

au Vatican[1]. Le 25 arriva un ambassadeur espagnol, le licencié Vargas, diplomate remuant que l'on retrouve toujours dans les grandes affaires de Philippe II. Dès lors se dessina clairement la politique espagnole. Vargas avait pour mission de soutenir la candidature du cardinal Pacheco, ancien vice-roi de Naples, favori de Charles-Quint, protecteur de Cosme de Médicis, ou, à son défaut, celle du cardinal Carpi. Le nouvel ambassadeur ne faisait pas mystère de ses instructions et avait pris pour domicile le palais du cardinal Pacheco[2].

Le parti du roi de France se renforçait tous les jours. Le cardinal Jehan Bertrand, archevêque de Sens, ancien chancelier, remplacé par Ollivier, arriva à Rome le 24 octobre, et entra le même jour en cellule ; le cardinal d'Armagnac s'y rendit le 28. Pour contrebalancer le nombre toujours croissant des prélats français, le cardinal Capiusco, du parti espagnol, retenu dans son palais par ses infirmités, se fit porter au Vatican. Sa présence mettait la noble assemblée au complet. Tous les prélats décorés de la pourpre, présents en Italie, au nombre de 44, assistaient au conclave. Les intrigues se croi-

---

1. Lettre de La Bourdaisière, du 15 septembre 1559 (Copie; Vc de Colbert, vol. 343, f. 352).

2. Lettre de La Bourdaisière, du 28 septembre (Vc de Colbert, vol. 343, f. 355).

saient en tous sens, mais rien ne transpirait au dehors des intentions des pères. On supposait que le sacré collège attendait les récusations de Philippe II avant d'arrêter un choix. L'ambassadeur de France attribuait les retards à l'opiniâtreté de chaque parti. Il écrit que plusieurs cardinaux faisaient disposer leur cellule pour un long séjour, « mettant peine, un chacun, de bastir selon que le lieu le comporte, et de s'accommoder comme s'ils devoient habiter là encore bien longuement[1]. »

Le duc de Paliano, très bien informé des préférences des souverains étrangers, adressait des recommandations à son frère. Séduit par les promesses de Babou de la Bourdaisière, il avait pris parti pour les candidats du roi de France. Carafa avait des engagements avec le cardinal Carpi; mais, fidèle aux conseils du duc de Paliano, il se mit en campagne pour les favoris du roi, Hippolyte d'Este et François de Tournon. Dès les premières ouvertures, ses amis refusèrent de le suivre. Guise et Ferrare désignèrent alors, à l'insu de Carafa, Hercule de Gonzague, cardinal de Mantoue. Le nom de ce prélat, étranger à la politique, rallia tous les partis. Le cardinal de Santa Fior, l'un des serviteurs de Philippe II, l'accepta sur la recom-

1. Lettre de La Bourdaisière, du 1er novembre 1559 (Copie; Vc de Colbert, vol. 343, f. 360).

mandation d'Hippolyte d'Este. Il fallait enlever rapidement l'élection pour empêcher Carafa et Farnèse de se concerter. Guise et d'Este ne communiquèrent leur secret qu'au doyen, le cardinal de Bellay. Mais à peine étaient-ils entrés dans sa cellule qu'ils furent épiés ou trahis. A la sortie ils s'aperçurent que le sacré collège était déjà prévenu contre eux. On accusa de l'indiscrétion un secrétaire de Santa Fior, nommé le Lutin. Au vote, Hercule de Gonzague ne réunit que 23 vœux au lieu de 30 qui lui étaient nécessaires. Plusieurs prélats espagnols avaient cédé aux suggestions des cardinaux Farnèse et Carafa. Les partisans de Gonzague ne se tinrent pas pour battus et adressèrent au roi d'Espagne de pressantes lettres pour l'inviter à ramener les déserteurs. On attendit pendant cinquante-deux jours la réponse de Philippe II.

Ce long délai fut utilisé en faveur d'un autre candidat. Le cardinal Pacheco se mit en avant; mais il n'obtint, dans plusieurs votes successifs, que 23 suffrages, dus aux intrigues de l'ambassadeur Vargas.

Le conclave durait déjà depuis plusieurs mois et rien n'annonçait une solution prochaine. Sébastien de l'Aubespine, ambassadeur en Espagne, porta plainte contre les menées du licencié Vargas. Le duc d'Albe désavoua son représentant. Vargas, disait-il, était un ambitieux qui abusait de sa mission. Le roi catholique se désintéressait du choix du pape. Il lui importait peu qu'il fût Espagnol ou Français pourvu qu'il se montrât dévoué au service de Dieu[1]. Le désaveu, simulé ou non, n'arrêta pas les intrigues de l'Espagnol.

Cependant le duc de Paliano ne cessait de solliciter son frère en faveur des candidats du roi de France. Un secrétaire, que le cardinal avait laissé au dehors pour lui adresser des informations, lui écrivait lettres sur lettres. L'ambassadeur de France jugea que les conseils de ce secrétaire pourraient avoir de l'influence sur le maître et le fit introduire au Vatican comme conclaviste de l'archevêque de Sens. Enfin Carafa promit à François de Tournon, par l'intermédiaire de Julien de Médicis, de soutenir sa candidature. Le secret ne devait être confié qu'aux cardinaux de Guise et de Ferrare. A peu de jours de là, Carafa se plaignit que Strozzi avait déclaré, dans une conférence avec Farnèse, que « quelque chose que dict Caraffe de vouloir faire en faveur de la part françoise, qu'il n'en croiroit jamais rien jusques à ce que le vist et touchast avec le doigt. » Le soupçon blessa l'irascible prélat. Médicis ayant voulu excuser Strozzi ou révoquer ces paroles en doute, Carafa

---

1. De Thou, liv. XXII, 1740, t. III, p. 723.

se sépara de lui et signifia au cardinal de Tournon qu'il lui retirait son appui. Guise et Ferrare ne savaient comment le ramener, faute d'intermédiaire. Le hasard leur en fournit l'occasion. L'un des conclavistes de Louis de Guise, le comte Théophile Calcagnini, tomba malade et fut remplacé par le capitaine Adrian Baglione, ancien chef de bande, ami de Charles Carafa. Baglione devint le commensal de son ancien compagnon d'armes et le pressa en faveur du parti français. A la même époque, un messager de Philippe II, Pompée de Touteville, apporta au vice-roi de Naples l'ordre d'investir le prince Marc-Aurèle Colonna du duché de Paliano. Cette décision complétait la dépossession de la maison Carafa. Le cardinal résolut de se venger. Malheureusement Guise et Ferrare, repris de zèle en faveur de la candidature d'Hercule de Gonzague, refusèrent d'entamer de nouvelles démarches avant l'arrivée de la réponse de Philippe II. Carafa, que l'attente ne refroidissait pas, accepta cet ajournement avec patience.

Pendant ces négociations étaient arrivés plusieurs courriers d'Espagne, porteurs de dépêches, dont on ignorait le sens. Vargas feignait de n'avoir pas reçu d'instructions. Très bien informé des intrigues qui se nouaient à l'intérieur du conclave, il savait que Carafa et les cardinaux français n'attendaient que la récusation de Philippe II pour substituer un prélat français à Hercule de Gonzague. Il cherchait à gagner du temps dans l'espoir que de nouveaux incidents détacheraient le mobile et ardent Carafa de ses alliés.

Après une attente de cinquante-deux jours, Gonzague, las de tenir le sacré collège en suspens, retira publiquement sa candidature. La réponse de Philippe II fut aussitôt remise au conclave. Elle portait « que le roy catholique eût désiré et désiroit, pour infiniz respectz qu'il alléguoit, la grandeur dud. seigneur cardinal; mais, puisqu'il ne s'estoit rien peu faire du commencement, il pensoit bien que de soy-mesme il se seroit conformé à la volunté de Dieu et à prendre patience pour ceste fois, ainsi que encores de sa part il l'exhortoit d'ainsi le faire. »

Le désintéressement d'Hercule de Gonzague rendait la liberté aux cardinaux de Guise et de Ferrare. Ils pressèrent Carafa de tenir ses promesses; mais, avant de se livrer au parti français, Carafa, se disant engagé par ses déclarations précédentes, voulut épuiser les chances de Pie de Carpi. Il consulta les cardinaux de Santa Fior, de Trente, Farnèse et ses autres amis. L'enquête prouva que Carpi, repoussé avec ensemble par le parti français, n'avait aucune chance. Carafa lui déclara lui-même « que Dieu n'avoit voulu luy faire tant de bien qu'avec son moyen il fust pape. » Rien ne l'empêchait d'agir en faveur des Français. Tous les obstacles étaient levés. Cependant Louis de Guise remarqua qu'il « différoit de jour à aultre à en venir à la résolution. »

Tandis que Charles Carafa hésitait à remplir ses promesses, arriva à Rome le marquis de Montobel, ambassadeur de Guidobalde de la Rovère, duc d'Urbin. Le marquis avait mission de faire triompher la candidature d'Hercule de Gonzague ; mais, apprenant que ce prélat avait été repoussé par Philippe II, il se rattacha à celle du cardinal de Ferrare. L'intervention de ce prince étranger était heureuse pour la France. Carafa, sollicité par Montobel, voulut consulter encore une fois le duc de Paliano et lui envoya l'évêque de Cesano. Vargas députa en même temps au duc Leonardo di Cardine, un des complices de l'assassinat de la duchesse ; et le cardinal de Guise, un autre gentilhomme. Les trois messagers se rencontrèrent à la porte de Rome et cheminèrent ensemble. Le duc les reçut tous les trois et ne leur fit aucune réponse formelle ; il leur dit qu'il s'en rapportait à son frère.

Le succès de la France paraissait assuré. Hippolyte d'Este et François de Tournon réunissaient la majorité des suffrages. Certains prélats préféraient le cardinal de Ferrare à cause de sa qualité de prince italien et de ses alliances avec la maison Farnèse, d'autres l'archevêque de Lyon. Les deux candidats luttaient entre eux de générosité. Deux fois le cardinal italien proposa de se retirer pour assurer le succès de son rival. Charles Carafa clôtura le débat en optant pour le premier. Le même jour l'accord fut scellé. Il fallait presser la solution pour prévenir les menées de Vargas, d'autant que, des prélats les plus dévoués, l'un, le cardinal de Saint-Georges, touchait à sa dernière heure, l'autre, le cardinal d'Imola, allait quitter le conclave. Louis de Guise ne s'était réservé que le temps de prévenir ses amis. L'élection devait avoir lieu dans la soirée. Malheureusement Carafa perdit la journée dans une commission instituée pour une réforme du règlement. Au sortir de la séance, le bruit de la candidature d'Hippolyte d'Este était public au conclave. D'Este, interrogé par ses collègues, se défendit de toute prétention. Carafa reçut de ses amis le reproche d'avoir participé à cette manœuvre sans les consulter. Reoman, du parti français, se montrait un des plus mécontents. Le soir même, à la chapelle, Carafa conseilla à Louis de Guise d'enlever le vote par un coup d'audace à l'aide des indécis. Guise refusa de prendre cette responsabilité dans l'espérance que Carafa, le lendemain, retrouverait son ascendant sur les créatures de son oncle. Le lendemain, Charles Carafa essuya de « nouvelles rebuffades » et ne put ramener ses amis. La candidature du cardinal de Ferrare avait échoué.

Hippolyte d'Este proposa alors François de Tournon [1]. Carafa trouva plusieurs de ses amis disposés à l'accepter ; d'autres le repoussaient comme étranger. Un de ses partisans, le cardinal Savelli, prônait ses qualités, tout en regrettant Hippolyte d'Este. Le cardinal Farnèse, du parti espagnol, auquel Savelli avait confié ses réserves, les révéla à Charles Carafa. Le susceptible neveu de Paul IV crut comprendre que les amis de Tournon ne le soutenaient que par feinte et travaillaient en réalité pour Hippolyte d'Este. Craignant d'être dupe, il abandonna avec éclat la cause du prélat français. En vain Louis de Guise et H. d'Este s'efforcèrent de lui expliquer les paroles de Savelli ; en vain le cardinal Sermonetti témoigna de ses bonnes intentions ; Carafa, piqué dans son amour-propre, refusa de se rendre. Sa défection enlevait toute chance à François de Tournon, qui retira sa candidature.

---

1. Pendant son séjour à Rome, le cardinal de Tournon devint grand partisan des Jésuites. Voyez la lettre de recommandation en faveur de la compagnie de Jésus qu'il adressa à la reine le 13 février 1559 (1560) (Orig., f. fr., vol. 6626, f. 8).

L'infatigable Louis de Guise ourdit alors une trame nouvelle ; il proposa le cardinal Reoman, un des amis de Charles Carafa. Les cardinaux du Bellay, Crispi et d'autres repoussèrent le nouveau prétendant et obligèrent Louis de Guise à l'abandonner lui-même. Le conclave paraissait plus éloigné de sa conclusion que le jour de sa réunion. Ferrare et Guise, reconnaissant qu'il était impossible de l'emporter sans l'appui des prélats créés par Paul IV, circonvenaient Charles Carafa et feignaient de prendre ses conseils. Un matin, Carafa les prévint qu'il soutiendrait, malgré l'opposition de Philippe II, le cardinal de Mantoue. Sa proposition acceptée, Carafa avertit ses amis. Le succès était assuré quand, au moment d'entrer en chapelle, il souleva lui-même des obstacles inattendus. Farnèse travaillait secrètement cet esprit mobile. Il le détermina à repousser Hercule de Gonzague comme ami de la France, parce que le cardinal de Trente avait dit que la bonne foi du neveu de Paul IV lui inspirait des doutes. Le neveu de Paul IV donnait ainsi raison au soupçon. Carafa souleva de nouveau les prétentions de Pie de Carpi. Le parti français vota avec tant d'union contre ce nouveau candidat qu'il obtint moins de vœux pour son inclusion que pour son exclusion. Deux prélats italiens, Vitelli et Galdi, possesseurs de grands bénéfices en Espagne, montrèrent dans ce vote un dévouement sincère à la France. Malgré les menaces des agents de Philippe II, ils demeurèrent fidèles aux promesses qu'ils avaient faites à Louis de Guise. L'échec de Pie de Carpi détacha complètement Charles Carafa du parti français. Mécontent de son impuissance, incapable d'obéir à une discipline quelconque, susceptible et sans suite, il n'avait apporté au conclave que le trouble et le désordre.

La longue durée de l'interrègne pontifical favorisait l'agitation religieuse. Les Calvinistes se félicitaient des querelles de la cour romaine et prédisaient bien haut la dissolution de l'ancienne église. Les lenteurs, causées par la rivalité des deux rois catholiques, étaient attribuées à l'ambition individuelle des cardinaux, et prêtaient une apparence de raison aux réformateurs de toute secte qui voulaient modifier les lois ecclésiastiques. Cosme de Médicis profitait de la vacance du saint-siège pour arrondir ses états. Il s'empara, par une série de coups de main, de Pondo, château fort sur les confins de la Romagne, de Ghiaggirolo, de Gatteo, de Sainte-Sophie, de Monte-Rotondo, de Montone. Heureusement pour l'indépendance de ses voisins, une conjuration redoutable, organisée par un des magistrats de Florence, Piccio Pucci, fit diversion à ses projets de conquête.

Au commencement de décembre, Philippe II proposa au roi de France une intervention commune auprès des cardinaux [1], et envoya à Rome don Francisco de Mendoza. La France, plus menacée dans son repos que l'Espagne, avait plus de hâte qu'elle d'en finir. Le roi adressa à l'ambassadeur Babou de la Bourdaisière des lettres « recommandant aux cardinaux en général, sans nommer personnes particulières, d'élire le prélat qu'ils jugeroient estre le plus convenable à une si grande dignité, par lequel Dieu en fût servi et son église catholique bien gouvernée. » Le roi se défendait de toute préférence. Il offrait même de favoriser le candidat du roi d'Espagne, « certain que celuy que éliroit Sa Majesté seroit une personne telle qu'il fault au service de Dieu, nostre seigneur, et au bien de la république chrestienne [2]. »

Les démarches des deux rois influèrent sur les incertitudes du sacré collège. Cependant quelques intrigues signalèrent la fin du conclave. Les meneurs de chaque parti, comprenant qu'ils n'avaient plus rien à attendre, présentèrent leurs derniers candidats et, dans un effort désespéré, tâchèrent de faire triompher leur

---

1. Lettre de Philippe II au roi de France (Minute; Arch. nat., K. 1493, n° 15).
2. Analyse de la lettre du roi de France communiquée par Philippe II à Chantonay (Arch. nat., K. 1493, n° 24).

cause. Carafa se montrait l'ennemi des Français ; il luttait contre eux avec l'ardeur qu'il avait apportée à les appuyer et se flattait de reconquérir ainsi la faveur du roi d'Espagne. Il remit en avant le nom du cardinal Pacheco. Plusieurs défections avaient réduit le parti français. Seize vœux étaient nécessaires pour l'exclusion du nouveau candidat et Louis de Guise n'était assuré que de treize. Dans la crainte d'être battu, il usa de tous ses moyens. Les cardinaux Savelli, de Pérouse, Messinetti et Galdi, quoique soumis à Philippe II par les bénéfices qu'ils possédaient en Espagne, restèrent fidèles à la France et Pacheco fut évincé. Le lendemain, le cardinal de Naples, neveu de Charles Carafa, essaya vainement de faire couronner Hercule de Gonzague. Louis de Guise et Hippolyte d'Este présentèrent successivement les cardinaux Pisani et de Césis. Pendant ces derniers scrutins, arrivèrent au cardinal de Guise des recommandations conditionnelles de François II et de la reine mère en faveur des cardinaux de Césis et de Médici [1]. Le premier était repoussé par Carafa et Farnèse. Le second était un prélat d'une origine et d'un esprit modestes, sans ambition, dont la vie s'était écoulée loin de la politique et qui avait

---

1. *Mémoires d'estat* de Ribier, t. II, p. 839 ; lettre du roi au cardinal de Guise.

recueilli de sa vie obscure le bénéfice de ne point avoir d'ennemis. Un de ses adversaires, le cardinal Montepulciano, l'accusait d'avoir dit qu'il autoriserait le mariage des prêtres pour désarmer l'hérésie luthérienne. Le reproche perdit de sa force quand on apprit que Montepulciano « pratiquoit par effect ce qu'il blâmoit..... et tenoit une Portugaise comme sa femme propre, dont il avoit plusieurs enfans; et en avoit eu une fille despuis qu'il estoit en conclave[1]. »

L'élection du cardinal de Médici fut assurée par l'empressement de Carafa à adopter sa candidature. Le bouillant cardinal calcula qu'en soutenant un prélat sans influence personnelle, il portait sur le trône pontifical une de ses créatures, dont l'appui l'aiderait un jour à faire face à l'orage qui grondait sourdement contre sa maison, et que par surcroît il satisferait à la fois la France et l'Espagne. Trois jours lui suffirent, trois jours de propagande acharnée, pour ramener la plupart des cardinaux qui avaient éparpillé leurs voix sur d'autres prétendants. Le jour de Noël, il envoie son neveu, le cardinal de Naples, annoncer à Médici son élection prochaine. Le scrutin était fixé au 26 décembre. Pendant la nuit, Carafa, redoutant les défections, parcourt les cellules, traîne les prélats en

---

1. *Mémoires d'estat* de Ribier, t. II, p. 837; lettre de l'évêque d'Angoulême au card. de Lorraine.

chapelle, s'écrie qu'il ne faut pas ajourner au lendemain le triomphe du sauveur de l'Église. Chacun répond à cet appel avec empressement, les partisans de Médici par conviction, ses adversaires par émulation de courtisan. Le sacré collège réuni, Carafa propose d'acclamer le nouveau pape. L'assemblée tombe à ses pieds et Médici reçoit l'adoration traditionnelle avant que les opposants aient pu se concerter. Tandis que les conclavistes, suivant l'usage, se partagent les dépouilles de l'élu, Carafa, pour regagner sa popularité à Rome, le supplie de pardonner à ses sujets les violences commises après la mort de Paul IV. Le pontife hésite et se rend enfin en stipulant qu'il n'accorde l'amnistie qu'aux instances de Charles Carafa[1]. L'habile frère du duc de Paliano pouvait se croire victorieux de ses ennemis. Il avait fait nommer un pape, imposé son ascendant au sacré collège, sauvé la fortune de sa maison, restauré son crédit auprès du peuple de la ville éternelle[2].

---

[1]. Bromato, *Storia di Paolo IV*, liv. XII, passim.

[2]. Joachim du Bellay, présent à Rome au moment du conclave, présente de la noble assemblée un tableau piquant. Nous avons déjà remarqué que Joachim était le frère du cardinal du Bellay et se trouvait en situation de recueillir de justes informations.

> Il fait bon voir, Pascal, un conclave serré,
> Et l'une chambre à l'autre également voisine
> D'antichambre servir, de salle et de cuisine,
> En un petit recoin de dix pieds en carré.

Le nouveau pontife se nommait Jean-Angelo Médici et appartenait à une famille de petite noblesse qui prétendait se rattacher à la maison de Médicis. Il était frère du marquis de Marignan, le plus célèbre des capitaines italiens au service du roi d'Espagne, l'adversaire de Blaise de Monluc au siège de Sienne. Il prit le nom de Pie IV et fut couronné le jour des Rois.

Les cardinaux de Guise et de Ferrare n'avouèrent pas qu'ils avaient été battus et célébrèrent l'avènement du nouveau pape comme le triomphe de l'influence française. Dans le mémoire qui nous a servi de guide, le narrateur applaudit à l'élection « dont led. Pie IV peult bien avoir d'autant plus d'obligation à Sa Majesté et à lad. royne, sa mère, que, qui l'eust voulu empescher, l'on eust aussi bien trouvé contre luy que contre Carpi plus de vœux pour l'exclusion qu'il n'en eust pu avoir pour l'inclusion, quelque faveur qu'eussent entreprins de luy donner les dictz cardinaulx Caraffe et Farnèse avec toute

> Il fait bon voir autour le palais emmuré,
> Et briguer là dedans cette troupe divine,
> L'un par ambition, l'autre par bonne mine,
> Et par dépit de l'un être l'autre adoré.
> Il fait bon voir dehors toute la ville en armes,
> Crier *Le Pape est fait*, donner de faux alarmes,
> Saccager un palais. Mais plus que tout cela,
> Fait bon voir qui de l'un, qui de l'autre se vante,
> Qui met pour cestui-ci, qui met pour cestui-là,
> Et pour moins d'un écu dix cardinaux en vente.

la part contraire. » Cinq jours après, le 1ᵉʳ janvier 1560, Jehan Bertrand, archevêque de Sens, écrit de Rome à la reine : « Seulement je vous avertiray, Madame, que vous seule estes cause qu'il est pape, et de sa promotion, qui me faict croire que les affaires du roy et de ses subjects et vostres s'en porteront mieux[1]..... »

L'élection du nouveau pape satisfaisait médiocrement les deux rois de France et d'Espagne, mais ils firent bonne contenance vis-à-vis du nouvel élu. Le 28 janvier, Philippe II charge son ambassadeur en France, Chantonay, de communiquer son contentement au roi[2].

Quelles que fussent les préférences secrètes du pontife, il était décidé à garder la neutralité entre les deux grands souverains qui soutenaient le saint-siège. Il fut bientôt mis en demeure de se prononcer. Le licencié Vargas, en arrivant à Rome, prétendait obtenir la préséance sur l'ambassadeur français. Il venait de Venise, où il avait essayé de prendre le pas sur François de Noailles, évêque de Dax[3]. Ses démarches

---

1. *Négociations sous François II*, p. 208. — Voyez aussi la lettre du cardinal d'Armagnac à la reine, du 28 décembre 1559 (Orig., f. fr., vol. 2812, f. 11), et celle de La Bourdaisière au roi, du 2 janvier 1560 (Copie, f. fr., vol. 3102, f. 73).

2. Lettre de Philippe II à Chantonay en date du 28 janvier 1560 (Orig. espagnol; Arch. nat., K. 1493, n° 32).

3. Cette affaire est racontée dans une lettre de François de Noailles, évêque de Dax, du 3 juillet 1558 (*Mémoires de Ribier*, t. II, p. 742).

avaient été repoussées par le Conseil de la sérénissime république[1], mais il se flattait d'être plus heureux auprès du saint-siège. Pendant l'interrègne pontifical, il n'eut point d'occasions de se manifester. La cour romaine était en deuil et aucune fête officielle ne mettait les deux ambassadeurs en présence. Le couronnement du pape, célébré le 6 janvier 1560, laissait la question indécise. L'évêque d'Angoulême, en sa qualité d'ecclésiastique, avait une place marquée dans le cortège pontifical, Vargas dans les rangs des laïques. L'Espagnol attendit les cérémonies civiles. Le pape devait donner un festin aux cardinaux et aux ambassadeurs étrangers. Quelques jours auparavant, Vargas présenta sa requête au pape. Pie IV, fort indécis, aurait voulu se réserver le temps d'étudier les droits des parties. Il chargea l'évêque de Viterbe de dire à Babou de la Bourdaisière qu'il conseillait aux deux ambassadeurs de ne point paraître au festin. Babou accueillit fort mal le déclinatoire. Sur l'avis de Louis de Guise, il refusa de s'abstenir « pour ne pas acquiescer à un seul doubte sur les droits du roy. » « En vain, » dit-il dans une autre lettre, « le pape me proposa de me donner à dîner en particulier tant que je voudrois. Il me conseilla de feindre d'estre malade,

---

1. Lettre de La Bourdaisière au roi, du 25 septembre 1559 (Copie ; V^c de Colbert, vol. 343, f. 355).

mais je luy respondis que, quand je le serois à bon escient, attendu la rumeur qui avoit esté desjà de cecy, je me ferois porter au festin, duquel plus tost que m'abstenir, j'aymerois mieux jeusner tout le reste de l'année. » La Bourdaisière invita le pape à consulter l'ambassadeur de Venise sur les précédents. On l'envoya chercher. Pendant que le représentant de la sérénissime république attendait son tour d'audience, l'évêque d'Angoulême s'efforça de le prévenir en sa faveur. Il aurait voulu connaître le résultat de la conférence; l'heure tardive l'obligea à quitter le Vatican. En sortant, un secrétaire lui confia que le pape avait agité au Conseil de n'inviter aucun ambassadeur. Le jour du festin arriva. La Bourdaisière ignorait la décision du pape. Les cardinaux français avaient été avertis et étaient décidés à quitter la table si le pape privait l'ambassadeur de France de son rang. La cour entra dans la salle du festin. L'Espagnol était absent; il avait quitté le cortège pontifical à la porte du Vatican[1].

Vargas ne se tint pas pour battu. L'année suivante, à l'occasion de l'anniversaire de l'élection pontificale, il renouvela ses réclamations. La Bourdaisière et les cardinaux français montrèrent la même résistance. Vargas, pour ne pas

1. Lettre de La Bourdaisière au roi, du 12 janvier 1560 (Copie; Vᶜ de Colbert, vol. 343, f. 375).

éprouver un échec, s'absenta le jour du banquet. Cependant, quelques années plus tard, de nouvelles intrigues firent perdre à la France ses anciens droits. La correspondance de Charles IX et de Henri III avec leurs ambassadeurs à Rome est pleine des revendications du roi de France[1]. Enfin la préséance fut reconquise sous le règne de Henri IV par le marquis de Pisani.

Peu de temps après l'avènement de Pie IV s'éleva un nouveau conflit entre les deux rois. Le pape s'était hâté d'envoyer l'évêque de Terracine à Philippe II et n'accrédita que plus tard l'évêque de Viterbe auprès de François II. La cour de France l'accusa d'être plus empressé auprès du roi catholique que du roi très chrétien. Pie IV fut obligé de donner à La Bourdaisière des explications qui dissipèrent les malentendus[2].

Le cardinal Carafa paya cher ses tergiversations au conclave. L'élection de Pie IV, qui était son œuvre, lui fit perdre l'appui du roi de France sans lui assurer la protection du roi d'Espagne. Assuré de l'impunité par l'avènement de l'une de ses créatures, Charles Carafa reprit

---

1. Voyez notamment la correspondance de Henri III avec Dabin de la Rocheposay (Vᶜ de Colbert, vol. 345).
2. Lettre de La Bourdaisière au roi, du 24 mars 1560 (Copie; Vᶜ de Colbert, vol. 343, f. 427).

le cours de ses intrigues, commit de nouveaux excès, complota avec Vargas, livra ou vendit aux petits princes d'Italie les secrets de la politique du saint-siège. Les plaintes des victimes du cardinal et du duc de Paliano s'accumulaient secrètement dans le cabinet de Pie IV. Un incident de peu d'importance fit éclater sa colère. Les Carafa poursuivaient de leur haine le prince Colonna, que Philippe II avait élevé à la dignité de duc de Paliano. Au mois de mars 1560, le cardinal l'accusa de tentative d'assassinat, suborna des témoins et demanda vengeance au pape. L'affaire donna lieu à une enquête et les Carafa furent convaincus d'imposture et de calomnie. C'en était fait de leur pouvoir après cette défaite. Leurs innombrables ennemis revinrent à la charge, et, dans l'espace de quelques jours, un flot de dénonciations, la plupart justifiées par des preuves, inonda le conseil secret du saint-père. Le crédit des deux frères, sourdement miné par la réprobation de tout un peuple, s'écroula subitement. Le 7 juin 1560, Charles Carafa, encore confiant dans son audace et dans son énergie, assistait à un consistoire au Vatican avec son neveu, le cardinal de Naples. « Lesd. cardinaux estoient avec leurs grandes chappes au consistoire, attendans le pape, quand le s. Gabrio, capitaine des gardes de Sa Sainteté, leur dit (aux deux Carafa) qu'il avoit charge de leur faire compaignie aud. Castel (château Saint-Ange), où il les convoia par le petit corridor qui y va du palais Saint-Pierre. » A la même heure, le gouverneur de Rome, avec quelques chevau-légers, emprisonna le duc de Paliano et ses principaux complices [1].

Le procès fut mené avec acharnement. Un procureur fiscal, Alexandre Pallantieri, que le cardinal avait autrefois jeté au cachot, fut chargé de l'instruction. Pallantieri saisit les papiers des Carafa, compulsa leur correspondance, suscita des témoins à charge et dressa un acte d'accusation formidable, où le vrai et le faux étaient habilement confondus pour accabler les coupables [2]. Le pape chargea une commission de huit cardinaux de suivre les débats « non comme juges, mais assistans seulement aux procedures, à ce (afin) qu'il ne leur soit pas fait de tort [3]. » Comme les inculpés avaient été associés à toutes les négociations de Paul IV, le nouveau pape voulut que la France et l'Espagne fussent représentées, l'une par le

---

1. Lettre de Babou de la Bourdaisière au roi, du 16 juin 1560 (Copie du temps; f. fr., vol 3102, f. 96).
2. Telle est l'appréciation de M. Georges Duruy qui a consciencieusement étudié les dossiers. Voyez *Carlo Carafa*, p. 321. Nous devons ajouter que les lettres de Babou de la Bourdaisière sont moins favorables aux Carafa que leur historien.
3. Lettre de Babou de la Bourdaisière au roi, du 19 juin 1560 (Copie du temps; f. fr., vol. 3102, f. 97).

cardinal Jehan Bertrand, l'autre par le cardinal de la Cueva, au sein de la commission[1].

Le duc de Paliano était accusé des meurtres de Marcello Capece, son neveu, et de la duchesse, crimes de notoriété publique, que le coupable avoua dès les premiers interrogatoires, et de graves excès de pouvoir, « sans compter infinis torts et injustices faits à plusieurs personnes et semblablement plusieurs violences et forcemens[2]. » Il se défendit mal, montra devant la torture la pusillanimité d'un criminel vulgaire et rejeta lâchement sur son frère l'instigation de ses forfaits. Résigné à toutes les faiblesses pour sauver sa vie, il implorait l'appui de la France. Deux fois son secrétaire, Sylvio, vint supplier l'ambassadeur du roi « d'embrasser la défense de son maistre comme chevalier de l'ordre. » Babou de la Bourdaisière accueillit froidement ces prières. A la première, il refusa de prendre l'initiative d'une démarche qui pouvait déplaire au pape; à la seconde, il demanda des ordres au roi[3].

Le dossier du cardinal était plus chargé. Outre sa vie débauchée, il était accusé de cinq assassinats, d'hérésie, de simonie dans le choix

1. Lettre de Babou de la Bourdaisière du 16 juin, citée plus haut.
2. Lettre de Babou de la Bourdaisière du 16 juin.
3. Lettres de Babou de la Bourdaisière au roi, du 16 juin et du 1ᵉʳ juillet 1560 (Copies du temps; f. fr., vol. 3102, f. 96 et 98).

des cardinaux, de concussions et enfin d'actes de trahison. L'enquête fut longue et conduite par Pallantieri avec une rigueur minutieuse, peut-être même au prix de la plus simple équité. Quelquefois accablé par l'évidence, le cardinal retrouvait le plus souvent son habileté, sa présence d'esprit et son ascendant sur les témoins. Dans les affaires politiques, il se retranchait derrière l'approbation de Paul IV. Après sept mois de débats contradictoires, le résultat de l'instruction était encore incertain[1]. Mais la résolution de Pie IV était secrètement arrêtée. Le 3 mars 1561, il présida un consistoire, où le cardinal Farnèse plaida longuement en faveur des accusés. A l'issue de la séance, le saint-père remit au gouverneur de Rome une cédule cachetée avec défense de l'ouvrir avant le lendemain. C'était l'arrêt de condamnation à mort. Il fut signifié le 5 au duc de Paliano, au comte d'Alife et à Léonardo di Cardine, les meurtriers de la duchesse. Le duc passa la nuit en prières et fut décapité avec ses complices au lever du jour. Le cardinal fut étranglé au château Saint-Ange presque à la même heure, sans avoir pu bénéficier des privilèges attachés à la pourpre romaine[2].

Dans cette Italie où la mémoire de l'assassin

---

1. Lettre de Babou de la Bourdaisière au connétable, du 11 janvier 1560 (1561) (Orig., f. fr., vol. 3158, f. 79).
2. Bromato, *Storia di Paolo IV*, liv. XII, passim.

est toujours populaire et devient souvent plus intéressante que celle de la victime, une ardente réaction s'établit bientôt autour du nom des frères Carafa. Sous le pontificat de Pie V, le procès fut revisé. On fit valoir les iniquités de l'instruction. De nouveaux arrêts réhabilitèrent les condamnés. Le procureur fiscal, Alexandre Pallantieri, fut condamné à mort. Son supplice était juste et fut approuvé, car il avait usé des subtilités les plus artificieuses de la procédure du saint-office.

Le cardinal Charles Carafa est le dernier de ces *condottieri* du moyen âge toujours prêts à trahir l'Italie à leur profit. Il avait été l'idole du peuple pendant sa lutte contre l'Espagnol ; il devint son ennemi quand il se vendit à la France. Un sentiment nouveau, l'amour de la patrie, la haine du *forestiere*, était né sur les rives du Pô et du Tibre. Le crime de Carafa fut de l'avoir méconnu. Depuis le milieu du XVIe siècle, la péninsule cesse d'être une esclave docile ; elle repousse la domination d'un vainqueur, et, si elle subit des maîtres d'origine étrangère, elle exige qu'ils lui appartiennent en propre. Après Paul IV d'autres souverains, après Carafa d'autres ministres ont dirigé et quelquefois opprimé ses destinées, mais elle leur a toujours imposé la loi de n'être ni Espagnol, ni Français, ni Allemand.

CHAPITRE TROISIÈME.

Exécution du traité de Cateau-Cambrésis avec l'Angleterre.

Portrait d'Élisabeth, reine d'Angleterre. — Ses prétendants et ses favoris. — Le duc de Nemours et Leicester. — William Cecil. — Regrets du peuple anglais de la perte de Calais. — Situation difficile des otages français à Londres. — Alliance de la reine d'Angleterre avec les réformés de France. — Le roi de Navarre. — La conjuration d'Amboise. — Première guerre civile en France (1er avril 1562-19 mars 1563). — Traité de Hamptoncourt (20 septembre 1562). — Les Anglais prennent possession du Havre. — Siège et prise du Havre par le connétable de Montmorency (28 juillet 1563). — Négociation de Catherine de Médicis avec la reine d'Angleterre. — Traité de Troyes (11 avril 1564).

De tous les signataires du traité de Cateau-Cambrésis, le plus mécontent fut la reine d'Angleterre. L'héritière de Marie Tudor, Élisabeth, fille de Henri VIII et d'Anne de Boleyn, était alors âgée de vingt-cinq ans. Compromise pendant le règne de Marie Tudor par des ambitieux qui abusaient de son nom, elle avait été plusieurs fois emprisonnée. Les instances de Philippe II lui avaient ménagé une retraite tranquille au château de Woodstock. Sa vie s'y était écoulée dans l'étude. Voici le portrait que trace d'elle

Jean Michieli, ambassadeur vénitien : « La princesse est aussi belle d'esprit que de corps, quoique sa figure soit moins belle qu'agréable par son expression. Elle est grande et bien faite ; elle a le teint clair et olivâtre, de beaux yeux et des mains petites et délicates, dont elle est fière. Elle a un esprit excellent, beaucoup d'adresse et d'empire sur elle-même. Elle l'a prouvé à satiété dans les rudes épreuves qu'elle a traversées durant la première partie de sa vie. Elle a un caractère impérieux et hautain, dont elle a hérité de son père Henri VIII, qui, dit-on, à cause de sa ressemblance avec lui, avait pour elle une tendresse particulière[1]. »

La nouvelle reine d'Angleterre présentait un mélange singulier de sentiments élevés et d'instincts grossiers, de génie et de faiblesse, qu'elle tenait à la fois de son père et de son éducation première. Pour tracer un portrait ressemblant de cette princesse, il faut la peindre sous deux faces : la reine et la femme. La reine se montre avec sa politique rusée, appropriée aux faibles ressources de son royaume, avec son administration rigide, sa connaissance innée des hommes, ses vues profondes et sa merveilleuse perspicacité des destinées futures de l'Angleterre ; la femme, avec sa beauté sans grâce,

---

1. Relation de Jean Michieli, ambassadeur vénitien en 1557, citée dans l'*Histoire de Philippe II* de Prescott, t. I, p. 262.

ses passions incultes, sa rudesse native, ses basses jalousies, ses emportements désordonnés, et plus tard avec sa coquetterie sénile, qui devint la honte de l'Angleterre en même temps qu'elle fut la risée de l'Europe. Nous allons parler de la femme avant de raconter la perfidie de la reine dans l'exécution du traité de Cateau-Cambrésis.

Dès le lendemain de son avènement, la femme se révèle tout entière dans son attitude vis-à-vis de ses prétendants. Élisabeth avait été portée sur le trône d'Angleterre par un sentiment de réaction contre la politique religieuse de Marie Tudor plus encore que par ses droits. Elle y représentait le protestantisme, la lutte de Henri VIII contre le saint-siège, la substitution du culte anglican à la religion romaine. Le peuple et sa nouvelle souveraine avaient scellé leur union sur ce pacte. Mais qu'attendre d'une jeune fille de vingt-cinq ans? Elle paraissait destinée à prendre un époux et la date de son mariage était généralement redoutée comme la date d'un nouvel asservissement pour l'Angleterre. Si elle épousait un catholique, c'était un second Philippe II qu'on devait attendre. Si elle épousait un protestant, la nation pouvait être entraînée dans les querelles des calvinistes et des luthériens. Élisabeth tira son peuple d'inquiétude. Elle débuta par signifier à une députation du parlement, chargée de l'interroger, qu'elle entendait garder la liberté de sa personne (10 février 1559) et presque en même temps repoussa par un silence dédaigneux la main du puissant roi d'Espagne. Ces refus ne convainquirent d'abord personne. Elle avait beau jurer qu'on écrirait sur son tombeau : Ci-gît Élisabeth d'Angleterre, la reine vierge ; personne ne prenait au sérieux des serments plus aisés à formuler qu'à tenir sous la charge du gouvernement.

Le premier candidat à sa main dont s'occupèrent les ambassadeurs étrangers fut James Hamilton, comte d'Arran[1]. Il était le chef d'une grande maison écossaise qui, vingt ans auparavant, avait été jugée digne par le parlement d'occuper, à défaut des Stuarts, le trône d'Écosse. Élisabeth affectait de ne pas le repousser, sans doute parce que ce mariage était un premier pas vers l'union de l'Écosse et de l'Angleterre[2]. Philippe II, exclu personnellement du concours par la volonté arrêtée de la princesse, mit en avant l'archiduc Charles d'Autriche[3]. Le roi de France, craignant le succès de ce prince, qui

1. Lettre de Chantonay à Marguerite de Parme, du 5 octobre 1559 (Recueil de lettres de Chantonay conservé aux Archives de Bruxelles).
2. Lettre de Chantonay à Philippe II, du 29 septembre 1560 (Orig. espagnol ; Arch. nat., K. 1493, n° 94).
3. Lettre de Chantonay du 5 octobre citée plus haut. — Chantonay y revient l'année suivante avec plus d'assistance (Résumé de chancellerie ; oct. et nov. 1560 ; Arch. nat., K. 1493, n° 102).

aurait été le lieutenant de Philippe II à Londres, proposa Érick XIV, roi de Suède. Érick avait pris au sérieux sa candidature et annonçait qu'il apporterait en dot à la reine, en échange de sa main, d'immenses trésors qu'il évaluait à six millions d'or[1].

Bientôt surgit, du sein de la cour de France, un prétendant accoutumé à ne point rencontrer de cruelles. Dans les derniers jours du règne de Henri II, « des personnes de bon renom » recommandèrent à Nicolas Throckmorton, ambassadeur d'Angleterre, Jacques de Savoie, duc de Nemours, comme le seul prince de l'Europe digne de sa souveraine[2]. Nemours était renommé pour son élégance, sa galanterie raffinée, le charme de sa personne et ses aventures. Élisabeth fut bientôt informée de ses prétentions. Son cœur, débordant de passion, s'enflamma d'une ardeur romanesque. Six mois après, Charles de la Rochefoucault, seigneur de Randan, traversa Londres pour se rendre en Écosse. Élisabeth, dit Brantôme, ne pouvait se « rassasier de luy parler des belles vertus et vaillances » du brillant chevalier. Randan, « qui s'entendoit en amours aussi bien que en

1. Lettre de Chantonay à Marguerite de Parme, du 22 octobre 1559 (Recueil de lettres de Chantonay conservé aux Archives de Bruxelles).
2. Lettre de Throckmorton à lord Cecil, en date du 21 juin 1559 (*Calendars*, 1858-59, p. 324).

armes....., luy en conta bien au long et congneut en elle et son visage quelque étincelle d'amour ou d'affection, et puis en ses paroles une grande envie de le voir. » De retour à la cour, il raconta au roi les dispositions de la reine et persuada facilement à Nemours « d'y entendre. » « Les fers se mirent au feu. » Le duc expédia à Londres Philibert Le Voyer, s. de Ligneroles, guidon de sa compagnie, qui y trouva un accueil « très digne de s'en contenter et de presser et avancer son voyage[1]. »

Le roi prêta au duc de Nemours les moyens de paraître en Angleterre avec éclat en le nommant ambassadeur extraordinaire[2]. Introduit officiellement au sein de la place, le duc comptait sur ses attraits irrésistibles pour triompher des minauderies de la reine. Le duc de Guise, dont Nemours courtisait la femme, heureux d'éloigner un rival, laissait dire que le roi de France, en faveur de ce mariage, restituerait Calais aux Anglais[3]. Jacques de Savoie était attendu à Londres dès le mois de juillet 1560[4]. Le 3 septembre, Throckmorton annonce son

---

1. Brantôme, édit. de la Soc. de l'hist. de France, t. IX, p. 386.
2. Résumé de chancellerie de lettres de Chantonay au roi d'Espagne, du 31 août au 8 septembre 1560 (Arch. nat., K. 1493, n° 77).
3. Résumé de lettres de Chantonay au roi d'Espagne, du 14 mai au 23 juillet 1560 (Arch. nat., K. 1496, n° 3).
4. Lettre de lord Hunsden au comte de Sussex, du 12 juillet 1560 (*Calendars*, 1560, p. 188).

arrivée prochaine ; le 8, il recommande à lord Cecil de le recevoir en prince du sang[1]. Le 15, le duc de Nemours, dans une rencontre familière avec un des secrétaires de l'ambassade, se pose modestement en simple visiteur. Depuis sa nomination à l'ambassade d'Angleterre, dit-il, « le bruit avait couru que son voyage avait un autre but, en quoi on lui faisait plus d'honneur qu'il ne s'en serait jamais cru digne. Et comme ce bruit pouvait revenir aux oreilles de Throckmorton, il jugeait à propos de lui dire que son voyage en Angleterre n'avait d'autre but que celui de voir et de saluer la reine de la part de son maître. » Le secrétaire lui demanda la date de son départ et le duc l'ajourna après l'assemblée de Fontainebleau, « dans quinze jours au moins[2]. »

A la cour, dit Brantôme, « on tenait le mariage quasi pour fait. » Le duc de Nemours se préparait à passer la Manche avec une suite digne de rehausser « ses perfections et valeurs[3]. » Emporté par ses illusions, il emprunta quinze ou seize mille écus à son beau-frère, le comte de Vaudemont, qui mit ses terres en gage pour trouver une aussi forte somme[4]. Le duc

1. *Calendars*, 1560, p. 274 et 287.
2. *Calendars*, 1560, p. 298.
3. Brantôme, t. IX, p. 387.
4. Lettre originale de Jehanne de Savoie au duc de Nemours, du 29 septembre 1560 (F. fr., vol. 3180, f. 29).

se parait déjà de la couronne d'Angleterre. On croyait qu'Élisabeth n'attendait plus qu'une demande officielle. Au mois de novembre, un ambassadeur du duc Philibert-Emmanuel, chef de la maison de Savoie, fut chargé de la présenter à la reine[1]. La princesse la reçut, mais ne répondit pas. Les jours se passèrent, puis les mois. Enfin la négociation s'éteignit faute d'entretien. Telle fut la conduite d'Élisabeth vis-à-vis de ses nombreux prétendants. Jamais elle n'en repoussa aucun. Tous, pendant sa longue carrière, les uns après les autres et quelquefois simultanément, furent encouragés par les paroles les plus flatteuses. Tous furent écartés au moment de la conclusion.

La prétention de la reine d'Angleterre d'emporter sa virginité avec elle dans son tombeau de Westminster s'accordait mal avec les égarements de sa vie privée. Plusieurs seigneurs anglais, le comte d'Arundel, sir William Pickering, Christophe Hatton, le comte d'Oxford, le jeune Tremaine, le comte d'Essex, pour obtenir sa main, briguèrent et reçurent ses faveurs. Ces fantaisies passagères ne laissèrent aucune

---

1. *Calendars*, 1560, p. 146. — Le s. de Morette, ambassadeur de Savoie, était arrivé à la cour de France au commencement de novembre pour disculper le duc de Nemours de la tentative d'enlèvement du duc d'Orléans, dont il était accusé (Lettre de Chantonay à Philippe II, du 9 novembre 1561; orig. espagnol, Arch. nat., K. 1497, n° 107).

trace et ne ternirent même pas, dans l'opinion des casuistes puritains, le voile immaculé de la chaste Élisabeth. Mais elle eut des caprices plus retentissants et plus durables. Dès les premiers jours de son règne, elle avait remarqué Leicester. Robert Dudley, comte de Leicester, de l'illustre maison de Northumberland, avait été emprisonné à la tour de Londres comme complice de la conjuration qui porta Jane Grey sur le trône. Élevé à la cour de Henri VIII auprès d'Élisabeth, il fut un des premiers lords du parlement qui saluèrent l'avènement de la nouvelle reine. Grand, bien fait, d'une beauté sculpturale, toujours vêtu avec magnificence, il était plus distingué par sa figure que par son esprit. Élisabeth, insensible aux charmes d'un sentiment élevé, montra, en lui donnant la préférence, les inclinations vulgaires de la fille de Henri VIII. Leicester devint l'arbitre de ses plaisirs. Les fêtes, les chasses, les bals, les voyages d'agrément étaient son œuvre. Un an après, le crédit de Dudley ne faisait que s'accroître. Les honneurs, les dignités, les richesses s'accumulaient sur sa tête. Il crut toucher au trône. C'est alors que lady Dudley, Anne de Robesart, fut assassinée au château de Cumnor. On répandit le bruit qu'elle était tombée fortuitement du haut d'un escalier, mais personne ne fut trompé. Seule, Élisabeth feignit de traiter de calomnies les accusations portées contre son favori. Peut-être trouvait-elle qu'il n'avait pas acheté trop cher le bonheur de lui appartenir tout entier. Tel était son crédit que le s. de Vulcob, plus tard ambassadeur auprès de l'empereur, envoyé à Londres, en 1566, pour négocier le mariage de Charles IX, reçut de Leicester la confidence que, si jamais la reine se décidait à se marier, elle ne prendrait pas d'autre époux que lui[1]. Le scandale de sa faveur était public. Élisabeth ne prétendait même pas au mystère. La royauté *in partibus* de Leicester était admise par Cecil, qui s'adressait gravement à lui pour obtenir de la reine des audiences ou des signatures[2]. Sébastien de l'Aubespine, évêque de Limoges, ambassadeur de France auprès de Philippe II, écrit au connétable, le 9 juillet 1559, que les conseillers du roi disent beaucoup de mal de la reine d'Angleterre, « la taxant, oultre la religion, de se gouverner avec bien grande liberté[3]. » Un an après, les récits de sa vie galante sont plus circonstanciés. « Il s'est ici publié de nouveau, écrit Chantonay à Marguerite de Parme, qu'elle (la reine Élisabeth)

---

1. Lettre de Vulcob à La Forest, en date du 6 août 1566 (Copie du temps; f. fr., vol. 15970, f. 14).

2. Lettre de Cecil à Leicester, du 18 octobre 1568 (Copie; coll. Moreau, vol. 718, f. 113 *bis* et 114). Il serait facile de multiplier ces exemples.

3. Orig., f. fr., vol. 6614, f. 30.

soit enceinte et que les privautés d'elle et dud. écuyer soient plus grandes que oncques, voire qu'elle va souvent en la chambre de luy, qui loge en cour, et, quand il n'y est, elle luy fait des finesses par dedans le lit avec des joncs, afin qu'il se picque en se couchant [1]. » La faveur de Dudley, malgré de nombreuses éclipses, dura presque autant que sa vie et ne fut interrompue ni par ses crimes ni par ses trahisons, tandis que la prude Angleterre continuait à chanter les éloges de la reine vierge.

Telle était la princesse que le fanatisme anti-romain du peuple anglais avait chargée du gouvernement. Si elle restait indifférente à tout blâme sur sa vie privée, en revanche elle était animée du plus pur patriotisme. Son premier acte fut d'accorder sa confiance à William Cecil, ancien secrétaire d'État sous le duc de Somerset, jurisconsulte qui n'avait encore exercé que des fonctions secondaires, mais qui avait donné la mesure de sa sagesse. Bien conseillée par ce ministre, soumise à ses avis, la reine, pendant la durée de son règne, lui resta fidèle et ne cessa de le soutenir contre ses rivaux, même contre Leicester. Cecil, esprit étroit mais solide, tra-

---

1. Lettre de Chantonay à la duchesse de Parme, du 15 avril 1560 (Recueil de lettres de Chantonay conservées aux Archives de Bruxelles). Chantonay renouvelle ce récit dans une lettre à Philippe II, du 22 avril 1560 (Orig. espagnol ; Arch. nat., K. 1493, n° 55).

vailleur opiniâtre et passionné pour les devoirs de sa charge, conseiller sans scrupule, Cecil fut le premier de ces ministres anglais, qui, jusqu'à nos jours, ont si résolument pratiqué les maximes de la foi punique, et, pendant près de quarante ans, d'accord avec sa maîtresse, fit prospérer, au prix d'injustices et même de forfaits, les destinées de l'Angleterre[1].

La reine Élisabeth avait subi plutôt qu'accepté le traité de Cateau-Cambrésis. Marie Tudor avait perdu Calais. L'affectation d'Élisabeth à le regretter cachait un reproche à l'adresse de cette sœur détestée, qui n'avait pas su préserver la plus précieuse des possessions anglaises.

A la réception du traité, une violente opposition se manifesta à Londres contre les négociateurs. Il y eut des troubles. La reine, encore mal assurée sur son trône, menacée par les catholiques, discréditée par les dires de bâtardise[2] qui couraient sourdement dans le peuple[3],

---

1. Voyez le portrait de William Cecil par don Gueran de Espes, ambassadeur de Philippe II en 1568 (Teulet, t. V, p. 47).

2. Élisabeth, fille de Henri VIII et d'Anne Boleyn, était née du vivant de la première femme de Henri VIII, et avait été déclarée illégitime après le supplice de sa mère.

3. Lorsque Élisabeth monta sur le trône, elle jugea prudent de notifier son avènement au pape. Paul IV répondit qu'Élisabeth devait soumettre ses droits à l'examen du saint-siège. C'était les contester en même temps que la légitimité de la naissance d'Élisabeth (Gauthier, *Histoire de Marie Stuart*, t. I, p. 41).

craignit que ses ennemis ralliassent les mécontents. On lui conseilla de poursuivre un procès, intenté du vivant de Marie Tudor aux capitaines anglais qui n'avaient pas su résister au duc de Guise. Le 22 avril, lord Wentworth, ancien gouverneur de Calais, les s. de Chamberlaine et de Hurlestone, capitaines du château et des côtes, avaient été accusés de trahison. Le procès donna lieu à des débats retentissants. Le 20 décembre, lord Wentworth fut acquitté par la chambre des lords, mais ses lieutenants condamnés à diverses peines. L'honneur public était sauf; il était avéré que l'Angleterre n'avait perdu Calais que par la faute de ses officiers. Le temps passa; l'affaire fut oubliée et l'arrêt ne fut pas exécuté.

L'irritation du peuple anglais contre le traité était si générale à Londres que les otages français furent regardés comme des ennemis. Il avait été stipulé que le roi enverrait quatre seigneurs du plus haut rang. Il désigna Frédéric de Foix, comte de Candale, Louis de Sainte-Maure, marquis de Nesle et comte de Laval, Gaston de Foix, marquis de Trans, Antoine du Prat, seigneur de Nantouillet, ancien prévôt de Paris et président au parlement, petit-fils du chancelier du Prat[1]. Bien traités à la cour, les otages reçurent un mauvais accueil de la part

---

1. *Papiers d'Estat de Grandvelle*, t. V, p. 538.

des bourgeois et du peuple. La ville de Londres ne jouissait pas alors de ce calme apparent qui permet au moindre constable de discipliner la foule. Une populace immense, mal dégrossie de son ancienne barbarie, chaque soir grisée de gin, régnait en maîtresse par les rues. La ville était divisée en quartiers, pourvus chacun de barrières et de privilèges exorbitants. Ici l'autorité de la reine, là celle du lord-maire n'étaient pas reconnues. Ces divisions étaient favorables aux séditions populaires. L'un de ces mouvements fut dirigé contre les otages. Un jour[1], pendant le règne de François II[2], devant l'hôtel occupé par le marquis de Nesle, un jeune tondeur se précipita sans provocation sur un des officiers du marquis, l'accabla de coups de vergette et le foula aux pieds. L'officier mit l'épée à la main, mais il fut désarmé par son adversaire, frappé à la tête, et n'eut que la force de se réfugier couvert de sang derrière la porte de l'hôtel de son maître. Le tondeur, arrêté au milieu du tumulte par un constable de passage, fut relâché le soir même. Il revint dans sa boutique et

---

1. Relation copiée par Gaignières ou par son secrétaire (F. fr., vol. 20646, f. 180). La pièce est peut-être un rapport de l'ambassadeur adressé au roi.

2. La pièce ne porte d'autre date que celle du mois d'août, sans indication d'année; mais le texte prouve qu'elle appartient au règne de François II. L'indication que nous trouvons plus loin, *le dimanche 6 août*, prouve que ces faits sont de 1559.

ameuta ses voisins. Dès ce jour, les gens du marquis de Nesle furent victimes de la populace de Londres. Bafoués par les plus modérés, attaqués par les violents, ils ne pouvaient aller et venir dans la rue sans courir des dangers.

Le dimanche 6 août, les rixes prirent de plus graves proportions. Les pages, provoqués par les habitants du quartier, ripostèrent aux insultes. La querelle s'échauffa et des coups furent échangés. Le maître d'hôtel du marquis fut obligé de tirer l'épée pour sa sûreté et blessa involontairement le valet d'un s. Watson. Le tumulte augmenta à la faveur de la nuit. Le marquis de Nesle revenait de souper à l'ambassade de France. La foule l'insulta comme un simple page. Un homme, vêtu d'une robe fourrée, dit le chroniqueur, donna un signal à la porte de la maison de Watson et lança contre le cortège du marquis des hommes armés, dont quatre hallebardiers. Plusieurs gentilshommes furent grièvement blessés. Le reste se retira dans l'hôtel et barricada les portes. Pendant toute la nuit, l'hôtel de Nesles fut assiégé par une foule de plus de 2,000 personnes. Au lever du jour, le 7 août, la foule s'accrût. Les uns étaient armés de pertuisanes, les autres de bâtons; d'autres enfin, plus redoutables, traînaient des soliveaux en forme de bélier pour enfoncer les portes. Le marquis de Nesle parut à une fenêtre et essaya de parlementer. Les constables demandèrent la livraison des coupables. Le marquis répondit qu'il n'y avait point de coupables dans sa maison, que ses gens avaient été l'objet d'une agression injuste et s'étaient bornés à des actes de défense. Il offrit aux gens de justice une caution de dix mille écus et demanda une enquête régulière.

Le lendemain 8 août, les troubles continuèrent. Des inconnus, déguisés sous un costume particulier, peut-être des gens de guerre, explorèrent les environs de l'hôtel comme s'ils allaient l'assiéger. Une troupe de gens armés prit position à quelque distance des portes. La foule était aussi menaçante, mais plus silencieuse que la veille, et semblait attendre un signal. Le marquis de Nesle se résigna alors à une démarche par laquelle il aurait dû inaugurer sa défense : il demanda à la reine des juges pour ses gens et pour lui. Trois semaines se passèrent. Pendant ce temps, le lord-maire recueillit des témoignages, et les Français, fortifiés dans l'hôtel du marquis, veillèrent jour et nuit sous les armes. Enfin, le dimanche 27 août, le comte de Bedford et le grand trésorier d'Angleterre, accompagnés de l'ambassadeur de France et du comte de Candale, visitèrent le marquis. Ils interrogèrent tous ses serviteurs et les confrontèrent avec le s. Watson. Là s'arrêta l'enquête. Le 30, le s. de Nesle demanda que l'instruction judiciaire fût poursuivie. Les officiers de la reine lui répondirent par une fin de non-recevoir. Quelques jours après, au moment d'expédier des objets précieux en France, Nesle obtint mainlevée des plaintes déposées contre lui. Ainsi se termina une affaire qui pendant plusieurs semaines avait mis en péril la vie d'un des otages français et la paix des deux nations. Les otages continuèrent à vivre à Londres, toujours mal vus du peuple, mais bien traités à la cour. Plus tard, le marquis de Nesle, le comte de Candale et le marquis de Trans obtinrent l'autorisation de rentrer en France et furent remplacés par Artus de Vaudrey, s. de Mouy, par le s. de Palaiseau, de la maison de Harville, et par le s. de la Ferté-Fresnay[1].

Le traité de Cateau-Cambrésis stipulait qu'au bout de huit ans la ville de Calais serait restituée à l'Angleterre, à moins que les agressions du gouvernement anglais contre l'Écosse ou les côtes de France ne déliassent le roi de ses engagements. Les députés de Henri II avaient eu l'habileté d'imposer cette clause, dont le roi était seul juge. La question étant ainsi posée, Calais

---

1. Ils étaient encore à Londres pendant le siège du Havre et adressèrent une requête à la reine, le 26 août 1563, pour être autorisés à quitter le quartier de la Tour de Londres, où sévissait la peste (La Ferrière, *le XVIe siècle et les Valois*, p. 160).

semblait irrévocablement perdu pour l'Angleterre et le souverain le plus chimérique ne pouvait espérer de le recouvrer jamais, si ce n'est par la force des armes. Assiéger Calais, le reprendre de haute lutte, Élisabeth ne pouvait le tenter ; elle n'avait encore ni marine ni armée. Mais elle pouvait attendre les occasions, fomenter des troubles, créer des ennemis à la France et, suivant les circonstances, intervenir dans les guerres futures ou vendre son appui. Stevenson, dans la préface des *Calendars of state papers*, formule ainsi cette politique : *Un État agité intérieurement n'est pas disposé à tenir tête à ses voisins*. Ce principe a été la règle d'Élisabeth, et, légué par elle à ses successeurs comme le secret de la grandeur de l'Angleterre, a inspiré jusqu'à nos jours les divers gouvernements qui se sont succédé au Foreign office.

Les progrès de la réforme en France donnaient à Élisabeth l'occasion d'appliquer la maxime. Depuis la mort de Henri II, les deux partis religieux étaient en présence, dans cette attitude de défi qui présage les grands combats. Les catholiques, dirigés par le duc de Guise, étaient les plus nombreux. Les réformés, nominalement menés par le roi de Navarre et effectivement par l'amiral de Coligny, rachetaient l'infériorité du nombre par l'énergie et l'audace. Aussitôt que la lutte devint imminente,

Élisabeth tâcha de renforcer la faction des séditieux. Sans doute, si la cour eût embrassé la réforme, la politique anglaise eût trouvé des subterfuges pour secourir les catholiques opprimés.

Le 18 juillet 1559, William Cecil conseille à Élisabeth d'entrer en accords avec le roi de Navarre [1], que Throckmorton recommande comme le rival du duc de Guise [2]. Le lendemain la reine d'Angleterre écrit au prince une lettre où, sous la phraséologie officielle, perce une proposition d'alliance inspirée par la similitude des croyances religieuses [3]. Le messager arriva vers le 27 juillet. Antoine de Bourbon n'était pas encore à la cour. L'ambassadeur d'Angleterre, qui connaissait sa vanité, expédia aussitôt le secrétaire Killegrew au-devant de lui pour lui faire croire que le message lui était exclusivement destiné [4]. Killegrew rencontra le

---

1. *Calendars of state papers, foreign series*, 1559, p. 387.
2. *Calendars*, 1559, p. 386. Lettre de Nicolas Throckmorton du 18 juillet. Throckmorton, qui signale l'importance du roi de Navarre, était mal informé de ses dispositions, car il prédisait que, à son avènement au pouvoir, il livrerait le gouvernement au connétable de Montmorency.
3. *Calendars*, 1559, p. 390 et 391. Le comte de la Ferrière a publié intégralement la lettre adressée à Jeanne d'Albret (*le XVIᵉ siècle et les Valois*, p. 23), mais il l'indique par erreur comme adressée à Catherine de Médicis. Le texte de la lettre ne laisse aucun doute sur le nom de la destinataire.
4. Forbes, *A full wiew of the public transactions in the reign*

prince à Vendôme le 8 août et fut reçu avec la reconnaissance qu'un ambitieux éprouve à la vue d'un secours inattendu[1].

L'accord entre Élisabeth et Antoine naissait de leur situation respective : l'une, tapie dans son île comme un fauve dans une tanière inexpugnable, à l'affût de l'occasion pour faire une rentrée victorieuse sur le continent ; l'autre, disgracié par le roi, refoulé par les Guises malgré sa dignité de premier prince du sang, attendant de la fortune l'heure de s'imposer à la cour. Le plus difficile était de cacher les pourparlers aux Guises. A Paris, à Saint-Germain, Antoine était entouré de courtisans empressés de rapporter aux Guises les moindres de ses paroles, d'espions à gages chargés de surveiller ses pas. Il usa d'artifice ; il partit pour Saint-Denis, sous prétexte de rendre ses derniers devoirs au roi défunt, renvoya tous ses gens à Paris et se retira dans un logis obscur hors du monastère. A onze heures du soir, un page dévoué introduisit en secret le représentant de la reine d'Angleterre, Nicolas Throckmorton. L'entrevue fut particulièrement cordiale et Antoine s'y posa en défenseur de « la vraie religion. » Les deux parties arrêtèrent les bases d'un traité d'alliance

---

of queen Elisabeth, t. I, p. 172. Lettre de Throckmorton du 27 juillet 1559.

1. *Ibid.*, p. 197. Lettre de Throckmorton du 15 août.

que Throckmorton résume ainsi : « Puisque rien ne tend plus à maintenir une bonne entente entre les princes que leur union pour la préservation de la religion, la reine, sa maîtresse, se joindra volontiers au roi de Navarre dans un concert qui aurait cette cause pour objet[1]. » Antoine pressa l'ambassadeur de passer le reste de la nuit à Saint-Denis ou de prendre ses équipages pour rentrer à Paris, mais Throckmorton refusa, de crainte d'attirer l'attention des Guises. Le lendemain, le prince lui fit demander une seconde conférence au cloître des Augustins, à huit heures. L'ambassadeur arriva déguisé avec deux serviteurs. Antoine lui parla du futur mariage de la reine d'Angleterre et lui conseilla de repousser les archiducs de la maison d'Autriche, papistes endurcis, soumis à l'ascendant de Philippe II. Il promit de désigner à la reine un candidat digne d'elle. Sans doute il visait un des palatins, qui appartenaient à la secte luthérienne. Il fut décidé que les deux alliés ne s'écriraient jamais que de leur propre main et que l'envoi de leurs messages resterait un secret d'État. Comme gage de son alliance, Antoine promit d'appuyer ouvertement la réforme et d'entrer en guerre à la cour contre Marie Stuart et les Guises, contre Philippe II et les chefs du

---

1. *Calendars*, 1559, p. 491.

parti catholique. Antoine et Throckmorton se séparèrent en se jurant un mutuel appui[1]. Pendant la nuit, le faible prince perdit courage. Le lendemain 24 août, au point du jour, il quitta Paris à l'improviste pour ne pas se compromettre avec le synode du lendemain[2]. Le 25, il écrivit, de Villers-Cotterets, à la reine Élisabeth une lettre d'amitié. Il y confirmait ses déclarations précédentes, sans remarquer que sa faiblesse leur imposait un démenti[3].

La promptitude du roi de Navarre à se dérober aux plus formelles promesses ne découragea pas la reine d'Angleterre. Élisabeth et William Cecil ne s'embarrassaient pas de la défection de leurs alliés. Throckmorton était un des inspirateurs du mouvement formidable qui échoua sous les murs d'Amboise au mois de mars 1560. Deux mois avant l'explosion du complot, il partit pour Londres et reçut les félicitations de la reine. Il repassa la Manche vers le 15 février et vint présider à l'exécution de ses plans[4]. Aussitôt après son retour, il envoya un de ses secrétaires au roi pour lui notifier la

---

1. Forbes, t. I, p. 212. Lettre de Throckmorton à la reine, du 25 août 1559.
2. Les actes de ce synode sont imprimés dans l'*Histoire ecclésiastique* de de Bèze, t. I, p. 118.
3. *Calendars*, 1559, p. 500.
4. Lettre de Chantonay à la duchesse de Parme, du 19 février 1560 (Recueil conservé aux Archives de Bruxelles, f. 42 v°).

reprise de ses fonctions. « L'on a fait bien froid visage à son homme, écrit Chantonay ; et davantage tous ceux qui avoient accoustumé faire chose à ses gens et leur parler, se sont entièrement sequestrés de sa vue, de sorte que, combien qu'il les saluast, ils ne l'ont osé saluer, à tant loin de luy parler[1]. » Cet accueil malveillant dont les Guises donnaient l'exemple était attribué aux nouvelles d'Écosse[2]. Mais, peu de jours après, le cardinal de Lorraine révéla à Chantonay que la reine Élisabeth « avait favorisé et soutenu des conspirations contre la personne du roi et de ses ministres[3], » allusion transparente aux premières manifestations qui faisaient trembler la cour. Le 19 mars, un avis venu d'Angleterre avertit les ministres du roi de ramasser leurs forces. « Ils ont grande peur, écrit Chantonay, que les Anglois débarquent troupes en Bretagne ou Normandie, où ils seroient bien reçus des habitants[4]. » Heureux de trouver le représentant d'une princesse hérétique en flagrant délit international, Chantonay adressa à Throckmorton, « de la manière qui m'a paru convenable, » dit-il, d'amères remontrances

1. Lettre de Chantonay au cardinal Granvelle, du 3 mars 1560 (Recueil conservé aux Archives de Bruxelles, f. 47 v°).
2. Lettre de Chantonay du 19 février, citée plus haut.
3. Lettre de Chantonay du 3 mars, citée plus haut.
4. Lettre de Chantonay à Philippe II, du 20 mars 1560 (Orig. espagnol; Arch. nat., K. 1493, n° 43).

« sur la mauvaise conséquence et exemple que c'estoit pour tous sujets des princes et potentats, et qu'il ne touchoit seulement au roy de France d'y remédier, mais à tous les princes et potentats du monde d'y assister, voire courir sus à ceux qui en seroient promoteurs ou fauteurs de telles émotions[1]. » Throckmorton répondit en coupable ; il nia. « L'ambassadeur m'a assuré le contraire, dit Chantonay ; il dit que la reine en sera très fâchée pour le mauvais exemple. Cependant il confesse que le différend et discorde qu'ils ont avec les Français l'empêche de regretter complètement les troubles[2]. » Les négations intéressées ne pouvaient prévaloir contre l'évidence. On ne connaît pas bien la part directe de l'ambassadeur d'Angleterre au complot. Les contemporains l'accusent d'avoir aidé les conjurés, au moins de ses conseils et des trésors de son gouvernement. Les ambassadeurs étrangers prédisaient que la guerre sortirait de ces manœuvres déloyales[3].

Pendant que Throckmorton repoussait les accusations portées contre sa maîtresse, Wil-

---

1. Lettre de Chantonay à la duchesse de Parme, du 26 mars 1559 (Recueil conservé aux Archives de Bruxelles).

2. Lettre de Chantonay à Philippe II, du 20 mars, citée plus haut.

3. Lettre de Michieli, ambassadeur vénitien, à la sérénissime république, en date du 20 mars (Mss. de la Bibl. nat., f. ital., filza 4, f. 20).

liam Cecil les glorifiait dans un acte destiné à un grand retentissement[1]. Le 24 mars, la reine d'Angleterre lança un manifeste contre les ministres de François II. Elle reproche au roi de convoiter l'Angleterre et rend les Guises responsables de cette politique, vu la minorité réelle de François II et de la reine d'Écosse. Elle accuse les Lorrains de s'imposer à la France en l'engageant dans les aventures et de chercher à accroître les biens de leur nièce, etc. Malgré les provocations, dit-elle, l'Angleterre est résignée à ne pas faire la guerre, pourvu que l'armée française évacue l'Écosse[2]. Le manifeste avait été préparé pour servir la cause des rebelles, mais il arriva trop tard. A la date du 24 mars, la conjuration était en pleine déroute, les chefs pendus aux créneaux du château, les soldats noyés par masse au fond de la Loire ou dispersés à travers la forêt d'Amboise. Cependant Throckmorton en fit grand état dans l'espoir de ranimer le complot. Il adressa officiellement, le 15 avril, la proclamation au roi de Navarre en le faisant juge « de la vérité de la cause et de l'exigence du cas[3]. » Les

1. La minute de cet acte, dit Haynes, p. 268, est de la main même de William Cecil.

2. Cette pièce est imprimée dans les *Mémoires de Condé*, t. I, p. 529. Elle avait été communiquée au roi d'Espagne (Arch. nat., K. 1493, n°ˢ 40 et 44).

3. Cette lettre a été publiée intégralement par le comte de la Ferrière dans le *XVIᵉ siècle et les Valois*, p. 32.

Guises relevèrent aigrement l'accord patent de leur rival et de la plus redoutable ennemie du roi. Pour la première fois, le prince donnait prise à ses adversaires. François II lui écrivit une lettre menaçante : « Vous devez bien vivement, dit-il, faire entendre à lad. dame par son ambassadeur, qui est près de moy, qu'elle vous a fait un très grand tort et ausd. princes du sang de parler d'eux de la façon[1]..... » Un Bourbon énergique et fier aurait riposté à cette leçon amère que, en sa qualité de souverain du Béarn, il lui était permis d'entretenir des communications avec les monarques étrangers sans compromettre les liens qui l'unissaient à la couronne de France. Telle ne fut pas la réponse d'Antoine. Il prétendit que la lettre de Throckmorton lui avait été remise par « un homme inconnu, » et que, après plusieurs jours de silence, « il y avoit respondu pour luy faire entendre qu'il n'estoit ne serf ne biche de sa maistresse, et que ce n'estoit point à luy à qui elle se debvoit adresser pour vendre ses coquilles[2]. » Trois jours après, il adressa au duc

---

1. *Négociations sous François II*, p. 366. Lettre du roi du 18 avril.
2. *Négociations sous François II*, p. 368. Lettre datée du 6 mai 1560. Le texte étrange de cette lettre pourrait faire douter de son authenticité; mais nous en avons retrouvé l'original, qui n'avait jamais été signalé et qui est conservé dans le f. fr., vol. 6626, f. 14.

de Guise et au cardinal de Lorraine une lettre de même style, mais encore moins digne, dans laquelle il feignait de s'étonner de la communication de Throckmorton[1]. Il écrivit aussi à l'ambassadeur et lui signifia d'un ton courroucé que la qualité de premier prince du sang devait le mettre à l'abri de confidences offensantes et qu'il n'avait « jamais d'autre volonté que celle du roy, son seigneur[2]. »

La répression de la conjuration d'Amboise laissa quelques mois de répit au parti des Guises. Nicolas Throckmorton continuait à encourager les séditieux, et, avec la grossièreté native de sa race, marquait son dédain au parti catholique. Le 29 septembre 1560, le jour de l'assemblée générale de l'ordre de Saint-Michel, à Poissy, il fut obligé, en qualité d'ambassadeur, d'assister à une messe solennelle auprès du roi. Pendant la première partie du service, il « fit bonne mine, » mais, à l'élévation, il s'assit au milieu des seigneurs agenouillés et affecta de retourner la tête d'un air d'indifférence. Son voisin, l'ambassadeur de Ferrare, lui adressa des remontrances à voix basse et, le soir, les deux diplomates entrèrent en dispute. L'inci-

1. *Lettres d'Antoine de Bourbon et de Jehanne d'Albret*, publiées par M. le marquis de Rochambeau, p. 190. Lettre datée du 9 mai 1560.

2. Cette lettre est intégralement publiée par le comte de la Ferrière dans *le XVIe siècle et les Valois*, p. 33.

dent fit du bruit. Le nonce protesta auprès du cardinal de Lorraine et un ordre du roi défendit à Throckmorton d'assister à la messe des morts du lendemain[1].

La mort de François II (5 décembre 1560) bouleversa de fond en comble le gouvernement du royaume. Le duc de Guise et le cardinal de Lorraine, tout-puissants sous le feu roi, furent disgraciés et peu après renvoyés de la cour. Le roi de Navarre, traité la veille en accusé, devint lieutenant général du royaume. Le parti réformé exaltait la justice divine : *Deposuit potentes de sede et exaltavit humiles.* L'heure du triomphe d'Élisabeth semblait se rapprocher. Vers le 15 décembre, Throckmorton rendit visite au prince et fut invité à souper pour le 23, avec le cardinal de Bourbon, les ducs de Nevers et de Bouillon, le comte d'Eu et l'amiral de Coligny. A l'issue du repas, Antoine prit l'ambassadeur en particulier et lui annonça son projet de repousser au nom du roi le concile de Trente. Il se portait garant de l'approbation de Catherine de Médicis, qui avait commencé, dit-il, « à prendre goût à la vraie religion. » Throckmorton loua la nouvelle politique, mais il insinua au prince que sa maîtresse lui demanderait de plus

---

1. Sommaire de chancellerie de l'ambassade d'Espagne, oct. 1560 (Orig. espagnol; Arch. nat., K. 1493, n° 104). — Autre sommaire de chancellerie sans date (Ibid., n° 109).

grands services. La réserve aurait eu besoin d'explications. Élisabeth, aussitôt informée de ces dispositions, adressa une lettre de félicitations à son ancien allié, puis à Jeanne d'Albret, qui était restée en Béarn, et accrédita auprès du roi de Navarre un gentilhomme anglais, Nicolas Fremyn, comme l'intermédiaire de Throckmorton[1].

L'étiquette obligeait la reine d'Angleterre à envoyer ses condoléances au nouveau roi par un personnage « de grande marque. » Elle choisit le comte de Bedford et le chargea surtout de recevoir les engagements officiels du lieutenant général. Bedford attendit à Londres le départ de don Juan Manrique de Lara[2], ambassadeur de Philippe II, afin d'être plus libre à la cour de France[3]. Il arriva enfin le 15 février 1561 à Paris et fut reçu avec des honneurs extraordinaires. Antoine le fit loger dans l'hôtel de la Rochepot, qui n'avait encore été prêté qu'au duc d'Albe en l'honneur du mariage par

1. *Calendars*, 1560-61, p. 467 à 519; lettres de Throckmorton de décembre 1559 et de janvier 1560.
2. L'instruction de Philippe II à don Juan Manrique de Lara, en date du 4 janvier 1561, est conservée en original aux Archives nationales (K. 1495, n° 14). Elle est accompagnée d'une lettre de Philippe II à Catherine de Médicis (Minute orig. couverte de ratures; ibid., n° 11).
3. *Calendars*, 1560, p. 500 et 514. Throckmorton avait lui-même conseillé à Bedford de retarder son arrivée en France jusqu'après le départ de l'ambassadeur d'Espagne.

procuration d'Élisabeth de Valois[1]. Le 16, Bedford se rendit à la cour et fut reçu à souper par le roi de Navarre. La première entrevue se passa en compliments réciproques. Le 18, Bedford et Throckmorton engagèrent les affaires sérieuses. L'ambassadeur avait mission de pousser la cour de France du côté de la réforme. Il recommanda le prince de Condé, Coligny, et conseilla la liberté religieuse. Ce n'était qu'un prélude. Antoine accordait tout. Bedford aborda enfin un sujet qui le touchait davantage. Il parla du penchant de la reine d'Angleterre pour le roi de Navarre, de l'utilité de son alliance, de l'appui qu'elle était prête à lui prodiguer contre les ambitieux qui lui disputaient son rang et lui demanda, en « récompense de ses bons offices, » l'abandon de la dernière conquête du duc de Guise, la restitution de Calais. A ce mot, Antoine garda le silence. Throckmorton prit alors la parole et fit appel à l'intérêt personnel du prince; il lui rappela que son pouvoir était menacé par le roi d'Espagne et les Lorrains et lui prédit qu'il succomberait sans honneur sous les coups de la coalition catholique. Le retour des Guises à la cour était le cauchemar du lieutenant général, mais il ne se laissa pas ébranler. Sa protection aux réformés, sa faveur aux Chastillons, la

---

1. *Calendars*, 1560, p. 489, 514, 565. Lettres de Throckmorton et de John Somers.

liberté des prêches, il promit tout, tout excepté Calais. Les deux Anglais se retirèrent convaincus que les événements l'obligeraient à capituler un jour[1].

L'ambassadeur d'Angleterre passa l'année 1561 à préparer la guerre civile. Le froid accueil du roi de Navarre à la revendication de Calais avait suspendu les négociations. Élisabeth « n'en prenoit cure, » car elle voyait venir le jour où elle serait en mesure non plus d'offrir mais d'imposer ses conditions. La formation du triumvirat, union factice des trois principaux athlètes du parti catholique[2], le colloque de Poissy[3], le massacre de Vassy[4], qui donna le signal de la guerre, furent considérés par elle comme des étapes qui la rapprochaient de son but. Le 31 mars 1562, Élisabeth fixe les grandes lignes de sa politique dans une lettre à Nicolas Throckmorton. « Nous avons prié l'ambassadeur de France ici de faire connaître à la reine mère et au prince de Condé quelle estime nous faisons de leur constance, et com-

---

1. *Calendars*, 1561, p. 555, 565 et 620. Lettres des 20, 26 février et 12 mars 1561.
2. 6 avril 1561. Sur le triumvirat, voyez *Antoine de Bourbon et Jeanne d'Albret*, t. III, p. 73.
3. Colloque de Poissy, sept. et oct. 1561. — Nous publions dans les *Mémoires de la Société de l'histoire de Paris* (ann. 1889) un mémoire et une chronique inédite sur le colloque.
4. Massacre de Vassy, 1er mars 1562. — Voir le récit d'*Antoine de Bourbon et de Jeanne d'Albret*, t. IV, p. 109.

bien nous croyons qu'il est dangereux pour le roi de Navarre de se séparer d'eux et de s'unir avec ceux qui ont cherché sa ruine et ne peuvent trouver de profit que dans son abaissement..... Nous l'avons aussi prié, en notre nom, d'affermir et d'encourager la reine mère, la reine de Navarre et le prince de Condé à montrer leur sagesse et leur constance et à ne pas donner à leurs adversaires puissance ou courage par leur faiblesse. Et à cette fin nous voulons les assurer, ainsi que l'amiral, de notre intention de les soutenir constamment affin de les affermir dans leurs bonnes intentions[1]..... »

Lorsque cette lettre arriva à son adresse, le prince de Condé avait entamé la campagne par un brillant exploit. Dans la nuit du 1er avril 1562, presque sans coup férir, un de ses lieutenants, François de Coligny, s. d'Andelot, frère de l'amiral, avait surpris la ville d'Orléans. Les chefs de l'armée protestante s'y rendirent en toute hâte. On fortifia la ville, qui devint le boulevard de la réforme. Les capitaines, les gens d'armes, les gens de pied, mécontents et sans emploi, affluèrent sous la cornette blanche. Beaucoup de villes, du nord au midi, entrèrent en révolte. La guerre prit un développement qui menaçait l'autorité royale.

---

1. *Calendars*, 1562, p. 590. Cette lettre a été traduite et publiée par le duc d'Aumale (*Hist. des Condé*, t. I, p. 351) et ailleurs.

Dix jours après la prise d'Orléans, Coligny envoya à la reine d'Angleterre[1] le s. de Sechelles, gentilhomme « d'une grande maison de Picardie, qui a souffert persécution pour son zèle pour la religion, et dont la reine de Navarre, le prince de Condé, l'amiral et d'autres, qui favorisent la religion, font grand cas[2]. » Le 17 avril, Nicolas Throckmorton conseille à lord Cecil de se hâter. « Je sais assurément, dit-il, que le roi d'Espagne tient l'œil ouvert et manœuvre pour mettre le pied dans Calais. Il faut de notre côté pratiquer et flatter nos amis les protestants de ce pays. » Dans le cas où le parti catholique appellerait le roi d'Espagne, « il faudrait que les protestants, soit pour leur propre sûreté et défense, soit par dépit et désir de vengeance, ou par bon vouloir et affection pour S. M. la reine et sa religion, pussent être poussés et amenés à mettre S. M. la reine en possession de Calais, Dieppe ou le Havre, des trois places ensemble si on peut, ou au moins d'une des trois, n'importe laquelle, pourvu que nous l'ayons[3]. »

A la fin d'avril, Catherine envoya à Londres

---

1. *Gaspard de Coligny*, par le comte Delaborde, t. II, p. 78. La lettre de Coligny est datée du 11 avril 1562.

2. *Calendars*, 1562, p. 619. Lettre de Throckmorton à la reine Élisabeth, du 24 avril.

3. Lettre de Throckmorton à lord Cecil, du 17 avril 1562, traduite dans l'*Hist. des Condé*, du duc d'Aumale, t. I, p. 354.

un ambassadeur extraordinaire, le comte de Bussy[1], afin de prévenir l'intervention redoutée. La mission n'eut pas de succès. Bussy fut leurré de protestations de pure forme et n'obtint aucun engagement formel. Élisabeth saisit l'occasion de répondre et envoya en France sir Henri Sidney, rival de Throckmorton et membre de son conseil. Sidney était chargé de proposer à la reine mère, dont les dispositions indécises restaient un problème à l'étranger, l'alliance de l'Angleterre contre le roi d'Espagne et les catholiques[2], ou au moins la médiation de la reine Élisabeth entre les deux partis religieux[3]. Il arriva à Paris le 3 mai et fut mal reçu à la porte Saint-Marceau. Les bourgeois de garde l'arrêtèrent et l'emprisonnèrent si étroitement que Throckmorton, dont le logis n'était pas éloigné, ne fut pas informé de sa détresse. Enfin un de ses serviteurs s'échappa. Throckmorton adressa aussitôt des remontrances à la reine « contre la furieuse et maligne insolence de ce peuple, » et le roi de Navarre commanda au maréchal de Montmorency de faire délivrer le prisonnier. Dans l'intervalle, l'ambassadeur de Portugal, traversant la porte Saint-Marceau, avait été

---

1. *Calendars,* 1562, p. 617. Lettre de Throckmorton du 21 avril.
2. Lettre de Chantonay au roi d'Espagne, du 11 mai 1562 (Orig. espagnol; Arch. nat., K. 1497, n° 30).
3. Lettre de la reine Élisabeth à Condé, du 10 mai 1562 (Duc d'Aumale, *Hist. des Condé,* t. I, p. 372).

témoin des mauvais traitements infligés à Sidney et avait obtenu sa mise en liberté. Le maréchal de Montmorency les rencontra tous deux sur le chemin du logis de Throckmorton et n'eut qu'à réprimer le zèle des bourgeois[1].

Antoine de Bourbon n'était plus cet ambitieux hésitant qu'on a vu au cours de ce chapitre toujours prêt à voler à l'aide de la réforme sans oser faire un pas, et qui ne se dédommageait de sa faiblesse contre les Guises que par de sourdes intrigues aussi mal combinées que faiblement conduites. Véritable prototype de l'homme « ondoyant et divers » dont parle Montaigne, il avait profité de sa dignité de lieutenant général du royaume pour prendre la tête du parti catholique et était devenu le plus obéissant serviteur du roi d'Espagne après avoir été son adversaire le plus résolu. Il avait oublié ses promesses à la reine d'Angleterre et, dès la première audience qu'il donna à Sidney, il le traita en suspect. Il lui conseilla de retourner en Angleterre et le pressa d'avancer le jour de son embarquement « par ailleurs que le Havre, dit-il, non par méfiance, mais par crainte que, en ce tumulte, il luy arrivât quelque incon-

---

1. Duc d'Aumale, *Histoire des Condé*, t. I, Pièces justificatives, lettre de Throckmorton du 8 mai. — Autres lettres de même date de Throckmorton dans les Calendars.

vénient à luy ou aux siens[1]. » Sidney était porteur d'une lettre d'Élisabeth au prince de Condé[2]. Il demanda un passeport pour un de ses secrétaires. Antoine le lui refusa durement, « affin de n'accoustumer les ambassadeurs à se mesler de nos affaires plus que de raison et aussi que je crains et ay grandement suspecte, dit-il dans une lettre à la reine, sa négociation pour cent mille raisons[3]. »

Sidney repartit le 18 mai. Éconduit par le roi de Navarre, il avait échangé ses vues avec la reine et obtenu des doléances et de vagues démonstrations, qu'il considérait comme des jalons d'attente. Après son départ, Throckmorton reprit la direction des pourparlers. Froissé par les prétentions de supériorité de son collègue, il avait fait taire ses préférences devant lui. De grandes divergences de vue séparaient les deux diplomates anglais. Ils poursuivaient le même but, la guerre aux catholiques, au parti des Guises et de Marie Stuart, mais ils préconisaient des moyens différents. Sidney traitait la reine en alliée, Throck-

---

1. Lettres du roi de Navarre à la reine (F. fr., vol. 15876, f. 58; minute datée du mois de mai).

2. Cette lettre est publiée par le duc d'Aumale (*Histoire des Condé*, t. I, p. 372).

3. Lettre du roi de Navarre à la reine (F. fr., vol. 15876, f. 60; minute datée de mai 1562).

morton en ennemie. Le premier voulait associer l'Angleterre à la reine mère contre les catholiques, le second aux réformés contre la reine mère. Sidney se flattait d'entraîner Catherine dans les rangs du parti réformé et de l'y retenir ; Throckmorton concentrait tous ses efforts sur deux points, l'alliance des huguenots et l'abandon d'une ville du littoral aux armées anglaises comme le fruit de cette alliance. Pour réussir, il faisait sonner bien haut la première partie de ses desseins et cachait soigneusement la seconde, excepté à lord Cecil. Il savait que le parti réformé, dans toute l'effervescence de ses premières illusions, se serait révolté contre une proposition de trahison, mais il comptait sur la nécessité, sur la défaite, sur la passion de la vengeance et voulait vendre, non pas donner, l'appui de l'Angleterre. « Cette question, dit-il à Cecil, ne doit être touchée ni directement ni indirectement avec aucun d'eux (les chefs de la réforme) ou de leurs ministres, quel que soit celui qui viendra traiter avec vous, parce que l'occasion s'en présentera plus naturellement et convenablement d'elle-même lorsqu'ils nous demanderont assistance, soit d'argent, soit d'appui..... » Et il ajoute, à l'adresse de Catherine de Médicis, un mot sévère, par lequel il prétend stigmatiser la politique favorite de Henri Sidney : « Les protestants sont des gens vrais et fidèles et les papistes des gens doubles et rusés[1]. »

Le jour même du départ de Sidney, le 18 mai, Throckmorton impose sa politique à lord Cecil : « Maligny est au Havre. Si cette ville tombe en notre pouvoir, les Français rendront Calais pour avoir le Havre. » Les réformés avaient proposé des bons de garantie à échéance de deux ans en paiement d'un secours en hommes et en argent[2]. « Au lieu de bons de garantie, c'est le Havre qu'il nous faut[3]. » Deux mois après, le 12 juillet, il écrit encore : « Si la reine, notre maîtresse, veut secourir d'argent le prince de Condé, la meilleure garantie de la dette sera le Havre[4]. »

Ces conseils furent écoutés. Catherine de Médicis avait passé les mois d'avril, de mai et de juin à négocier avec les chefs du parti réformé campés à Orléans. Elle leur demandait de déposer les armes. Ceux-ci exigeaient des gages et élevaient leurs exigences en même temps que s'élevaient leurs forces. Les deux partis prétendaient défendre l'autorité royale :

1. Lettre de Throckmorton à lord Cecil, du 17 avril (Duc d'Aumale, *Histoire des Condé*, t. I, Pièces justificatives, p. 355).
2. Lettre de Paul de Foix à la reine, en date du 26 août 1562 (Orig., f. fr., vol. 6612, f. 137).
3. La Ferrière, *la Normandie à l'étranger*, p. 8 et 9. Fragments de lettres de Throckmorton.
4. La Ferrière, *le XVIe siècle et les Valois*, p. 72. Citations de lettres de Throckmorton.

les catholiques, au nom du roi, présent dans les rangs de l'armée ; les réformés, au nom du roi, qu'ils disaient captif de leurs ennemis. Le 1er juillet, après de longs pourparlers, chaque jour abandonnés et renoués, Condé sort d'Orléans à la tête d'une armée, prend et pille Beaugency. Le 4, le roi de Navarre et l'armée catholique s'emparent de Blois, le 11, de Tours, et, vers le milieu d'août, marchent sur Bourges sous le commandement nominal de Charles IX.

Le parti huguenot était en pleine déroute. Il avait trop présumé de ses forces en essayant de tenir tête au roi. Formé de soldats que la discipline militaire ne maintenait pas dans le rang, il s'affaiblissait à mesure que les revers décourageaient ses partisans. C'était le moment que Throckmorton attendait depuis le commencement de la guerre. A la nouvelle des premiers désastres, il promit au nom de la reine d'Angleterre tous les secours que les vaincus lui demandèrent, moyennant un traité et des gages.

Vers le milieu d'août, Jean de Ferrières-Maligny, vidame de Chartres, Robert de la Haye, conseiller au parlement de Paris, un des anciens agents du prince de Condé, et quelques habitants de Dieppe passèrent en Angleterre et se rendirent à Greenwich auprès de la reine. « Ils s'y tiennent cachés, » écrit Paul de Foix, ambassadeur de France à Londres, « de sorte qu'ils ne se sont jamais laissé voir en public, et vont trouver ladite dame par galleries et lieux couverts afin de n'estre recogneus ni veus de personne[1]. »

Les marchés de Throckmorton avec les réformés avaient été menés avec tant de discrétion que la cour de France en ignorait le prix. Dès les premiers pourparlers, Paul de Foix écrit à Catherine qu'il doute des secours promis par Élisabeth aux rebelles d'Orléans. A la fin de juillet, Antoine conseille à la régente de France de faire « patte douce » à l'intervention anglaise sans soupçonner l'importance des gages que Élisabeth exige[2].

Catherine de Médicis envoya en Angleterre François de Scepeaux, seigneur de Vieilleville, maréchal de France, afin de compléter ses propres informations. Vieilleville arriva à Londres le 5 août[3] et fut reçu le lendemain dans la chambre de la reine. Élisabeth le chargea de reprocher à la reine mère l'échec de la mission pacificatrice de Sidney. Elle dit « qu'on n'avoit eu aucun esgard en France à ses bonnes inten-

---

1. Lettre de Paul de Foix du 26 août 1562 (Orig., f. fr., vol. 6612, f. 54).

2. *Lettres d'Antoine de Bourbon et de Jehanne d'Albret*, publiées par M. le marquis de Rochambeau, p. 257.

3. La mission de Vieilleville est racontée avec détails dans les *Mémoires de Carloix*, liv. VIII, chap. XXXI.

tions, et qu'elle estoit restée en telle indignation et de ce refus et des cruautés et meurtres qui se commettoient en France qu'elle avoit plustost besoin de purgation, pour vuider sa colère, que de la veue du sieur de Vieilleville[1]. »

Le maréchal revint sans avoir pénétré les menées anglaises en Normandie[2]. Le 21 août, Paul de Foix écrit à Paris que la reine d'Angleterre a promis au vidame de Chartres des vivres, des munitions, de l'argent, la permission de lever des volontaires, mais qu'elle refuse d'envoyer des gens de guerre en son nom pour ne pas rompre la paix avec la France[3]. Le 26 août, il n'est pas encore informé qu'elle exige une ville du littoral de la Manche et croit qu'elle se contente de « l'honneur de servir Dieu[4]. »

Chantonay, dont la perspicacité est rarement en défaut, estime que la reine d'Angleterre « crye plus haut qu'elle n'a envie de mordre[5]. »

---

1. Note sur la mission de Vieilleville conservée au Record Office et publiée par le comte de la Ferrière (*Le XVIe siècle et les Valois*, p. 73).

2. Lettre de Chantonay au roi de Navarre, du 27 août 1562 (Copie du temps ; Arch. nat., K. 1498, n° 28).

3. Lettre de Paul de Foix à la reine, du 21 août 1562 (*Mémoires de Condé*, t. III, p. 607).

4. Lettre de Paul de Foix à la reine, du 26 août 1562 (Orig., f. fr., vol. 6612, f. 137).

5. Lettre de Chantonay au roi de Navarre, du 27 août 1562 (Copie du temps ; Arch. nat., K. 1498, n° 28).

Le roi d'Espagne n'en sait pas davantage. Le 1er septembre, il assure à Sébastien de l'Aubespine que la reine Élisabeth, « sans se désister de son entreprise en France, paroît s'estre fort refroidie[1]. »

A cette date, les bases du néfaste traité de Hamptoncourt avaient été acceptées par le vidame de Chartres. Le parti réformé livrait à l'Angleterre les villes du Havre et de Dieppe « en récompense » d'un secours en hommes et en argent. La nouvelle arriva à la cour, sous les murs de Bourges, au lendemain de la prise de la ville. Aussitôt le roi de Navarre réunit un conseil. Il voulait continuer la guerre par le siège d'Orléans et fit valoir l'avantage de frapper les rebelles, déjà démoralisés, au cœur de leur plus redoutable forteresse ; mais la majorité décida que l'armée devait marcher sur Rouen pour arrêter l'invasion anglaise[2]. Bientôt les conditions du traité s'ébruitèrent. A Paris, le peuple poursuivait de ses huées l'ambassadeur d'Angleterre[3]. Throckmorton s'en plaignit à la reine mère et demanda à se retirer à Londres, alléguant qu'il ne pouvait « voir les

---

1. Lettre originale de Sébastien de l'Aubespine, du 1er septembre, datée de Madrid (F. fr., vol. 15877, f. 5).

2. *Mémoires de Claude Haton*, t. I, p. 285. — *Mémoires de La Noue*, chap. VII.

3. Duc d'Aumale, *Histoire des Condé*, t. I, p. 376 ; lettre de Throckmorton du 23 juillet 1562.

grandes cruautés du peuple de Paris. » Catherine lui répondit froidement que, puisqu'il sollicitait son congé, elle rappellerait l'ambassadeur de France[1]. Throckmorton renonça à l'intimider et se réfugia seulement à Orléans[2].

La question d'argent retarda jusqu'au 20 septembre la signature du traité de Hamptoncourt[3]. Le lendemain, la reine d'Angleterre, sans donner aux réformés le temps de se raviser, envoya à Adrien Poynings, capitaine de Portsmouth, l'ordre de faire passer la Manche à l'armée anglaise[4]. Le 7 octobre, Beauvoir La Nocle, lieutenant du prince de Condé au Havre, eut l'impudence d'informer la reine mère de l'arrivée de 4,000 Anglais au Havre et de 4,000 à Dieppe « pour la gloire de Dieu et la délivrance de la minorité du roi[5]. » La nouvelle était destinée à effrayer Catherine de Médicis. Heureusement, elle fut corrigée le lendemain par la lettre d'un capitaine de Harfleur qui assurait que l'armée anglaise comptait à peine 400 hommes[6]. Les

1. Journal de 1562 dans la *Revue rétrospective*, t. V, p. 188.
2. La première lettre de Throckmorton écrite d'Orléans est datée du 9 septembre 1562 (Forbes, t. II, p. 36).
3. Le traité de Hamptoncourt est imprimé par Dumont (*Corps diplomatique*, t. V, 1re partie, p. 94).
4. Cette pièce a été publiée par le comte de la Ferrière dans la *Normandie à l'étranger*, p. 10.
5. Lettre de Beauvoir à la reine, en date du 7 octobre 1562 (Orig., f. fr., vol. 15877, f. 175).
6. Lettre datée d'Harfleur et du 8 octobre (Orig., f. fr., vol. 15877, f. 189).

ennemis s'accrurent bientôt en nombre[1], car, peu de jours après, au plus fort du siège de Rouen, une compagnie de gens de pied de 500 hommes, commandée par le capitaine Grey, rompit le blocus et entra dans la ville.

Lorsque les articles du traité furent connus, le roi de Navarre protesta auprès de son frère. Condé, dit La Popelinière, répondit « que ce n'estoit pas lui qui avoit convié les estrangers d'entrer en France, mais ses ennemis; y ayans introduit, depuis trois mois en çà, Suisses, Allemans, Italiens et Espagnols à leur solde[2]. » Un parti de rebelles, qui vend deux villes du royaume à l'étranger, mérite-t-il d'être assimilé à un pouvoir légitime qui demande secours à ses alliés? Malgré les sophismes des ministres, les réformés se sentaient aussi coupables que le connétable de Bourbon. L'amiral de Coligny, dit un apologiste, repoussait la responsabilité de cette politique[3]. Louis de Lannoy, s. de Morviliers[4], qui représentait le prince de Condé

---

1. L'historien Pleuvry (*Histoire du Havre*, p. 72) raconte que 6,000 fantassins anglais et 300 chevaux occupèrent bientôt le Havre sous le commandement d'Ambroise de Warwick. Voyez aussi les *Mémoires de Castelnau*, liv. III, chap. XII.

2. La Popelinière, 1581, in-fol., t. I, f. 330.

3. *Discours du voyage fait à Paris par M. l'admiral au mois de janvier dernier*, 1565, p. 8. Pamphlet dirigé contre le cardinal de Lorraine et inspiré par Coligny.

4. Voir le mémoire justificatif de ce capitaine dans les *Mémoires de Condé*, t. V, p. 261.

à Rouen, résigna son commandement. Le vidame de Chartres lui-même, honteux d'avoir joué le rôle d'un traître, ne dissimule pas ses remords et signe une lettre à lord Cecil : « Vostre très humble et affligé et triste *usque ad mortem*[1]. » Le malheureux devait payer cher sa forfaiture. Condamné à mort par contumace, il échappa longtemps, grâce aux amnisties qui clôturaient chaque guerre civile, à sa triste destinée. Il fut enfin pris en 1576 et mis aux galères jusqu'à la fin de ses jours[2]. Seul, Beauvoir de la Nocle essaya de justifier ses coreligionnaires. « Notre but, écrivit-il à la reine mère, ne tend qu'à deux points : le premier à la gloire de Dieu, le second à la délivrance et sûreté de la minorité du roy[3]. » La reine d'Angleterre tenta une apologie d'autre sorte. Elle accusa les Guises d'avoir donné le signal de la guerre et prétendit intervenir en faveur du roi, prisonnier, et de ses « pauvres sujets de Normandie » opprimés[4]. L'odieuse trahison du Havre jeta de la défaveur

---

1. Cette pièce est publiée par le comte de la Ferrière, *la Normandie à l'étranger*, p. 15.
2. *Vie de Jean de Ferrières-Maligny* (par M. de Bastard), in-8°, 1858.
3. M. de la Ferrière a publié cette pièce (*Le XVIe siècle et les Valois*, p. 79).
4. Cette pièce est imprimée dans les *Mémoires de Condé*, t. III, p. 693. M. le comte de la Ferrière publie une autre pièce de teneur différente qui doit être un simple projet (*Le XVIe siècle et les Valois*, p. 76).

sur la cause calviniste. Dès ce jour, le parti réformé vit ses forces décroître plutôt par le refroidissement de ses défenseurs que par les progrès des catholiques. Beaucoup de soldats désertèrent. Les reproches des bons serviteurs du roi ramenèrent plus d'un capitaine huguenot, qui n'avait pas encore perdu dans l'entraînement de la guerre civile le souvenir des glorieux combats du règne de Henri II. Les chefs eux-mêmes sentirent qu'ils avaient blessé les sentiments de la noblesse française, et, plus tard, quand la nécessité les obligea de faire appel aux secours de l'étranger, jamais ils ne lui livrèrent ni port, ni ville, ni forteresse.

La ville de Rouen, assiégée depuis le 25 septembre, fut prise le 26 octobre 1562. Le roi de Navarre, blessé d'une arquebusade le 16 octobre, mourut aux Andelys le 17 novembre. Le 19 décembre, le prince de Condé livra à l'armée royale, sous les murs de Dreux, une terrible bataille qui décida du sort de la guerre et où il fut fait prisonnier. Coligny, devenu chef du parti rebelle, conduisit en Normandie les dernières compagnies de l'armée protestante, afin de se rapprocher des garnisons anglaises et de recommencer la guerre avec l'appui de la reine Élisabeth. Le duc de Guise marcha sur Orléans. La ville allait tomber entre ses mains quand il fut assassiné sous les murs de la ville, le

18 février 1563, par Poltrot de Meré. Le 12 mars, la régente et le prince de Condé signèrent un traité qui mettait fin à la première guerre civile et qui fut promulgué par le roi le 19 sous le titre d'Édit de pacification d'Amboise.

La paix d'Amboise laissait face à face, comme deux combattants en champ clos, le roi de France et la reine d'Angleterre. Catherine de Médicis n'avait signé le traité que pour réunir toutes les forces royales en faisceau et les diriger contre l'envahisseur[1]. Avant d'engager la revendication par les voies officielles, elle lança en avant les auteurs du pacte de Hamptoncourt. Les réformés, rendus à la réflexion, se repentaient déjà de leur politique passée[2]. Le prince de Condé mêlait à ses remords des visées ambitieuses. Il aspirait à la dignité de lieutenant général que son frère, le roi de

---

1. Dès le 17 février, Catherine écrit à Artus de Cossé, seigneur de Gonnor, frère du maréchal de Brissac : « Je say bien que pour chaser les aystrangers y nous fault la pays, que je désire » (*Lettres de Catherine de Médicis*, t. I, p. 509). Aussi, dans le texte du traité d'Amboise, fit-elle insérer une clause qui stipulait l'expulsion des étrangers.

2. Condé et Coligny prétendaient qu'ils n'avaient jamais voulu donner le Havre à la reine d'Angleterre en gage de la restitution de Calais. Condé assurait même que lord Cecil avait introduit subrepticement cette disposition dans le texte du blanc-seing sans qu'il en sût rien (*Calendars*, 1564, p. 8. — Documents publiés par le comte de la Ferrière dans *le XVIe siècle et les Valois*, p. 128).

Navarre, avait occupée, et s'y croyait des droits par sa qualité de premier prince du sang [1]. En vain Élisabeth avait cherché à prévenir la défection de cet allié. Depuis qu'il avait déposé les armes, Condé n'écoutait que les conseils de la régente et s'efforçait de mériter sa faveur par un grand service. Le 1er avril, il chargea Bricquemaut de représenter à la reine Élisabeth que, puisque « la tyrannie de la maison de Guise était écartée, » elle n'avait plus de prétexte pour garder le Havre. Bricquemaut fut mal reçu à Londres. Élisabeth qualifia Condé de traître et de parjure, et renvoya le messager « sans aucun espoir d'arrangement, à moins que Calais luy soit rendu [2]. »

C'est alors que la *Florentine* [3] prit la direction des pourparlers. Le 30 avril 1563, le roi communiqua solennellement le traité d'Amboise à la reine Élisabeth et lui annonça « la réconciliation de nos peuples, dit la lettre, et pacification de nos dits subjects..... A ceste cause vous prions et requerons que..... vous veuillez faire remettre en nos mains la ville de Havre et forteresse de nostre ville françoyse de Grace. »

---

1. Cette qualité de premier prince du sang appartenait réellement aux frères du roi et, après eux, à Henri de Béarn, plus tard Henri IV; mais ils étaient tous en état de minorité.

2. Voyez les documents publiés par le comte de la Ferrière (*Le XVIe siècle et les Valois*, p. 83 et suiv.; 123 et suiv.).

3. C'est le surnom que la reine Élisabeth donnait à Catherine de Médicis.

Élisabeth répondit, le 7 mai, qu'elle n'avait envoyé des troupes que pour obtenir « la restitution de Calais[1]. » Les Anglais, dit Brantôme, ne voulaient pas rendre le Havre « pour l'avoir très bien acheté de MM. le vidame de Maligny et de Beauvoir La Nocle[2]. »

La négociation continua pendant deux mois. Plaintes contre l'ingratitude des protestants, récriminations contre l'inconstance du prince de Condé, plaidoyers en faveur du droit de l'Angleterre sur la ville de Calais, mémoires, instructions, lettres à l'ambassadeur Smith, qui avait succédé à Throckmorton depuis que celui-ci s'était irrémédiablement compromis avec les rebelles d'Orléans, Élisabeth usa de toutes les subtilités que la procédure diplomatique suggérait au génie retors de son premier ministre. Catherine répondit aux réclamations aussi sérieusement que si elles avaient été fondées. Elle était résignée à la guerre et voulait trancher d'un seul coup la question du Havre et de Calais. Avant de prendre les armes, elle envoye son ultimatum à Londres par un de ses plus jeunes secrétaires, Florimond Robertet, s. d'Alluye[3].

1. Ces deux pièces sont publiées par le comte de la Ferrière (*Le XVIe siècle et les Valois*, p. 120).
2. Brantôme, t. VI, p. 53.
3. Les instructions de la reine Catherine à Florimond Robertet sont conservées dans le vol. 17832 du fonds français.

Robertet partit de Paris le 22 mai et s'arrêta à Chantilly auprès du connétable. Il y trouva Condé, qui lui offrit avec instance l'adjonction du s. de la Haye. La demande pouvait cacher une surprise. Robertet consulta la régente. Catherine accepta avec empressement dans l'espoir qu'un refus d'Élisabeth, adressé au négociateur attitré du prince de Condé, paraîtrait plus offensant aux réformés. Les deux ambassadeurs arrivèrent à Londres et eurent une audience de la reine le 3 juin. Ils réclamèrent la restitution du Havre. — « A une condition, dit Élisabeth. — Laquelle ? — Mon droit sur Calais, » reprit-elle. — Robertet objecta que les huit ans stipulés par le traité de Cateau-Cambrésis n'étaient pas encore écoulés. Élisabeth proposa de réunir des commissaires à Calais et de suivre leur décision. Robertet exigea préalablement la restitution du Havre. La conférence s'aigrit. Élisabeth ne sut pas modérer ses emportements. Robertet, fier et hautain, riposta par des menaces. Les deux ambassadeurs sortirent du cabinet de la reine en se félicitant d'avoir, conformément aux instructions de Catherine, amené une rupture [1].

Catherine de Médicis se louait déjà de sa politique agressive, quand un accident refroi-

---

1. *Calendars*, 1563 ; lettres de mai et de juin.

dit le prince de Condé. Le 10 juin 1563, la cour était venue à Paris et avait assisté à la procession de la Fête-Dieu. Après la cérémonie, elle rentra à Vincennes. La porte Saint-Antoine était occupée par 600 bourgeois armés, décidés à faire un mauvais parti au prince. Ils arrêtèrent le cortège, mais, en reconnaissant le roi, ils ouvrirent leurs rangs. Le coche de la princesse de Condé était resté en arrière. Ils l'attaquèrent l'épée à la main, et la princesse ne dut son salut qu'à la vitesse de ses chevaux. En vain, les gentilshommes criaient aux assaillants que le coche renfermait les filles de la reine mère. Un capitaine, nommé Coupé, qui galopait à la portière, fut renversé de cheval et percé de coups [1]. Le soir, Condé s'épancha en imprécations contre les catholiques. Il voulait quitter la cour et, sous prétexte de réunir une garde, il envoya des émissaires à ses plus dévoués partisans. Le retour de Robertet calma sa colère. Le 16 juin, l'habile secrétaire d'État raconta à la cour le mauvais accueil d'Élisabeth, ses paroles de mépris contre le prince de Condé et assura qu'elle avait dit « que ce n'estoit ni pour cause de religion, ni par respect pour aucune personne, ni pour ayder le roi qu'elle avoit pris le Havre, mais que c'estoit la

1. *Lettres de Catherine de Médicis*, t. II, p. 57.

revanche de Calais, et qu'elle garderoit cette place jusqu'à la fin. » On fit entendre à Condé qu'une querelle soulevée par d'infimes bourgeois ne devait pas lui faire oublier son rang de premier prince du sang et sa future dignité de lieutenant général. Le maréchal de Montmorency punit les coupables, et le prince, plus ulcéré des propos de la reine d'Angleterre que de l'insolence des bourgeois, se contenta de cette réparation[1].

La guerre était décidée. Après avoir autorisé Condé et Coligny à tenter en leur propre nom de nouveaux essais de conciliation, le roi et Catherine de Médicis partirent pour Gaillon. Le roi y manda Smith et le chargea de transmettre à la reine d'Angleterre une sommation suprême. Depuis que la guerre était imminente, Élisabeth avait perdu une partie de son arrogance ; elle insinua qu'elle se contenterait de la certitude de recouvrer Calais dans le délai fixé par le traité de Cateau-Cambrésis[2]. Deux mois auparavant, la déclaration eût peut-être apaisé la querelle, mais l'heure des transactions était passée. Dans toutes les villes de la Normandie, à Paris, à la cour, se dessinait un mouvement patriotique

---

1. Pièces publiées par le comte de la Ferrière (*Le XVIe siècle et les Valois*, p. 140 et suiv.).
2. *Calendars*, 1563, p. 400. — *Lettres de Catherine de Médicis*, t. II, p. 72.

qui entraînait à la guerre tous les gentilshommes, même les sectaires du parti réformé. Le clergé offrit une partie de son temporel et la ville de Paris prêta de grosses sommes pour chasser les Anglais[1]. Les capitaines français qui occupaient les villes voisines commencèrent d'eux-mêmes la guerre[2]. Le 6 juin, Bassompierre fut fait prisonnier[3]. En revanche, le 27, le brillant André Tremaine, rival de Leicester, que le favori du jour n'avait peut-être envoyé au Havre que dans l'espoir qu'il y trouverait son tombeau, fut tué dans une sortie[4]. Catherine de Médicis envoya bientôt sous les murs du Havre les Suisses, les bandes de Charry, les mercenaires allemands, plusieurs compagnies de gens de pied, en leur recommandant de ne pas épuiser leurs forces dans une lutte prématurée et d'attendre le gros de l'armée[5].

Le 6 juillet 1563, le roi de France déclara officiellement la guerre à la reine d'Angleterre, et la ville du Havre fut investie. Le comte de Warwick, frère cadet de Leicester, fit d'héroïques efforts pour défendre la ville, mais il n'avait ni munitions, ni vivres. Dur et soupçon-

---

1. Le compte des prêts de la ville, à l'occasion de la reprise du Havre, est conservé dans le vol. 11689 du fonds français.
2. *Calendars*, 1563, p. 411.
3. *Lettres de Catherine de Médicis*, t. II, p. 53.
4. *Calendars*, 1563, p. 415.
5. *Lettres de Catherine de Médicis*, t. II, p. 55 et 56.

neux, il avait indisposé les habitants par des corvées et des exactions sans mesure. Ses soldats, mal vêtus, mal nourris, mal armés, étaient commandés par des capitaines qui n'avaient jamais soutenu un siège. « Beaucoup de femmes, écrit-il à la reine, sont venues d'Angleterre avec les passagers, qui les ont secrètement gardées, sans que le conseil ni moi nous puissions le savoir. » Le pays avait été pillé dès les premiers jours de l'occupation et ne fournissait aucune ressource. Les vivres et les munitions devaient être portés d'Angleterre. L'artillerie était insuffisante, les poudres presque toujours mouillées pendant la traversée. La ville occupait une position forte, mais elle avait besoin de boulevards et d'ouvrages défensifs que le manque de bras n'avait pas permis d'entreprendre. La peste décimait la garnison. Le 28 juin, 77 soldats moururent, et les jours suivants les décès augmentèrent. Warwick perdait 500 hommes par semaine. Le 11 juillet, il écrit au conseil : « La peste redouble ses ravages. En quatre jours, elle nous a réduits à 1,500 hommes. Nous perdons 100 hommes par jour et le nombre de ceux qui tombent malades est du double[1]. »

1. Pièces publiées par le comte de la Ferrière dans *la Normandie à l'étranger* et dans *le XVIe siècle et les Valois*, d'après les archives du Record office.

Avant de tirer le canon, le connétable de Montmorency somma les assiégés de se rendre. Warwick refusa et, suivant l'usage des Anglais, dit de Thou, envoya aux avant-postes de l'armée française des brocs d'argent pleins de vin, que les soldats des deux partis vidèrent joyeusement. Pendant ces agapes, un seigneur anglais, lord Leighton, lia conversation avec le s. de Monins, capitaine protestant, qui avait combattu près de lui à Rouen l'année précédente, et s'étonna de le voir dans les rangs de l'armée royale : « Nous combattons ici, répondit Monins, pour le roy très chrestien, comme vous combattez pour votre reine. Il ne s'agit plus ici de la religion, mais de nos frontières[1]. »

Du 11 au 15 juillet, le connétable, à coups de canon, démonta les batteries anglaises du clocher, dirigea un feu violent contre le boulevard Sainte-Adresse et termina une tranchée transversale qui aboutissait à l'angle du boulevard. Du 15 au 19, la brèche fut élargie et la ville battue par des feux plongeants du côté du château. Le connétable démasqua une nouvelle batterie de vingt-six canons et mit hors de service les pièces d'artillerie en fer fondu envoyées de la tour de Londres. Du 19 au 24, Warwick

---

1. De Thou, *Hist. universelle*, liv. XXXV.

fut obligé d'abandonner les défenses du port et reporta ses lignes en arrière « au delà du boulevard Lagrange, entre cette place et le nouveau fort. » Cependant, il espérait encore tenir quelques jours et attendre l'amiral Clinton, dont l'arrivée était annoncée.

Le 26 juillet, « la brèche du château était si grande, écrit Warwick, si facile d'accès qu'encore que nous eussions repoussé un assaut, la brèche étant de nouveau élargie par le feu de leurs batteries, la place devait tomber en leur pouvoir. » Warwick adressa une lettre à Philippe de Salm, dit le comte rhingrave, capitaine de l'armée du roi, et l'avertit qu'il avait reçu de la reine « commission de traiter d'une bonne paix honorable entre les deux royaumes. » La négociation s'engagea sur ces prémices, mais la lutte n'en continua pas moins. Le 27, l'armée française tenta un assaut qui coûta la vie aux plus vaillants officiers de la garnison. Le lendemain, au lever du jour, Warwick signa avec le connétable l'acte de capitulation à des conditions[1] qui lui permettaient de se retirer en Angleterre avec ses derniers compagnons d'armes[2]. Deux jours après, au moment où Warwick

---

1. D'après une lettre originale de Warwick au connétable, en date du 17 août 1563, ces conditions furent médiocrement tenues (F. fr., vol. 3243, f. 31).

2. L'original de cet acte, daté du 28 juillet, est conservé dans le fonds français, vol. 3243, f. 12.

allait prendre le large[1], la flotte de l'amiral Clinton parut à l'horizon. La ville et les forts étaient entre les mains de l'armée française, et l'amiral n'eut d'autre tâche que de rapatrier les blessés et les rares soldats valides qui se groupaient encore autour de leur chef. Le retour de l'armée vaincue fut un désastre pour la ville de Londres. Elle y apporta la peste, et le mal prit une telle gravité que, dans les mois suivants, la mortalité s'éleva à 2,000 personnes par semaine. « La perte du Havre, dit Froude, malgré les malheurs qui en résultèrent, était plus désirable pour l'Angleterre qu'un succès, car elle épargnait au peuple anglais une guerre interminable[2]. »

La prise du Havre causa en France une joie générale et jeta le plus grand éclat sur la régence de Catherine, qui avait préparé pendant de longs mois et enfin dirigé l'exécution de ce brillant fait d'armes. La ville de Paris ordonna un *Te Deum*[3]. La ville de Bordeaux se distingua par son allégresse. Prières, processions, feux de joie devant l'hôtel de ville et dans toutes les rues, adresses où le roi était comparé à Cyrus et la reine mère à Sémiramis, tout fut mis en œuvre par un peuple qui avait souffert plus qu'un

---

1. Lettre autographe de Warwick au connétable en date du 30 juillet (F. fr., vol. 3243, f. 27).
2. Froude, *History of England*, t. VII, anno 1563.
3. Cérémonial de l'hôtel de ville de Paris; f. fr., vol. 18528, f. 37.

autre de la guerre civile et qui saluait, dans la nouvelle victoire du roi de France, l'avènement de la paix intérieure et de l'accord de tous les partis[1]. L'enthousiasme général aurait dû servir de leçon à l'infortuné Charles IX, et lorsque, onze ans après, à la veille de la Saint-Barthélemy, l'amiral de Coligny, dans une angoisse patriotique, pressait le roi de déclarer la guerre à l'Espagne et de jeter en Flandre les combattants des deux partis, il détournait les passions religieuses et les utilisait contre l'étranger. Les forfaits de la Saint-Barthélemy n'auraient pas été commis et Charles IX, au lieu d'un souvenir néfaste, eût peut-être laissé à ses successeurs la mémoire d'un grand roi conquérant des limites du Rhin.

La question de Calais laissait encore un ferment de discorde entre la France et l'Angleterre. Catherine de Médicis avait l'avantage de l'*Uti possidetis*, mais le texte de Cateau-Cambrésis spécifiait que la ville serait restituée en 1567 à moins d'infractions au traité de la part de l'Angleterre. Les menées contre la France, l'intervention d'Élisabeth en Écosse, l'occupation du Havre étaient des infractions évidentes. Quel juge devait apprécier ces actes d'hostilité? Le troisième contractant, le roi d'Espagne, qui

---

1. Lettre de d'Escars au roi du 11 août 1563 (F. fr., vol. 15878, pièce 52).

semblait destiné au rôle d'arbitre, était opposé à la France. La négociation paraissait difficile. Catherine l'entama résolument, confiante en son bon droit et plus encore dans le mouvement patriotique qui avait réuni les catholiques et les huguenots sous ses armes.

Depuis le retour de Throckmorton à Londres, les affaires de l'Angleterre se gâtaient en France. Smith n'avait ni l'audace ni la ténacité de son prédécesseur ; aussi Élisabeth ne lui laissait aucune initiative. Pendant le siège du Havre, lord Cecil conseilla de renvoyer Throckmorton en Normandie avec la mission de réveiller les passions religieuses. Throckmorton arriva à Valmont, près d'Yvetot, au mois de juillet, et fit notifier son retour à la cour de France. Catherine refusa de le recevoir et dissimula jusqu'à la capitulation de la ville. Le lendemain, elle le fit arrêter par le s. de Carrouges, gouverneur de Rouen, et garder à vue dans son logis. Throckmorton protesta auprès de la reine mère, auprès du connétable de Montmorency et du conseil du roi. Catherine reçut froidement la réclamation. Elle répondit que Throckmorton, le promoteur du pacte de Hamptoncourt, l'instigateur des troubles de France, avait été pris en temps de guerre sans sauf-conduit et qu'elle lui rendrait la liberté quand la reine d'Angleterre délivrerait les quatre otages français. Le

19 août, il fut conduit à Saint-Germain et incarcéré dans une tour du château. Son logis se composait de deux chambres, dont l'une était occupée par les gardes. Le jour, il avait la liberté de se promener dans les galeries, sous la surveillance de deux soldats ; mais, le soir, la porte était verrouillée à l'extérieur et un capitaine, le s. de la Salle, passait la nuit sur le seuil[1].

L'arrestation de Throckmorton, aux yeux de la reine d'Angleterre, était une atteinte au droit des gens. Après avoir envoyé des remontrances à la régente de France, sans attendre la réponse, sans écouter les sages avis de ses conseillers, elle fit emprisonner les quatre otages, MM. de Mouy, de la Ferté, de Palaiseau et Duprat de Nantouillet, et les retint plusieurs mois à la tour de Londres, malgré la peste qui décimait alors ce quartier de la ville. Nouvelles représailles de la cour de France. Le 7 septembre, l'ambassadeur officiel, Smith, fut enlevé à Poissy, conduit au château de Melun et plus tard à Paris. Il fut mis au secret, gardé à vue et toutes ses correspondances saisies. Cependant Catherine, le 13 septembre, le fit ramener à Poissy et lui rendit la liberté[2].

---

1. *Calendars*, 1563, p. 425, 491, 502, 503, 512. Voyez aussi une lettre de Chantonay publiée dans *Lettres de Catherine de Médicis*, t. II, p. 82.

2. *Calendars*, 1563, p. 503, 526.

Une négociation qui débutait par de telles violences ne paraissait pas destinée au succès. Elle réussit cependant, soit que la reine d'Angleterre ait mesuré l'esprit de décision de la reine mère à ses actes, soit que les ambassadeurs anglais aient été intimidés. Le capitaine La Salle, gardien de Throckmorton, gagna peu à peu la confiance de son prisonnier et lui conseilla de s'adresser au connétable au lieu de fatiguer la reine mère de ses plaintes. Le vieux Montmorency fut flatté de jouer le rôle d'arbitre. Il vint à Saint-Germain le 1ᵉʳ octobre et invita Throckmorton à souper. L'entretien porta sur la politique espagnole et sur l'Écosse, que la reine mère craignait de voir tomber entre les mains de Philippe II par le mariage de Marie Stuart avec don Carlos. Les deux négociateurs s'accordèrent facilement et convinrent que l'Angleterre et la France devaient s'unir contre le roi catholique. A la suite de cette conférence, le 13 octobre, le connétable fit appeler Smith et lui proposa de désigner des plénipotentiaires. Catherine nomma Louis de Saint-Gelais de Lansac, Claude et Sébastien de l'Aubespine. Du côté de l'Angleterre, Smith demanda à s'adjoindre Throckmorton. A ce nom Catherine de Médicis laissa éclater sa répugnance. Throckmorton, dit-elle, s'était trop gravement compromis dans la guerre pour remplir l'office d'un pacificateur. Le lendemain, cependant, le roi ratifia le choix de Smith à la condition que Throckmorton obtiendrait de nouveaux pouvoirs de la reine d'Angleterre. La clause n'était pas aisée à obtenir. Throckmorton se prévalait des instructions qu'il avait reçues au moment de son départ pour la Normandie pendant le siège du Havre. Les secrétaires du roi soutenaient que, entre belligérants, les instructions étaient irrégulières, traitaient l'ancien ambassadeur d'espion et lui refusaient toute immunité diplomatique. Ici la forme primait le fond. Catherine ne voulut pas céder pour ne pas reconnaître que l'arrestation de Throckmorton était une atteinte au droit des gens. Il fut retenu en prison d'abord à Villemare, près de Monceaux, puis à Saint-Germain [1].

La négociation languit pendant les mois de novembre et de décembre, les deux parties se cantonnant dans leur thèse. En janvier 1564, Catherine de Médicis donna successivement audience à Throckmorton et à Smith et aborda la question de Calais. Les deux Anglais demandaient la ratification des accords de Cateau-Cambrésis et prétendaient ne traiter qu'à ce prix. Catherine invoquait le même texte, ripostait que la reine d'Angleterre avait déchiré la convention par les armes et était déchue de son

---

1. *Calendars*, 1563, p. 550, 560, 567, 586.

droit sur Calais. Pendant deux mois, les conférences se succédèrent. La régente, les secrétaires d'État, le connétable, les cardinaux de Lorraine et de Bourbon, le chancelier de l'Hospital reçurent tour à tour ou simultanément Smith et Throckmorton. A chaque entretien, les négociateurs reproduisaient les mêmes arguments, formulaient les mêmes déclarations. Chacun s'obstinait dans ses exigences et se retirait chaque jour plus irrité des répétitions de l'adversaire. Personne ne produisit une idée nouvelle, excepté la reine, qui laissa négligemment tomber ces mots : « Je regrette que le roi ou le duc d'Orléans ne puisse épouser la reine Élisabeth. Un mariage clôturerait toutes les querelles. » C'était le secret de Catherine, le mobile de sa politique vis-à-vis de l'Angleterre. Smith ne releva pas la proposition[1].

La conciliation paraissait impossible quand les ambassadeurs anglais abandonnèrent d'eux-mêmes la revendication de Calais. A la fin de février, dans leurs innombrables dépêches, Smith et Throckmorton ne parlent plus que de l'indemnité offerte par la régente pour la liberté des otages. Les Anglais demandaient 500,000 couronnes ; Catherine en accordait 120,000. On disputa longtemps sur ce chiffre.

---

1. *Calendars*, 1563, p. 626; — 1564, passim.

La reine leur offrit des gratifications personnelles qu'ils se firent honneur de refuser ; Morvilier, évêque d'Orléans, le plus beau diamant du trésor royal. Les mêmes redites, quelque fastidieuses qu'elles fussent, étaient solennellement présentées par les négociateurs comme le dernier mot des concessions[1].

Le roi de France, suivi de toute la cour, quitta Fontainebleau le 13 mars 1564 pour un grand voyage, qui devait aboutir à l'entrevue de Bayonne. Le 23, la cour était à Troyes. Peu de jours après, les ambassadeurs anglais, accompagnés du secrétaire John Somers, l'y rejoignirent. Le temps pressait. Le roi devait partir le 6 avril et voulait conclure ou abandonner la négociation. Le 2 avril, Smith et Throckmorton réduisirent leurs prétentions à 400,000 couronnes, le lendemain à 300,000, puis à 250,000, puis à 200,000. La reine se montrait intraitable et se contentait, à toute demande, de renouveler ses offres de 120,000 couronnes. Le 5 avril, la veille du départ du roi, après de longs débats où les négociateurs avaient épuisé leurs dernières affirmations, Somers proposa à ses collègues d'appeler encore une fois le secrétaire d'État Bourdin. « Je préfère rester un an en prison, dit Throckmorton, que de subir la

---

1. *Calendars*, 1564, p. 33, 60 et suiv.

loi du roi de France. Je ne me mêle plus de négociation. » Smith et Throckmorton étaient divisés par une ardente jalousie qui remontait au siège du Havre. Rivaux déclarés, ils s'efforçaient d'accaparer chacun à son profit la direction des conférences. — « Que penseront les Français, répondit Smith, de votre refus de traiter avec Bourdin ? » — « Il ne m'importe, je ne puis m'en mêler. » — « En ce cas, dit Smith, il faut que Somers prenne la parole. » — A ces mots, Somers exhiba un pli cacheté aux armes d'Angleterre. Après avoir montré les cachets à ses collègues, il l'ouvrit et donna lecture d'une courte instruction de la reine, qui autorisait ses plénipotentiaires à accepter *in extremis* l'ultimatum de la cour de France. En écoutant cette lecture, Throckmorton perdit tout son flegme. Il accabla Smith de propos outrageants. « C'est vous, lui dit-il, qui avez révélé à la régente de France le secret des concessions de notre maîtresse. » — « Comment aurais-je révélé, répliqua Smith, un secret que j'ignorais moi-même ? » Mais Throckmorton ne pouvait rien entendre. D'insulte en insulte, il mit l'épée à la main et se précipita sur son rival. Smith dégaina à son tour. Somers se jeta entre les deux, mais il ne put les retenir. Au même moment Bourdin se fit annoncer. Les deux ambassadeurs, recouvrant leur sang-froid, lui dirent que la reine Élisabeth, pour faire preuve de conciliation, acceptait les offres de la reine de France. Bourdin prit acte de la déclaration et entama immédiatement l'exposé des clauses accessoires. Cette discussion de détail donna aux deux ambassadeurs le temps de se remettre. Après un assez long entretien, les quatre plénipotentiaires se séparèrent, Bourdin glorieux de l'avoir emporté, Throckmorton irrité du désaveu qui lui avait été infligé, Smith satisfait d'avoir abaissé son rival. Le 11 avril, la paix fut signée par Morvilier et Bourdin, au nom de la France, par Smith et Throckmorton, au nom de l'Angleterre[1]. On remarqua que le traité avait été conclu dans une ville où, un siècle auparavant, un prince du sang de France, Philippe le Bon, duc de Bourgogne, livrait le royaume à Henri V d'Angleterre[2].

Le traité de Troyes[3], crié à son de trompe

---

1. *Calendars*, 1564, p. 65 et suiv., 103, 108 et suiv.
2. L'année suivante, la reine d'Angleterre essaya de reprendre pied aux portes de Calais. Sous diverses dénominations, elle avait posé les fondations d'une sorte de forteresse près de la ville. Le roi fut obligé de provoquer une conférence diplomatique avec les députés de la reine d'Angleterre et envoya à Calais le président de Harlay, le conseiller du Drac et quelques autres (fin nov. 1565) (Pièce conservée dans le f. fr., vol. 3951, f. 80 v°).
3. Le traité de Troyes est imprimé par Dumont, *Corps diplomatique*, t. V, 1re partie, p. 126. — Il a été l'objet d'une étude approfondie de la part de M. le comte de la Ferrière (*Revue des Questions historiques*, 1er janvier 1883, p. 36).

dans toutes les villes du royaume[1], fut accueilli avec autant de faveur que la prise du Havre. Paris et Bordeaux se livrèrent à l'enthousiasme[2]. La paix est un bien pour tous les peuples, mais les habitants des villes commerçantes y trouvent leur vie entière. Un principe, nouveau au XVIe siècle et dont les secrétaires du roi ne pressentaient pas la portée, avait été inséré dans le texte du traité, celui de la liberté du commerce. Les règlements de notre temps, inspirés par l'équité ou supposés tels, ne peuvent donner une idée des entraves fiscales qui frappaient autrefois les négoces. Imposées à l'origine par des intérêts particuliers, elles partaient de ce principe que la facilité des échanges est la ruine d'un pays et s'étaient aggravées des exigences du trésor royal. L'Angleterre donnait l'exemple des taxes les plus iniques et les plus rigoureuses. L'importation était frappée d'un droit fixe de 15 deniers pour livre et l'exportation de 12 deniers seulement. Pendant les règnes de Henri VIII et de Marie Tudor, les droits avaient été augmentés sur toutes marchandises du double, du triple ou du quadruple suivant les

1. L'original du cri public, signé de Robertet, est conservé dans le vol. 3243 du fonds français, f. 10. La pièce a été publiée par La Popelinière, 1581, t. I, f. 369 v°.
2. Cérémonial de la ville de Paris (F. fr., vol. 18528, f. 44). — *Lettres de Catherine de Médicis*, t. II, p. 175.

cas. Tout Français qui arrivait à Londres avec un navire était tenu de prendre un pilote anglais à son entrée dans la Tamise, de décharger à un quart de lieue de la ville et de confier ses transports à des bateaux du pays, de payer un impôt personnel pour lui et ses gens à l'entrée et à la sortie, de solder un droit de place arbitrairement fixé par le maire de Londres et une licence au profit de certaines seigneuries. Les mesures locales étaient de deux sortes : celles de la reine, plus étendues, étaient appliquées aux Français vendeurs ; celles de la ville, plus bornées, aux acheteurs. Le marchand français ne pouvait vendre qu'aux bourgeois de Londres, à des tarifs fixés d'avance par les officiers de la ville, et n'avait pas le droit de remporter les marchandises qui avaient touché le sol anglais. Il devait employer en acquisitions la totalité de la somme perçue. La banqueroute de l'Anglais acheteur était une véritable opération commerciale, que la coutume et la loi entouraient de mesures tutélaires. Au retour, le Français ne pouvait emporter sur son navire les marchandises acquises ni les emballer lui-même, l'exportation et l'emballage appartenant exclusivement aux nationaux. Tout navire échoué était confisqué corps et biens[1]. En France, les

---

1. Mémoire des artisans de Paris au roi, avec réponse du roi

taxes fiscales étaient nombreuses, mais n'avaient pas ce caractère d'iniquité égoïste que les bourgeois de Paris reprochent aux règlements anglais. Malgré ces entraves, les relations étaient nombreuses entre les ports de la Normandie et la ville de Londres. A ce progrès on reconnaît l'adoucissement des mœurs du moyen âge, époque où la qualification d'étranger est le plus souvent synonyme d'ennemi.

Le traité de Troyes était destiné à accélérer le mouvement. Depuis la paix du 11 avril 1564, la France et l'Angleterre n'ont cessé de marcher côte à côte. L'intervention de la reine Élisabeth, à chaque prise d'armes du parti réformé, ne put entraver le développement commercial. Les intérêts l'emportèrent heureusement sur la politique. Les deux peuples, malgré une certaine antipathie de race qui remonte peut-être à la guerre de Cent ans, se sentaient solidaires et eurent la sagesse de rester alliés. Aujourd'hui, l'union est indissoluble et défie les querelles, les rivalités, les différences de mœurs ou de caractère, les fautes des gouvernements.

du 17 septembre 1564 (Copie du temps ; coll. Dupuy, vol. 569, f. 213).

CHAPITRE QUATRIÈME.

Exécution du traité de Cateau-Cambrésis avec l'Espagne.

Accord prétendu entre les rois de France et d'Espagne contre les réformés. — Choix de l'ambassadeur d'Espagne en France. — Restitution des biens confisqués des partisans des deux rois. — Accord relatif aux prisonniers.
Affaire de Metz, de Toul et de Verdun. — Restitution à l'Espagne de Thionville, de Marienbourg, de Carignan, de Damvilliers et de Montmédy. — Restitution à la France de Saint-Quentin, du Catelet, de Ham et de Théroanne.

Le préambule du traité de Cateau-Cambrésis stipulait expressément que les deux rois de France et d'Espagne s'efforceraient d'obtenir du pape « la convocation et célébration d'un saint concile universel. » Les historiens protestants, élargissant la portée de cette clause, racontent que les deux rois avaient fait alliance contre les réformés et s'étaient engagés à les exterminer. Bien que le pacte ne soit ni prouvé, ni même vraisemblable, il est des arguments qui laissent du soupçon. La question est grosse de conséquences, car la convention, si elle a existé, contient le principe du massacre de la Saint-

Barthélemy. Elle mérite donc un examen de quelques lignes.

Le témoignage le plus autorisé en faveur de cet accord, le seul digne de discussion, parce que son auteur pouvait être exactement informé, est celui de Guillaume d'Orange, dit le Taciturne, le héros de l'indépendance des Pays-Bas. Guillaume avait été envoyé en France comme otage aussitôt après le traité de Cateau-Cambrésis. Réputé alors favori de Philippe II et dépositaire de ses desseins, il reçut les confidences de Henri II. C'est ainsi que le redoutable secret se serait échappé des lèvres du roi de France. Voici les propres paroles que l'on prête à Guillaume d'Orange : « Estant en France, j'eu entendu de la propre bouche du roy Henri que le duc d'Albe traitoit des moiens pour exterminer tous les suspects de la religion en France, en ce pais[1] et par toute la chrestienté, et que led. s. roi (qui pensoit, comme j'avoi esté l'un des commis pour le traité de la paix, avoi eu communication de si grandes affaires, que je fusse aussi de ceste partie) m'eust déclaré le fond du conseil du roi d'Espagne et du duc d'Albe. Pour n'estre envers Sa Majesté en désestime, comme si on m'eust voulu cacher quelque chose, je respondi en sorte que led. s. roi ne

---

1. Ces mots, *en ce pays,* désignent les Pays-Bas.

perdist point ceste opinion, ce qui lui donna occasion de m'en discourir assés suffisamment pour entendre le fond du project des Inquisiteurs[1]. »

Ce témoignage serait formel s'il pouvait être accepté sans restriction, mais l'*Apologie du prince d'Orange*, d'où il est tiré, mérite peu de crédit. L'*Apologie* est un ouvrage de pure polémique, lancé au plus fort de la lutte entre Philippe II et les Pays-Bas ; elle est pleine d'assertions fausses, comme le meurtre de la reine d'Espagne et celui de don Carlos. L'auteur[2] s'inquiétait plus de frapper fort que de frapper juste. Toutes les armes étaient bonnes contre l'ennemi. Philippe II, qui, en ce moment même, mettait à prix la tête de Guillaume d'Orange, avait bien mérité cette injustice.

Les historiens, protestants et catholiques, qui ont soutenu l'existence de ce pacte odieux, ont été guidés par Guillaume le Taciturne[3]. La plupart s'en sont prévalus pour rajeunir des lieux communs sur l'intolérance des rois catho-

---

1. *Apologie du prince d'Orange* publiée en 1581 (Édit. de 1858, p. 88).
2. Il est douteux que Guillaume d'Orange soit l'auteur de son *Apologie*. Beaucoup d'historiens en attribuent la rédaction à Pierre Loiseleur, dit de Villiers.
3. Nous citerons particulièrement Pontus Payen, auteur catholique impartial, dont les mémoires ont été publiés dans la collection de *Mémoires de la Société de l'Hist. de Belgique*. Voyez t. I, p. 7.

liques du xvɪᵉ siècle. Assez d'autres faits chargent la mémoire de Henri II et de Philippe II pour leur épargner des accusations imméritées. Sans nul doute, les affirmations du prince d'Orange, bien qu'un peu entachées de parti pris, présentent de l'autorité ; mais elles sont combattues et victorieusement réfutées selon nous par le silence de Philippe II. La correspondance de ce prince et de son ambassadeur en France, conservée presque sans lacune aux Archives nationales, ne contient aucune allusion à l'accord, signé ou tacite, des deux gouvernements sur la politique à suivre vis-à-vis de la réforme. Chantonay et ses successeurs relèvent même, à chaque acte du roi de France, la divergence de vues des deux rois. Ils opposent ironiquement la faiblesse et la tolérance de François II, de Charles IX, de Henri III à la fermeté de Philippe II. Dans cette masse immense de dépêches, qui se succèdent pendant plus de trente ans à l'occasion de la guerre civile, le roi de France ne parle qu'une fois de l'union des deux royaumes, en matière religieuse, et il n'en parle que pour refuser de lier sa politique à celle de son puissant voisin. Le 26 juin 1559, le duc d'Albe écrit à Philippe II : « Le connétable vint me parler et m'a dit que le roi lui avait commandé de me dire que je lui avais offert, de la part de V. M., toute l'assistance qu'il voudrait pour la réforme et le châtiment de ceux de la religion dans son royaume, où il voyait de jour en jour augmenter le mal, qu'il prisait ce qui lui était dit de votre part et qu'il ne pouvait moins que vous *remercier*....., que Genève était le foyer de toute cette malice, que les sujets de V. M. et les siens, qui étaient égarés, s'y réfugiaient et que de là ils pervertissaient les deux royaumes ; qu'il serait bon de se débarrasser du foyer, car, une fois détruit, ils n'auraient plus de refuge[1]. » Ainsi, le roi de France donne acte au roi d'Espagne de ses propositions et l'en *remercie*, formule de refus courtois. Bien plus, il détourne l'objectif du roi catholique et le pousse à diriger contre Genève l'assistance que l'Espagne lui offre contre les réformés français. Les deux interlocuteurs étant précisément les principaux négociateurs de Cateau-Cambrésis, il paraît évident que la conférence du 26 juin n'avait été précédée d'aucun engagement réciproque. Dans les derniers mois du règne de François II, les Guises, menacés par les revendications du roi de Navarre et du prince de Condé, demandèrent au roi d'Espagne un secours qui leur fut accordé avec empressement[2]. Plus tard

---

1. Lettre du duc d'Albe à Philippe II, du 26 juin 1559 (Orig. espagnol ; Arch. nat., K. 1492, n° 43).
2. Mémento pour Ruy Gomez de Silva, en date du 24 sep-

encore, en 1562, aux premiers troubles, les troupes espagnoles franchirent la frontière à la demande du roi de France[1]. Mais ces faits sont absolument indépendants des stipulations de Cateau-Cambrésis. L'alliance fut déterminée par les événements, circonscrite à la guerre civile, close à la paix d'Amboise et ne prouve en rien que les deux rois, dès 1559, aient enchaîné leur liberté d'action vis-à-vis des réformés.

Après la signature du traité, le choix de l'ambassadeur espagnol auprès de la cour de France fut l'objet de pourparlers. Au mois de mai 1559, Granvelle sonda la cour de France sur la nomination de Perrenot de Chantonay, l'aîné de ses frères[2]; le 30, Philippe II, par une lettre autographe à la reine, confirma ce choix[3]. Dans les premiers jours d'août, le duc d'Albe présenta lui-même le nouvel ambassadeur à la cour de France. Chantonay a laissé une correspondance très étendue. On y trouve de nombreuses révélations sur les intrigues du règne de François II et des quatre premières

---

tembre 1560 (Arch. nat., K. 1493, n° 90). — Lettre de Catherine de Médicis à Philippe II, s. d. (*Lettres de Catherine de Médicis*, t. I, p. 149). — Lettre de Chantonay à Philippe II, du 7 octobre 1560 (Orig. espagnol; Arch. nat., K. 1493, n° 100).

1. Nous avons raconté ces faits dans *Antoine de Bourbon et Jeanne d'Albret*, t. IV, passim.

2. Lettre autographe de Morvilliers au connétable, en date du 13 mai 1559 (F. fr., vol. 6617, f. 42).

3. F. fr., vol. 3159, f. 66.

années du règne de Charles IX[1], sur les progrès de la réforme, sur les efforts de chaque prince pour tirer à lui un lambeau du pouvoir. Philippe II voulait tout apprendre ; il exigeait que ses représentants eussent une oreille à chaque porte, depuis l'alcôve de la reine jusqu'à la grand'chambre du Parlement. Jamais il ne fut mieux servi que par son ambassadeur en France.

La correspondance de Chantonay, telle qu'elle existe dans les dépôts manuscrits de Paris, de Bruxelles et de Vienne, forme deux collections à peu près complètes. La première, en langue espagnole, est conservée aux Archives nationales de Paris. Elle se compose de lettres, généralement très longues, souvent en chiffre, que l'ambassadeur écrivait au jour le jour à Philippe II. Bien qu'elle offre un grand intérêt, les faits curieux y sont noyés dans les considérations, les raisonnements, le verbiage où se délectait le roi « le plus paperassier » qui fût jamais. La seconde, rédigée en français, est conservée, partie en original aux archives de Vienne, partie en copie aux archives de Bruxelles[2]. Elle ne contient que des lettres adres-

---

1. Chantonay fut remplacé en janvier 1564 par François de Alava (Arch. nat., K. 1501).

2. Nous ne mentionnons pas la partie imprimée dans le tome II des *Mémoires de Condé*.

sées à Marguerite de Parme ou à ses ministres, surtout au cardinal Granvelle. Le récit est plus condensé et plus confidentiel. Chantonay réservait ses secrets à son frère, à la régente des Pays-Bas, les deux artisans de sa fortune politique. Il écrivait en diplomate en Espagne, en familier à Bruxelles. Ses lettres françaises sont les seules qui émanent de sa plume ; les lettres espagnoles sont l'œuvre d'un traducteur[1]. Il serait à souhaiter, dans l'intérêt de l'histoire, que les premières fussent publiées.

La guerre entre la France et l'Espagne durait depuis un si grand nombre d'années que beaucoup de seigneurs espagnols ou flamands avaient été dépouillés de terres situées en France. Un acte supplémentaire au traité, en date du 3 avril, les rétablit dans leurs biens. Ces seigneurs étaient le prince d'Orange, le comte d'Egmont comme héritier de la princesse de Gavre, Philippe de Croy, duc d'Arschott, les héritiers de la maison de Vergey, le s. de Troviliers, Charles de Poitiers, s. de Saint-Valier, comme héritier de Guillaume de Poitiers, s. de Saint-Valier, passé au service de Charles-Quint avec le connétable de Bourbon, le duc d'Albuquerque, vice-roi de la Navarre espagnole, « pour quelque vaisselle qu'il dict luy avoir esté prise, » Nico-

---

[1]. Chantonay avoue plusieurs fois dans ses lettres qu'il ne connaît pas la langue espagnole.

las Polweiler et ses frères, seigneur franc-comtois, moitié capitaine, diplomate ou espion, qui avait habilement servi la cause impériale sur la frontière de l'Est. En retour de ces restitutions, le roi de France fit valoir les droits de ses partisans [1]; de la princesse Marie de Bourbon, duchesse d'Estouteville, sur le comté de Saint-Pol [2]; d'Antoine de Bourbon, roi de Navarre, propriétaire, du chef de la maison de Vendôme, du duché d'Enghien [3], entre Mons et Bruxelles, des terres d'Oisy, de Rhodes, de Flandrin, de Hambordin, de la châtellenie de Lille, des seigneuries de Dunkerque, de Gravelines et de Bourbourg [4]; de Diane de Poitiers, qui avait reçu de son père plusieurs domaines dans le royaume de Naples; et enfin de quelques Italiens dévoués à la France, Hippolyte d'Este, cardinal de Ferrare, Thomas

---

1. Lettre de Henri II à Philippe II, du 30 avril 1559, en faveur du s. Jehan-Marye Tisson, comte de Dezane (Orig.; Arch. nat., K. 1492, n° 34).

2. Article 17 du traité de Cateau-Cambrésis. Cette restitution souffrit quelques difficultés de la part des Espagnols (*Correspondance de la duchesse de Parme*, in-4, t. I, p. 52).

3. Le duché d'Enghien fut vendu par Henri IV au prince d'Aremberg. Depuis le traité de Cateau-Cambrésis, la maison de Bourbon sollicitait vainement du roi d'Espagne l'autorisation de s'en défaire. La négociation avait commencé en 1560 (Lettre de Chantonay au cardinal Granvelle, en date du 31 juillet 1560; registre de copies conservé aux archives de Bruxelles).

4. Nous prenons cette liste dans une lettre de Segur, envoyé longtemps après en Flandre pour mettre ces biens en gage (Ve de Colbert, vol. 402, f. 86).

d'Elbene, général des finances, Scipion de Fiesque[1] et Octave Fregose[2].

Un autre acte, signé par le duc d'Albe et le connétable de Montmorency, régla la situation des prisonniers des deux nations. La destinée de ces malheureux était digne de pitié. D'après les coutumes barbares du temps, ils devenaient la propriété du vainqueur. Les seigneurs, les gentilshommes de haut parage rachetaient leur liberté au prix d'une forte rançon. Les simples hommes d'armes, les gens de pied sans ressources étaient envoyés par troupes aux galères. Les navires espagnols et français étaient ainsi peuplés de rameurs, qui n'avaient commis d'autre crime que de se laisser désarmer sur le champ de bataille. Soumis au dur régime de la mer, battus, traités en vils criminels échappés de la potence, ces pauvres soldats, qui avaient porté glorieusement la pique et l'épée, mouraient pour la plupart sur le banc des galères sans avoir les moyens d'informer

---

1. Scipion de Fiesque, comte de Lavagne, marié à Alphonsine Strozzi, un des plus ardents capitaines du parti français en Italie. La restitution de ses biens et notamment de la terre de Pontremoli souffrit des difficultés. Voyez les lettres de François II et de Catherine de Médicis à Philippe II, en date du 3 février 1559 (1560) (Arch. nat., K. 1493, n°s 33 et 35), et celles de Charles IX et de Catherine à la république de Gênes, du 18 avril 1563 (Ibid., K. 1499, n°s 52, 53 et 60).

2. Acte du 3 avril 1559; copie du xviie siècle; f. fr., vol. 3153, f. 155.

leurs familles qu'ils vivaient encore et qu'une faible rançon les rendrait à leur patrie. Il fut convenu entre le duc d'Albe et le connétable de Montmorency que tous les gens de guerre, tant de pied que de cheval, retenus dans les prisons ou sur les navires seraient « relaxés de bonne foy » sans rançon ; qu'ils n'auraient à payer que l'argent emprunté ; que, s'ils n'avaient pas les moyens d'acquitter leurs dettes, le montant en serait établi par acte devant les officiers du roi et le recouvrement poursuivi par voie diplomatique ; que, en échange de la nourriture des prisonniers français (environ 30,000 écus), le roi de France délivrerait sans rançon neuf capitaines de gens de pied[1] ; et enfin que les deux rois pourraient envoyer dans les villes et les forteresses, dans les ports et sur les navires, des commissaires chargés de reconnaître les captifs de leur nation[2].

Cette convention fut très mal accueillie par les capitaines espagnols. Ils se disaient frustrés de leurs droits les plus précieux et ruinés par les frais d'entretien de leurs prisonniers. Toute ruse servait à l'avarice castillane pour retenir sous clef les gages vivants de ses créances. « Il y en

---

1. Cet acte est imprimé dans *Négociations sous François II*, p. 250. Parmi ces prisonniers se trouvait le célèbre don Bernardino di Mendoca.

2. Copie authentiquée; f. fr., vol. 3119, f. 44. — Autre copie authentiquée; f. fr., vol. 15872, f. 75.

a ici, écrit au roi Sébastien de l'Aubespine, ambassadeur auprès de Philippe II à Bruxelles, plus de deux ou trois cens, dont chacun veult tirer jusques au sang, et que l'on renvoie de saint Pierre à saint Paul quand il est question de juger leurs difficultés et différends[1]. » Philippe II montra une générosité inattendue et donna l'ordre de relâcher tous ces malheureux ; mais ses secrétaires tirèrent bénéfice de la munificence de leur maître. L'Aubespine donna 500 écus au secrétaire de la Torre et délivra d'un seul coup les gens d'armes et les archers des compagnies du dauphin, du comte de Villars, du s. d'Estampes[2] et les gens de pied de Villebon[3]. Il agit de même vis-à-vis du secrétaire Erazzu et obtint, malgré l'opposition de Philippe de Salm, dit le comte Rhingrave, le renvoi de Lansac, capitaine et négociateur, qui avait rendu des services signalés au roi en Italie[4].

Dans le courant de mai, une commission nommée par le roi de France parcourut les châteaux forts de la Flandre et libéra, en vertu de son autorité, une foule de soldats : les gens

1. Lettre originale de Sébastien de l'Aubespine au roi, en date du 23 mai 1559 (F. fr., vol. 6614, f. 36).
2. Lettre originale de Sébastien de l'Aubespine au roi, en date du 1er juin 1559 (F. fr., vol. 6614, f. 23).
3. Lettre originale de Sébastien de l'Aubespine au roi, en date du 27 mai 1559 (F. fr., vol. 6614, f. 44).
4. Lettre de Sébastien de l'Aubespine, du 1er juin (Orig., f. fr., vol. 6614, f. 23).

de pied, sans rançon ; les hommes d'armes, censés gentilshommes, moyennant une somme d'argent, équivalente à une année de leur solde[1]. Les seigneurs, auxquels les Espagnols supposaient des ressources, étaient tarifés à des chiffres plus ou moins élevés. Le s. de Fumel, du Périgord, fut obligé de s'engager pour 1,150 écus, d'Aubigny pour 5,000, Senarpont pour un chiffre excessif qui suscita une vive contestation. On demanda 15,000 écus au s. de Maintenon. Le s. d'Annebaut, au contraire, fut relâché moyennant quelques écus. La situation des pages semblait douteuse. En principe, le duc de Savoie les déclara de bonne prise ; mais le comte d'Egmont, mécontent de cette décision, les assimila aux gens de pied. Les compromis donnaient lieu à de tels débats que Philippe II désigna un tribunal composé de Berlaymont, de Glayon et du président Viglius pour juger en dernier ressort les prétentions des capitaines espagnols[2].

Les recherches des commissaires français ne furent sérieusement poursuivies qu'en Belgique[3]. Pas un officier du roi ne pénétra en Espagne.

---

1. L'un des procès-verbaux de cette commission, daté du 2 juin, est conservé dans le vol. 6617 du fonds français, f. 64. La liste des prisonniers ne contient aucun nom connu.

2. Lettres originales de Sébastien de l'Aubespine, du 1er juin et du 2 juillet (F. fr., vol. 6614, f. 23 et 27).

3. *Négociations sous François II*, p. 94.

C'était là cependant que Philippe II entassait les prisonniers dont il voulait tirer vengeance. L'un d'eux, nommé Buade, arrêté à Cadix au retour d'une expédition en Afrique, se plaint, dans une lettre à l'ambassadeur, d'être traité en criminel d'État, chargé de fers et maintenu « à la renverse » depuis quarante-cinq jours[1]. Un autre capitaine, gentilhomme au service du roi de Navarre, nommé Boileau, neveu du baron de Clerc, avait été emprisonné comme corsaire à Saint-Jacques en Galice. Non seulement les Espagnols l'accablaient de violences, mais ils supprimaient ses lettres à son maître. Enfin Boileau fit parvenir un mémoire à Sébastien de l'Aubespine à Madrid et trouva un défenseur[2].

En Italie, les captifs étaient aussi indignement traités. La requête de l'un d'eux, le seigneur Roch Chasteigner de la Roche-Posay, édifie sur la magnanimité espagnole. Il appartenait à une famille poitevine d'ancienne noblesse, mais sans fortune, et commandait une compagnie de cent chevau-légers en Piémont. Fait prisonnier, le 23 juin 1557, à Ascoli, pendant la campagne du duc de Guise, il fut acheté 500 écus à des soldats italiens par un

---

1. *Négociations sous François II*, p. 506.
2. Lettre de Boileau, du 13 avril 1561 (Orig., f. fr., vol. 3192, f. 124).

trésorier espagnol, nommé François Divarre, conduit au château de l'Aquila, à Naples, puis à Gênes, puis à Milan, souvent battu et mis à la chaîne des galériens. A Milan, Divarre signifia à La Roche-Posay qu'il aurait à payer une rançon de 15,000 écus. En vain le prisonnier objecta que cette somme était supérieure à son avoir. Divarre jeta son captif au cachot et l'y tint plusieurs jours sans manger. Heureusement arriva une lettre du duc d'Albe qui améliora le sort du prisonnier[1]. Divarre lui permit de se nourrir à ses frais, mais ne voulut rien rabattre du chiffre de sa rançon[2]. Après le traité de Cateau-Cambrésis, le connétable de Montmorency recommanda La Roche-Posay au roi d'Espagne[3]. Divarre arguait de ses droits et se montrait intraitable. Pendant les pourparlers, La Roche-Posay s'évada du château de Milan, et, aidé par une dame italienne qui l'aimait, emprunta des chevaux de poste et s'enfuit en France. Divarre furieux mit les gardiens en prison et livra l'un d'eux à la torture. Le pri-

---

1. Après la prise de Calais, le 15 février 1557 (1558), le père de La Roche-Posay avait écrit au duc de Guise pour le supplier d'intercéder auprès des Espagnols en faveur de son fils (Orig., f. fr., vol. 20537, f. 86).

2. Requête de La Roche-Posay à l'ambassadeur d'Espagne (Orig. sans date; Arch. nat., K. 1492, n° 17).

3. Lettre du connétable à Philippe II, du 3 juillet 1559 (Orig.; Arch. nat., K. 1492, n° 45).

sonnier avait déjà passé la frontière et adressa au roi d'Espagne un mémoire justificatif en faveur de ses prétendus complices[1].

Les Français furent plus généreux que les Espagnols. Le duc de Sessa, amiral d'Espagne, réclama officiellement aux capitaines des galères de Marseille les sujets du roi d'Espagne[2] et Alonzo de Vargas fut dépêché en France. Vargas trouva à Marseille un grand nombre de captifs que les officiers du roi refusèrent de lui livrer sans ordre[3]. Il porta plainte au duc d'Albe, le duc d'Albe à Chantonay, Chantonay au duc de Guise. Le grand prieur de France offrit de rendre tous les prisonniers à la condition que Philippe II userait de réciprocité vis-à-vis des Français[4]. La proposition fut repoussée comme trop générale. A la suite de nouveaux accords, les galériens furent divisés en trois classes : les soldats pris les armes à la main, les passagers maritimes ou les habitants des côtes enlevés par voie de représailles, les condamnés par autorité de justice. La liberté était accordée aux deux premières classes, toujours

1. Ce mémoire est imprimé dans les *Négociations sous François II*, p. 255.
2. Lettre originale de Sébastien de l'Aubespine au connétable (F. fr., vol. 6614, f. 30).
3. Lettre de Vargas au duc d'Albe, du 3 août 1559 (Arch. nat., K. 1492, n° 64).
4. Lettre de Chantonay à Marguerite de Parme, du 24 août 1559 (Recueil de copies conservé aux archives de Bruxelles).

à charge de revanche, mais refusée à la troisième parce qu'elle contenait de nombreux espions[1]. Ainsi réduite, la convention fut immédiatement exécutée à Marseille. On dressa un état de tous les Espagnols retenus sur les galères du roi; ils étaient au nombre de 975, répartis sur 35 navires[2], et furent libérés sans rançon au mois d'octobre 1559. Mais les commissaires français attendirent en vain l'échange. Philippe II préparait une campagne contre les barbares d'Afrique. Sa flotte était prête à prendre la mer. Il craignit de démonter ses vaisseaux et ajourna à la fin de la guerre le renvoi des malheureux Français[3].

La délivrance des capitaines espagnols souffrit encore moins de difficultés, car les réclamations des intéressés ont laissé peu de trace[4]. Un seul seigneur, Francisco de Luna, gentilhomme de haut rang, négociateur et homme de guerre, fut retenu longtemps à Paris[5]. Une

1. *Correspondance de la duchesse de Parme*, in-4, t. I, p. 39.
2. L'état est imprimé dans *Négociations sous François II*, p. 248.
3. Lettres de Chantonay à Marguerite de Parme, du 1er décembre 1559 (Registre de copies conservé aux archives de Bruxelles).
4. Les négociations durèrent plus d'une année (Lettre de Chantonay à Marguerite de Parme, du 11 janvier 1560; registre de copies conservé aux archives de Bruxelles).
5. Lettre de Chantonay à Marguerite de Parme, écrite vers le 21 septembre 1559, et du même au cardinal Granvelle, du 11 janvier 1560 (Registre de copies conservé aux archives de Bruxelles).

troupe de gens de pied, entassés à Péronne, fut remise sans rançon au comte de Meghem[1]. Malgré la générosité du roi de France, Chantonay, dans sa correspondance, se plaint du traitement de ses nationaux. Le s. de Fumel, gentilhomme périgourdin, est signalé comme un geôlier exigeant et impitoyable[2]. Le conseil du roi jugeait en dernier ressort les demandes des capitaines français et les offres des captifs étrangers. Bien qu'il y apportât de l'impartialité, ses arrêts soulevaient quelquefois les protestations de l'irascible ambassadeur d'Espagne. Un seigneur italien, le major de Lombardie, au service du roi catholique, avait requis le conseil du roi de France de fixer le chiffre de sa rançon. Le prisonnier était riche de 15,000 écus. Le conseil le taxa à 1,500 écus. Chantonay, qui poursuivait le succès de cette requête comme une affaire personnelle, se plaignit à la reine mère, insulta les Guises, oncles du roi, et exigea la revision de l'arrêt. L'arrêt fut maintenu et lui fut apporté avec une lettre du roi. « Il print cette ordonnance signée de moy, écrit François II, à luy portée de par moy et la royne ma mère, et la gecta contre terre disant que c'es-

---

1. Lettre de Chantonay à Marguerite de Parme, du 19 septembre 1559 (Registre de copies conservé aux archives de Bruxelles).
2. Il était sans doute parent du prisonnier du même nom que nous avons signalé plus haut.

toit le plus meschant et le plus malheureux jugement qu'il estoit possible et que c'estoit une injustice de MM. de Guise, avec mille autres paroles insolentes et peu sentantes la dignité du lieu..... » Il courut chez la reine, remplissant les salles du château de Blois du bruit de ses menaces. Catherine le reçut avec hauteur et lui dit « qu'elle estoit asseurée qu'il n'avoit pas charge du roy son maistre de parler et se conduire ainsi ; si bien qu'il se retira fort confus[1]. »

Le traité de Cateau-Cambrésis avait oublié Metz, Toul et Verdun, mais les négociateurs de France et d'Espagne avaient longuement discuté le sort de ces trois villes. Au commencement de la guerre, elles avaient la qualité de villes libres et ne reconnaissaient d'autre souverain que l'empereur d'Allemagne. En 1552, Henri II s'en empara et Charles-Quint, en 1553, essaya vainement de les reprendre. Pendant les conférences, Philippe II réclama les trois villes au nom de l'empire. Les ambassadeurs du roi de France déclinèrent le débat sous raison que le droit de revendication n'appartenait qu'à la Diète. Alors commença une négociation interminable où la France, intéressée à gagner du temps, lutta, à coups de représentations diplomatiques, avec l'empereur, qui,

1. Minute d'une lettre du roi à Sébastien de l'Aubespine, juin 1560 (F. fr., vol. 15874, f. 53).

menacé par les Turcs sur les bords du Danube, ne pressait point la solution. Au mois de janvier 1560, Ferdinand envoya des ambassadeurs en France[1]. Le roi les reçut avec de bonnes paroles et les renvoya à la Diète[2]. Le renvoi équivalait à un ajournement indéfini. La Diète, inhabile à prendre une résolution, était encore plus incapable de l'exécuter. Si par impossible elle se fût mise en mouvement, il restait au roi la ressource d'acheter les princes dont le vote était à vendre[3]. Metz, Toul et Verdun étaient donc destinés à rester à la France. Philippe II ne les réclamait que pour l'honneur, afin de ne pas être accusé d'indifférence par ses alliés d'outre-Rhin[4].

L'article 10 du traité de Cateau-Cambrésis restituait à la France les villes de Saint-Quentin, du Catelet, de Ham et de Théroanne, et au roi

---

1. Le discours des ambassadeurs allemands au roi, longue et verbeuse harangue en latin, est conservé aux Archives nationales (K. 1493, n° 34).

2. Cette mission est racontée dans une lettre de Chantonay à Philippe II, du 2 février 1560 (Arch. nat., K. 1493, n° 38). — Un peu plus tard, à cette même occasion, l'archevêque de Vienne fut envoyé en ambassade en Allemagne (Lettre de Chantonay à Philippe II, du 31 août au 8 septembre 1560; Arch. nat., K. 1493, n° 77).

3. Chantonay expose que telle était la politique du roi de France (Lettre de Chantonay à Philippe II, du 7 octobre 1560; Orig. espagnol; Arch. nat., K. 1493, n° 100).

4. Instruction de Philippe II à don Manrique de Lara, envoyé en France, datée du 4 janvier 1561 (Orig. espagnol; Arch. nat., K. 1495, n° 14).

d'Espagne les villes de Thionville, de Mariembourg, d'Yvoi (aujourd'hui Carignan), de Damvilliers et de Montmédy. L'échange de ces villes, estimées alors pour leur forte position et surtout pour le souvenir des héroïques combats qui avaient été livrés au pied de leurs murailles, souleva des difficultés qu'il est intéressant d'étudier, parce qu'elles font connaître les mœurs militaires du XVIe siècle.

Les fortifications de Théroanne[1] ayant été rasées par les Impériaux durant la dernière guerre, l'article 11 du traité stipulait que le roi de France serait autorisé à démolir les murs d'Yvoi. La clause fut difficile à exécuter. Les capitaines français voulaient forcer les habitants à leur servir de pionniers. Ceux-ci refusaient de travailler à la destruction de leurs défenses et prièrent le duc de Savoie d'intercéder auprès du roi de France[2]. — Au 20 juin 1559, Yvoi était

1. La restitution de Thérouanne s'opéra sans opposition, mais en 1566 s'éleva, entre les deux rois de France et d'Espagne, une difficulté sur la division de l'évêché. Les conseillers du roi de France prétendaient que la souveraineté entière de l'évêché appartenait à leur maître, et l'administration ecclésiastique à l'archevêque de Reims. La duchesse de Parme, gouvernante des Pays-Bas, soutenait que le diocèse avait été partagé par le pape du consentement des deux rois. La discussion se termina par une transaction. Voyez sur cette affaire les *Lettres de Catherine de Médicis*, t. II, p. 384, et une importante note diplomatique remise par Fourquevaux à Philippe II (Arch. nat., K. 1505, n° 55).

2. Lettre du comte de Mansfeldt au duc de Savoie, du 14 mai 1559, datée de Louvain (Orig.; Arch. de Bruxelles; Lettres des seigneurs, vol. 21, f. 139).

encore entre les mains du maréchal de Vieilleville[1]. Les pourparlers durèrent plusieurs mois. Pendant ce temps la démolition avait continué. Enfin la ville fut rendue trop complètement désarmée au gré des Espagnols, trop peu dans l'intérêt de la France[2]. Yvoi redevint ce qu'il avait été dans la première moitié du siècle, l'un des boulevards de la puissance espagnole au nord.

La restitution des autres villes ne pouvait donner lieu à aucune discussion de principe, mais l'impopularité du traité, l'amour-propre des gens de guerre suscitaient des protestations ardentes de la part des capitaines qui s'étaient attachés à la défense de la frontière. L'évacuation de Thionville, place forte de la rive gauche de la Moselle, qui rappelait un des plus brillants exploits du duc de Guise, était particulièrement douloureuse aux soldats. Thionville avait été démuni aussitôt après la publication du traité et les armes, canons et munitions apportés à Metz[3]. Vers le milieu de juin, Pierre de Mansfeldt, lieutenant du roi d'Espagne, précédé d'un trompette, suivi de « quelque pouvre peuple qu'estoit là venu pensant entrer aud. Thionville, » se pré-

---

1. Lettre de Mansfeldt du 20 juin 1559 (Orig.; ibid., f. 168).
2. *Négociations sous François II*, p. 63, 80, 95, 209 et 259.
3. Lettre de La Ferté-Saint-Nectaire au duc de Guise, du 19 avril 1559 (Orig., f. fr., vol. 20512, f. 1).

senta aux portes. Un capitaine français lui répondit du haut des murs qu'il n'avait pas reçu l'ordre d'ouvrir la place. Un autre lui cria que « si led. peuple ne se retiroit tost, qu'il scavoit bien le moyen de les y faire à penser et qu'il les feroit retirer à cop d'arquebuse. » Sur cette menace, le comte de Mansfeldt eut la sagesse de battre en retraite jusqu'à Roussy[1]. Le 19 du mois, François de Coligny, seigneur d'Andelot, arriva à Thionville avec des ordres qui restèrent secrets. Le lendemain, le gouverneur écrivit à Mansfeldt qu'il n'évacuerait la ville que quand il en recevrait l'ordre du s. de Senectaire, lieutenant du roi à Metz, son chef immédiat. Mansfeldt répondit à cette bravade qu'il ne demanderait la ville qu'à ceux qui l'occupaient. L'insinuation cachait une menace. Mansfeldt campait à peu de distance et faisait des préparatifs de guerre[2]. Cependant les menaces restèrent sans effet. D'Andelot s'interposa et les deux capitaines s'accordèrent quelques jours plus tard.

Montmédy, place « raisonnablement forte, » fut livré sans dégâts; Damvilliers, « en bien petit estat, sans provisions ni munitions[3]. » Le roi d'Espagne y envoya le capitaine Julien

---

1. Lettre de Mansfeldt à Philippe II, du 19 juin (Ibid., f. 166).
2. Lettre de Mansfeldt du 20 juin (Ibid., f. 168).
3. Lettre de Mansfeldt du 19 juin (Ibid., f. 166).

Romero[1], qui, sous prétexte de ravitailler la ville, pilla Verdun et y commit toute sorte d'excès[2]. Mariembourg fut « rendu quasy inhabitable, de sorte que, advenant l'hiver, écrit un capitaine, les soldats seront mal accommodés. » Les puits étaient « ors et sales, et infectés d'ordures ; » les moulins brûlés, les maisons sans toiture. Pas un ornement n'était resté dans l'église[3]. Ces dégradations n'ont rien qui étonne au XVIe siècle. Les lois de la guerre n'obligeaient pas le roi de France à restaurer ces places au profit du roi d'Espagne. Aussi l'ambassadeur de Philippe II, malgré ses dispositions à la censure, ne trouva à formuler aucune réserve[4].

L'article 18 du traité stipulait que le Charolais serait rattaché à la Franche-Comté et retour-

1. Ce capitaine était fort connu en France et servait depuis le règne de François Ier. Il mourut à Cremone, en 1578, premier maître de camp général de l'armée espagnole. Voyez Brantôme, t. VI, p. 261 et note.

2. Lettre de Sébastien de l'Aubespine au connétable, du 9 juillet 1559 (Orig., f. fr., vol. 6614, f. 30). Cette affaire donna lieu à une enquête (Lettres de Chantonay au cardinal de Lorraine et à Marguerite de Parme, du 20 décembre 1559 et du 21 janvier 1560; registre de copies conservé aux archives de Bruxelles). Voyez aussi la *Correspondance de la duchesse de Parme*, in-4, t. I, p. 81 et 131.

3. Lettre autographe de A. de Blondel au roi d'Espagne, du 29 juin 1559 (Arch. de Bruxelles; lettres de seigneurs, vol. 21, f. 164).

4. Lettre de Chantonay à Marguerite de Parme, du 1er décembre 1559 (Registre de copies conservé aux archives de Bruxelles).

nerait au roi d'Espagne. Le 2 juillet 1559, Henri II signa l'ordre de restitution et le fit exécuter[1].

Philippe II montra moins d'empressement à faire honneur à sa parole. Dès son arrivée à la cour, Perrenot de Chantonay fut mis en demeure, d'abord avec modération, puis avec insistance, d'obéir aux stipulations du traité. Chaque jour il justifiait ses délais par de spécieuses raisons. Tantôt il attendait les ordres de son maître; tantôt les capitaines français n'avaient pas rempli toutes leurs obligations. Le voyage de Philippe II en Espagne, en août 1559, lui fournit longtemps un prétexte. Sans doute, le roi catholique, informé des rapports tendus de la France et de l'Angleterre, jugeait que la guerre était proche et que, dans une campagne qui pivoterait autour des murs de Calais, la possession des villes de Saint-Quentin, de Ham et du Catelet serait un précieux appoint à offrir, suivant l'intérêt de l'Espagne, aux deux nations belligérantes. Le 22 octobre, le cardinal de Lorraine adressa de sérieuses représentations à l'ambassadeur[2]. Philippe II avait inventé une autre défense. Il élevait des réclamations au sujet

---

1. Une copie de cette pièce est conservée dans la collection Moreau, vol. 740, f. 3.
2. Lettre de Chantonay à Marguerite de Parme, du 22 octobre 1559 (Registre conservé aux archives de Bruxelles).

de quelques villages, voisins de Metz, que d'anciens états féodaux rattachaient au duché de Luxembourg[1], et avait envoyé à la duchesse de Parme l'ordre de rendre Ham et Saint-Quentin, si les réclamations du roi de France devenaient trop pressantes, mais de garder à tout prix le Catelet comme gage de la restitution des villages messins[2]. Sur ce terrain, des négociations nouvelles s'engagèrent et prirent bientôt tant d'aigreur que le duc de Guise jugea prudent d'envoyer son frère, le duc d'Aumale, à Metz, et de renforcer les compagnies commandées par le s. de Saint-Nectaire[3]. Vers les derniers jours de novembre, à Amboise, le roi appela Chantonay dans l'embrasure d'une fenêtre et lui reprocha en termes amers les tergiversations de son maître. Le cardinal de Lorraine, qui rôdait comme par hasard auprès du roi, se mêla à l'entretien. Dans une sorte de discours étudié,

---

1. Ces villages étaient Lumes, Saulcy, Ennery, Bousy, Fleny, Ay, Malroy, Arcancy, Trummery, Estauges, Villers-les-Cuvisy et Servigny. Lumes était un fief du Hainaut; tous les autres étaient des dépendances du Luxembourg (*Correspondance de la duchesse de Parme*, t. I, p. 85, note).

2. *Correspondance de la duchesse de Parme*, t. I, p. 58, 63, 65, 84 et 91.

3. Cette affaire est longuement traitée dans les lettres de Chantonay des 3 et 14 et 20 février, 2 mars, 22 avril et 21 mai 1560 (Registre de copies conservé aux archives de Bruxelles). L'affaire n'était pas encore terminée à la date du 4 janvier 1561 (Instruction de Philippe II à don Manrique de Lara; orig. espagnol; Arch. nat., K. 1495, n° 14).

nourri de faits, il fit valoir la ponctualité du roi de France vis-à-vis de « son bon frère d'Espagne, » par comparaison avec l'inexactitude du roi catholique. Il y ajouta des plaintes fondées. Les capitaines, campés à Saint-Quentin, à Ham et au Catelet, y commettaient toute sorte d'excès. Dans la campagne, ils empêchaient la semence des terres en réquisitionnant le grain et le bétail; dans les villes, ils écrasaient les habitants de taxes de guerre, enlevaient les meubles et démontaient les toitures pour le chauffage des soldats. Sans doute, ajoutait le cardinal de Lorraine, « le bon frère du roi » ne devait pas être rendu responsable de l'inexécution du traité, mais il n'en était pas moins vrai que la France n'avait reçu aucune des compensations promises. A ces reproches, Chantonay balbutia quelques excuses. Il n'osait avouer le motif des nouveaux délais de son maître. Philippe II ne pouvait payer ses troupes et livrait les villes françaises et leurs habitants aux exactions de ses soldats[1]. Le soir même, Chantonay écrivit à Marguerite de Parme. La princesse avait l'esprit droit et n'aimait pas à suivre Philippe II dans les sentiers tortueux de sa politique. Elle emprunta à un marchand d'Anvers, Juan Lopez Gallo, l'argent nécessaire à la solde et licencia

---

1. *Correspondance de la duchesse de Parme*, t. I, p. 58, 94, etc.

les compagnies. Le roi de France, fatigué d'attendre, s'était décidé à une démonstration d'un grand effet moral : il avait rappelé les otages espagnols pour le 20 décembre, le duc d'Albe à Bayonne, le prince d'Orange et le comte d'Egmont à Péronne[1]. Le 8, Marguerite écrivit au roi de France que les places seraient restituées le 18 de ce mois. Aussitôt François II lui répondit :

> Ayant, comme j'ay faict, procédé de ma part si sincèrement et franchement en ce que j'ay deu faire, il me sembloit que l'on en devoyt faire ainsi. Et à vous parler franchement ay trouvé estrange que l'on ayt voulu retarder cela pour l'occasion d'aucuns petitz villages, dont l'ambassadeur du Roy, mon bon frère, me parla dernièrement, lesquels il dict estre de Luxembourg.....
> Je ne laisse de despêcher présentement courrier exprès sur les lieux, affin que, l'ayant entendu, j'en puisse respondre plus seurement, estimant néanmoins que une si légière occasion ne sera pour rien retardée de ladicte restitution, joincte qu'il fault croyre que, entre les amys, telz que nous sommes, ledict seigneur roy et moy, nous n'aurons jamais faulte de bon compte[2].....

La restitution des places fortes eut lieu après

---

1. Lettre de Chantonay à Marguerite de Parme, du 1er décembre 1559 (Registre de copies conservé aux archives de Bruxelles). — Autre du 5 décembre (Ibid.). — Le comte d'Egmont s'était rendu à Reims le 14 septembre (*Correspondance de Philippe II* publiée par M. Gachard, in-4, t. I, p. 86).

2. Registre de la correspondance de Chantonay conservé aux archives de Bruxelles.

quelques jours de retard, au mois de janvier[1]. Le roi dit à Chantonay qu'il n'attendait pas moins « de son bon frère d'Espagne. » L'ambassadeur, toujours malveillant, trouva moyen de donner tort à la France et écrivit à Marguerite de Parme que François II et ses conseillers avaient fait preuve d'une susceptibilité puérile en rappelant les otages[2]. Il se dédommagea de sa défaite en soulevant des difficultés sur la propriété de certains villages riverains de la frontière, dont la nationalité était douteuse, entre autres sur l'abbaye de Saint-Jean de Haumont[3]. Plus tard, il revendiqua les terres qui entouraient le fort de l'Écluse et l'embouchure de la rivière de Gravelines près de Saint-Omer. La question soulevée en 1563 ne fut résolue qu'en 1618[4]. Les successeurs de Chantonay imitèrent son exemple. En 1579, la propriété de la châtellenie de Beaurain en Artois fut l'objet de longues conférences à l'abbaye de Saint-

---

1. Déclaration de Sébastien de l'Aubespine rapportée dans une dépêche de Chantonay à Philippe II (fin janvier 1560) (Arch. nat., K. 1493, n° 24). — Voyez aussi les lettres contenues dans la *Correspondance de la duchesse de Parme*, t. I, p. 87 et 103.

2. Lettres de Chantonay à Marguerite de Parme, du 11 et du 17 janvier 1560 (Registre de copies conservé aux archives de Bruxelles). — Lettre de Philippe II à Chantonay (Arch. nat., K. 1493, n° 24).

3. Lettres de Chantonay des 12, 20, 21 et 30 décembre 1559, et 1ᵉʳ janvier 1560, etc. (Ibid.).

4. Les négociations de cette affaire sont contenues en copie dans les vol. 18741, 18742 et 23416 du fonds français.

André-aux-Bois[1]. Ces discussions de frontière avaient peu d'importance, mais elles démontraient l'âpreté querelleuse des représentants du roi d'Espagne.

L'alliance des rois de France et d'Espagne, malgré de légers nuages, dura jusqu'à la Ligue; mais elle n'eut jamais la cordialité et la franchise qui, au milieu des tempêtes de la réforme, auraient dû lier les deux grands souverains catholiques. Philippe II, aveuglé par sa méfiance jusqu'à méconnaître ses propres intérêts, ne cessa de miner sourdement la monarchie des Valois. Il fut habilement servi par son ambassadeur. Perrenot de Chantonay était un diplomate d'une pénétration remarquable, mais d'un caractère trop soupçonneux. Dans toutes ses missions il avait apporté un esprit brouillon plus propre à créer des ennemis que des alliés à son maître. Il plaisait au roi d'Espagne par ses défauts mêmes, car Philippe II, qui ne croyait à la bonne foi de personne, aimait que ses agents fussent toujours en garde. Le souverain et l'ambassadeur se flattaient que leur méfiance les mettrait à l'abri du danger d'être dupes. Partout Chantonay voyait des adversaires. Tous les actes de François II, des Guises,

---

1. Les procès-verbaux de la conférence de Saint-André-aux-Bois sont conservés en copie dans les vol. 197 de la coll. Dupuy et 17869 du fonds français.

et plus tard de Catherine de Médicis, du roi de Navarre et de Charles IX étaient incriminés. Crédule aux faux rapports, aux dénonciations ramassées par des intrigants pour le satisfaire, il faisait la cour à son maître en représentant le roi, la reine, les princes, les seigneurs de la cour comme des ennemis cachés ou déclarés. Ses mauvaises dispositions se dévoilèrent si ouvertement que le roi de France demanda son rappel. François II se plaignit à Sébastien de l'Aubespine, ambassadeur à Madrid, « des déportemens de l'ambassadeur estant auprès de moy, lequel, depuis le commancement de sa venue jusques à ceste heure, ne m'a jamais donné une seule occasion de me contenter de luy, ny d'avoir d'autre oppinion sinon qu'il ne prenoit nul plaisir de nous voir, son maistre et moy, si bons amys[1]. » La démarche fut mal accueillie à Madrid. Les plaintes du roi de France étaient des gages de confiance aux yeux du roi d'Espagne. Malgré le « malcontentement du roy de se voir si mesprisé et desdaigné d'un tel galand, » Chantonay fut maintenu à la cour de France pendant plusieurs années. Son aigreur, son mauvais vouloir

---

[1]. Lettre de François II à Sébastien de l'Aubespine, juin 1560 (Minute, f. fr., vol. 15874, f. 53). La lettre est accompagnée d'une minute de lettre du cardinal de Lorraine au même ambassadeur sur le même sujet (f. 51).

continuèrent à compromettre la bonne entente des deux rois. Heureusement pour l'alliance, Marguerite de Parme, en outre de ses inclinations conciliantes, avait des raisons personnelles de plaire à la cour de France. Depuis longtemps elle était en procès avec Catherine pour la succession de la maison de Médicis. Les biens épars en Italie lui importaient peu, mais elle désirait rentrer en possession du logis à Rome de son premier mari, Alexandre de Médicis, duc de Florence. Aussitôt après la paix de Cateau-Cambrésis, elle chargea Chantonay de demander à la reine mère une simple renonciation aux droits qu'elle pouvait avoir sur ce palais. La lettre, écrite par une princesse, dont on ne connaît guère que le génie politique, est touchante. Elle expose qu'elle a longtemps habité cette maison, que son fils y est né, que les meilleurs souvenirs de sa jeunesse s'y rattachent, qu'elle désire s'y retirer et y finir ses jours. A ce prix, dit-elle, elle renoncerait sans regret à tout le reste des biens de l'opulente famille de Médicis[1]. Catherine se hâta de satis-

---

1. Cette curieuse lettre, datée du 1ᵉʳ août 1560, est conservée aux archives de Bruxelles (Collection de documents historiques, t. XI, p. 23). Un peu plus tard, Marguerite renonça au palais Médicis pour se retirer à Ortona, dans le royaume de Naples, et Catherine reprit possession, le 15 janvier 1572, de la maison patrimoniale. On conserve dans les Vᶜ de Colbert, vol. I, une série de pièces relatives à cette affaire.

faire la princesse et acquit une alliée fidèle en retour de la concession. Marguerite l'en récompensa par ses habiles intercessions auprès de Philippe II. Jamais, pendant le temps de son administration dans les Pays-Bas, l'alliance franco-espagnole ne fut sérieusement troublée, même par la mauvaise volonté de Chantonay.

CHAPITRE CINQUIÈME.

Mariage, vie et mort d'Élisabeth de Valois.

Portraits d'Élisabeth et de Philippe II. — Mariage d'Élisabeth de Valois avec Philippe II. — Départ d'Élisabeth pour l'Espagne (18 novembre 1559). — Son arrivée à Roncevaux (2 janvier 1560). — Première entrevue de Philippe II et d'Élisabeth à Guadalaxara (30 janvier). — Arrivée du roi et de la reine d'Espagne à Tolède.
Vie d'Élisabeth de Valois en Espagne. — Élisabeth et ses dames. — Querelles de préséance. — La reine d'Espagne renvoie en France les dames qu'elle avait amenées en Espagne. — Son rôle et son influence politiques.
Élisabeth et don Carlos. — Portrait de l'infant. — Ses amours prétendus avec la reine d'Espagne. — Négociation du mariage de don Carlos avec Marguerite de Valois.
Santé, grossesses et mort d'Élisabeth de Valois (3 octobre 1568).

Nous allons revenir en arrière, au lendemain de la paix de Cateau-Cambrésis, pour raconter le mariage de la fille de Henri II, Élisabeth de Valois, dont l'union avec Philippe II avait été la condition déterminante du traité. La poésie et le roman ont couvert de fictions romanesques la vie et la mort de cette princesse. D'après la tradition, elle aurait été mariée à un vieillard et, prise de passion pour le fils de son mari, comme la Phèdre antique, elle aurait payé de la vie ses coupables amours. Ce récit doit sa fortune à deux avantages : il satisfait le goût du merveilleux que les âmes simples recherchent involontairement dans le passé ; il permet d'imputer un crime de plus à un souverain naturellement peu sympathique. Malheureusement pour la poésie de l'histoire, la tradition n'a aucun fondement. Elle n'est même pas vraisemblable. Née le 2 avril 1545, Élisabeth comptait quatorze ans trois mois et vingt jours à la date de son mariage. Philippe II avait trente-deux ans et un mois. La différence des âges est sans doute marquée, mais elle ne suffit pas à justifier les tableaux où la princesse est représentée comme sacrifiée à un vieillard jaloux et s'efforçant de retarder l'heure de lui appartenir. On verra plus loin qu'il n'y a pas plus de vérité dans les récits de son amour pour don Carlos, fils de Philippe II, enfant idiot, devenu fou furieux, auquel elle avait primitivement été destinée.

La nouvelle reine d'Espagne était une jeune fille brune, d'une taille mince, de tournure élégante et de traits réguliers. « De sa personne ni grosse ni grande, dit un ambassadeur vénitien, pas trop belle de figure. Mais tout son corps est dans de belles proportions et il règne en elle le plus grand charme[1]. » Sans mouvement dans le regard, elle n'avait rien de la beauté provocante et de la grâce libertine de sa sœur cadette, Marguerite de Valois. Insignifiante dans sa conversation, elle parlait peu et gardait, même au milieu de ses compagnes, une attitude résignée qui ressemblait à de l'indifférence[2]. Son enfance, souvent maladive, s'était écoulée tristement. Cependant elle avait reçu une éducation très soignée, comme tous les enfants de Henri II. Elle avait appris le latin et même le grec avec Marie Stuart, à laquelle, d'ailleurs, elle ne saurait être comparée. Les flatteurs disaient qu'elle composait de jolis vers, mais toutes les attributions paraissent encore incertaines[3]. Élevée par Catherine de Médicis, elle

---

1. Baschet, *Diplomatie vénitienne*, p. 244.
2. Il y a plusieurs portraits d'Élisabeth au musée de Madrid. Celui qui nous a paru le plus vivant et probablement le plus ressemblant est celui de Pantoja de la Crux, inscrit sous le n° 925.
3. M. le marquis Duprat attribue à la princesse (*Vie d'Élisabeth de Valois*, p. 79) une jolie pièce de vers conservée en manuscrit dans le vol. 883 du f. fr., f. 32. La pièce porte pour titre : *La royne à Madame*, à quoi une main du temps a ajouté : *Isabel, royne d'Espagne*. Elle mériterait d'être attribuée à Catherine de Médicis ou à Marie Stuart plutôt qu'à Élisabeth. Mais elle est conservée dans un recueil de vers de Jean de la Maisonneuve. Tout indique donc qu'elle est l'œuvre de ce poète. M. Joly, dans la *Vraye histoire de Triboulet* (Lyon, 1867, in-8°, p. 87), a publié une autre pièce qui nous paraît d'un versificateur de profession plutôt que de la princesse.

savait obéir, qualité qui lui assurait les égards de Philippe II. Le roi d'Espagne n'était pas ce sombre bourreau que les romans dépeignent sous les traits de Barbe Bleue. « A le voir, » écrit une dame de la cour de France, une année après le mariage d'Élisabeth, « on jureroit qu'il n'a pas plus de vingt-cinq ans[1]. » Il était de taille moyenne, comme son père, et d'apparence délicate. Son front large, ses cheveux blonds, la blancheur de son teint auraient rappelé la bonhomie et la douceur flamandes, si le regard fixe et impératif, l'épaisseur des sourcils n'eût donné de la froideur à ses yeux bleus. Toujours vêtu de noir, sans broderie, sans autre ornement que le collier de la Toison d'or, il imposait le respect par son noble visage et sa dignité naturelle. Loin de justifier le désenchantement d'une épouse, même élevée à la cour raffinée des Valois, les nombreux portraits de ce prince laissent de sa personne une impression sévère mais agréable[2].

Jamais prince de la maison d'Autriche n'avait épousé une fille de France, et jamais princesse

---

1. Rapport transmis par Sébastien de l'Aubespine (F. fr., vol. 15874, f. 7).

2. *Relations des ambassadeurs vénitiens sous Charles-Quint et Philippe II*, publiées par M. Gachard, p. 36, 122, 171 et 182. Nous signalerons aussi le portrait du Titien et celui de Pantoja de la Crux, conservés au musée de Madrid (n°s 455 de la galerie de la reine Isabelle et 931 de la grande galerie).

du sang de France n'avait occupé le trône d'Espagne. L'union des deux familles royales, saluée comme un présage de paix entre les deux plus puissants empires de l'Europe, devait être accompagnée d'une grande solennité. Cependant Philippe II ne put se décider à confier sa personne à la bonne foi du roi de France. Il se souvenait du voyage de Charles-Quint, en 1539, à la cour de François Ier et ne voulait pas courir les hasards d'une telle imprudence[1]. Il décida de se faire représenter à la fête nuptiale et d'épouser la princesse par procuration. Son choix hésita entre Frédéric de Tolède, duc d'Albe, et Ruy Gomez de Silva, prince d'Éboli. Le premier était un grand seigneur, aussi illustre par sa naissance que par ses hauts faits; le second, un petit gentilhomme que la faveur du roi avait élevé au premier rang. On fit sentir au roi d'Espagne que les convenances lui imposaient la nomination du premier[2].

Le duc d'Albe, escorté du prince d'Orange, du prince d'Egmont[3] et des plus hauts seigneurs, flamands et espagnols, de la cour de Philippe II,

1. Nous avons raconté les péripéties de ce voyage dans le *Mariage de Jeanne d'Albret*, p. 31.
2. Lettre de Sébastien de l'Aubespine, évêque de Limoges, du 27 mai 1559 (F. fr., vol. 6614, f. 41).
3. Tous les biens du prince d'Orange et du comte d'Egmont situés en France avaient été confisqués pendant la guerre. Un traité supplémentaire, en date du 3 avril, les leur restitua (Copie; f. fr., vol. 3153, f. 155).

partit de Bruxelles le 1ᵉʳ juin 1559. Le prince d'Orange seul avait une suite de 500 chevaux[1]. Henri II voulut rendre au duc d'Albe autant d'honneur qu'à son maître. L'amiral Coligny attendit les ambassadeurs à la frontière et les accompagna jusques à Clermont, où il tomba malade. A Chantilly, ils furent reçus par le duc François de Montmorency, fils aîné du connétable ; à Écouen, par Henri de Montmorency-Damville ; à Saint-Denis, par le cardinal de Lorraine, frère du duc de Guise. Le 15 juin[2], ils entamèrent leur dernière étape. En route, ils rencontrèrent le duc de Lorraine, le prince de Ferrare et, plus loin, le duc de Nemours, venus au-devant d'eux avec une troupe de gentilshommes ; et, à six heures du soir, ils mirent pied à terre à la porte du Louvre. Le roi dauphin[3] les attendait « au mitant » de l'escalier d'hon-

1. Lettres de l'Aubespine au roi et au connétable, du 23 mai (Orig., f. fr., vol. 6614, f. 36 et 39).
2. Tous les historiens du temps ne s'accordent pas quant aux dates de l'arrivée du duc d'Albe et du duc de Savoie, et même du mariage. Ainsi le biographe de Vieilleville fixe à la fin d'avril l'arrivée des seigneurs espagnols ; l'exact de Thou lui-même place au 15 juin la séance du Parlement où le roi assista. Un document contemporain (F. fr., vol. 15872, f. 86), sorte de programme des fêtes de la cour, avance chaque entrée de quelques jours. Nous avons suivi un récit inséré dans les *Mémoires-journaux du duc de Guise*, et un extrait inédit des registres de l'Hôtel de Ville de Paris (Vᶜ de Colbert, vol. 252 et 140).
3. François II portait le titre de *roi dauphin* parce qu'il était *dauphin* de par sa naissance et *roi* du chef de sa femme, Marie Stuart, reine d'Écosse.

neur et le roi « quasy au bout de ladite montée[1]. » Ils baisèrent les mains du roi, qui les accueillit « bien humaynement et courtoisement[2] » et les conduisit dans sa chambre.

Après les premières effusions et les protestations pacifiques, les ambassadeurs passèrent dans une autre salle et furent présentés à la reine Catherine de Médicis, à Marie Stuart, à la duchesse de Lorraine, Claude de Valois, à la princesse Élisabeth, leur future souveraine, et à Marguerite de France, sœur du roi. Puis ils allèrent souper à l'hôtel du maréchal Saint-André, près les Filles repenties, et coucher à l'hôtel de Villeroy, rue des Bourdonnais[3].

Le dimanche 18 juin, les ambassadeurs espagnols accompagnèrent le roi à Notre-Dame et jurèrent avec lui l'observation de la paix, « le duc d'Albe marchant à côté dud. seigneur, vestu d'une cappe de drap en forme de deuil[4]. Les autres et leurs pages estoyent les plus braves[5] qu'il leur estoyt possible. » Les seigneurs espagnols et les seigneurs français faisaient assaut

---

1. Ce récit est extrait d'une longue lettre que le duc d'Albe écrivit le jour même à Philippe II (Arch. nat., K. 1643, n° 29).
2. La plupart des historiens racontent que le duc d'Albe s'agenouilla aux pieds du roi; il n'est point fait mention de ce détail dans la lettre de Philippe II citée dans la note précédente.
3. Extrait des registres de l'Hôtel de Ville, V° de Colbert, vol. 140, f. 541.
4. La cour de Philippe II portait encore le deuil de Marie Tudor.
5. C'est-à-dire vêtus avec magnificence.

de magnificence. « Encores en cest endroit, dit l'annaliste, les nostres, nous sembloyt, estoyent supérieurs[1]. »

Le 21 juin, le jour même de l'arrivée du duc Emmanuel-Philibert de Savoie, le roi célébra les fiançailles de la princesse Élisabeth et du duc d'Albe, « vidame du roi d'Espagne[2]. » Après le bal et un festin somptueux, le roi, la reine et la princesse Élisabeth, suivant l'étiquette, allèrent coucher à l'évêché de Paris, près de Notre-Dame[3].

Le mariage était fixé au lendemain, 22 juin[4]. Le duc d'Albe, qui affectait depuis son arrivée une grande simplicité, se vêtit de drap d'or. Sa suite était mise avec magnificence. Le duc de Savoie, avec ses gentilshommes et ses pages, escortait le duc d'Albe. L'église et le parvis de Notre-Dame avaient reçu les mêmes décorations qu'au mariage du dauphin François et de Marie

---

[1]. Nouvelles envoyées à M. de Cambray (Copie du temps; f. fr., vol. 20482, f. 327).

[2]. Le contrat de mariage de la princesse Élisabeth et du représentant de Philippe II, daté de la veille, 20 juin 1559, est imprimé par Dumont, *Corps diplomatique*, t. IX, p. 48.

[3]. On trouve dans les *Mémoires-journaux du duc de Guise* (Coll. Michaud et Poujoulat, p. 442) un récit des fêtes du mariage d'Élisabeth. Il existe plusieurs autres récits inédits. Voyez notamment le vol. 15872 du f. fr., f. 86, 88, et 4337 du même fonds, f. 97 et 117, et 23935 du même fonds, f. 24.

[4]. Le cérémonial de l'Hôtel de Ville de Paris contient un récit nouveau du mariage d'Élisabeth et du représentant de Philippe II (F. fr., vol. 18528, f. 13).

Stuart. Élisabeth portait « une robe toute batue en pierreries précieuses tant qu'on n'eust sceu voir sur quoy elles estoient mises, » et une couronne close à l'impériale, enrichie de pierres et de vergettes d'or, du haut desquelles pendait un gros diamant[1]. La princesse était accompagnée de sa mère, Catherine de Médicis, et des reines de Navarre et d'Écosse. A midi, les deux époux furent mariés et bénis par l'évêque de Paris aux portes de la cathédrale. Le duc de Guise proclama la princesse Élisabeth reine d'Espagne et fit procéder aux largesses accoutumées[2]. Après la messe, les rois et princes dînèrent à l'évêché de Paris[3]. Le soir, ils soupèrent au palais de jus-

1. L'Aubespine nous apprend que le roi d'Espagne avait acheté plusieurs diamants du prix de 20 à 30,000 écus et qu'il était en marché pour en acheter un de 150,000 (Lettre du 27 mai 1559; f. fr., vol. 6614, f. 41).

2. La couronne d'Elisabeth était offerte par le roi de France au lieu d'être un présent du roi d'Espagne. Elle coûta, avec celle de la princesse Marguerite, 288 livres de façon. Les largesses distribuées par le duc de Guise étaient également prises dans le trésor royal; elles se composèrent de 51 pièces d'or et de 1,250 d'argent, portant la figure du roi Philippe et de madame Élisabeth, valant ensemble 1,500 livres. Mais, ce qui paraîtra le plus étonnant, c'est que le don du duc d'Albe à la quête du mariage, environ treize écus, avait été remis à l'avance au duc d'Albe, sur l'ordre du roi, par Me Oudart Le Mercier, trésorier des aumônes (Bibl. nat., coll. Clairambault, vol. 65, f. 5229).

3. Parmi les pièces de vers publiées à l'occasion de ce mariage, il faut signaler un charmant épithalame publié par Le Gendre (Paris, veuve Buffet, 1559, in-8° de 4 f.) et réimprimé dans le *Bulletin du Bibliophile* de 1874, p. 454. Malheureusement pour la mémoire de l'auteur, plusieurs couplets sont presque littéralement copiés dans l'épithalame de Jeanne d'Albret, par Ronsard.

tice. La fête donna lieu à des désordres. L'entrée de la salle était si mal gardée que la foule força les portes. « Aucuns invités y entrèrent à grande force. Les autres n'y sceurent entrer, ny plusieurs de Messieurs de la cour, qui feurent contraints eux retourner en leurs maisons ; et encore ceux qui y estoient entrés eussent voulu en estre hors pour la grande confusion qui y estoit[1]. » Un plus grave incident faillit troubler la paix. Les courtisans avaient envahi les salles et résistaient à toutes les sommations. A l'heure de l'entrée du roi, le connétable, chargé du commandement en sa qualité de grand maître[2], voulut faire reculer le jeune prince de Porcian, de la maison de Croy, qui affectait d'obstruer le passage. Le jeune homme refusa par deux fois, « mais faisoit toujours au pis, jusqu'à dire qu'il n'en feroit rien pour luy. » On n'insultait pas impunément le connétable, « le plus grand rabroueur » de la cour. Il perdit patience et repoussa rudement le jeune prince, « ce que ne pouvant endurer, il brava un peu et monstra une mine altière et menaçante. » En un moment la cour fut en

---

1. *Mémoires-journaux du duc de Guise*, p. 445 et 446 (Coll. Michaud et Poujoulat).
2. Le roi, par lettres du 3 janvier 1558 (1559), accorda plus tard à François de Montmorency, fils aîné du connétable, la survivance de la charge de grand maître de la maison du roi (Duchesne, *Histoire de la maison de Montmorency*, t. II, p. 361).

émoi. Il existait des inimitiés entre les deux maisons de Croy et de Montmorency; le connétable avait fait arrêter la dame de Seninghem, mère du jeune prince, pour avoir favorisé l'évasion d'un prisonnier, le duc d'Arschott, dont il espérait tirer rançon. Au plus fort du trouble, le roi arriva et ordonna à l'un et à l'autre « de ne sonner plus mot ny aller par advant et ne s'entredemander rien l'un à l'autre sur la vie, de peur de perturber la feste[1]. »

La première préoccupation du roi d'Espagne, après son mariage, fut de toucher la dot de sa femme. La dot était de 400,000 livres, payables en trois termes dans l'espace de dix-huit mois. Le premier tiers ne devait être payé qu'à la consommation du mariage, mais Catherine voulut que la cérémonie provisoire du 22 juin fût considérée comme définitive; le second tiers, un an après. Les sommes non soldées à l'échéance portaient intérêt au denier 14 avec hypothèque et au denier 18 sans hypothèque[2]. Le montant du premier paiement fut expédié de Paris le 9 juillet 1559[3]. Quand la somme arriva entre les mains d'Alexandre Bonvisy, banquier d'Anvers, qui devait faire le change, elle se

---

1. Brantôme, t. VI, p. 488 et 489; édit. de la Soc. de l'Hist. de France.
2. F. fr., vol. 6617, f. 98. Pièce du temps.
3. Arch. nat., K. 1492, n° 47. Lettre originale de Ruy Gomez de Silva et du duc d'Albe à Philippe II.

— 240 —

trouva insuffisante de 17,000 écus. L'ambassadeur réclame le surplus dans ses dépêches des 20 et 27 juillet, 4 et 5 août. L'Aubespine était d'autant plus confus que le roi d'Espagne attendait le paiement intégral pour licencier les lansquenets[1]. Enfin les fonds arrivèrent. La quittance est datée du 6 août 1559[2].

Cette affaire terminée, L'Aubespine fut chargé d'en conduire une autre qui ne tenait pas moins au cœur de Philippe. La nomination du confesseur de la reine fut mise en délibération comme une affaire d'État. Un moine espagnol, confesseur du roi, proposa un religieux français, chef de son ordre dans le diocèse de Lyon, nommé Jean Conseil[3]. Ruy Gomez soumit ce choix au roi de France et à Catherine. Il ne paraît pas qu'on ait consulté la princesse, principale intéressée. Philippe II en avait agi de même avec la défunte reine, Marie d'Angleterre, et s'était bien trouvé de lui avoir donné « ung père spirituel qui feust

---

1. Lettre de Sébastien de l'Aubespine au connétable, du 19 mai 1559 (Orig., f. fr., vol. 6614, f. 34).

2. Louis Paris, *Négociations sous François II*, p. 22, 33, 40, 73, 76, 79, 80. — Dépêches de Sébastien de l'Aubespine et quittances de Philippe II. Il est à remarquer que, dans ces documents diplomatiques, les mots de *florins*, *écus* et *livres* sont pris comme de la même valeur.

3. Il signe *Jehan Consilium* dans une lettre adressée à la reine mère (F. fr., vol. 15874, non paginé). Il est appelé *Consilii* dans un état publié dans les *Négociations sous le règne de François II*, p. 353. Sans doute il se nommait simplement *Conseil*.

homme de bien, sçavant et accompaigné de quelque prudence, pour, par luy et en ung besoing, remonstrer et advertir lad. dame des choses qui luy seroient agréables[1]. » Jehan Conseil ne put rendre de longs services. Il fut attaqué de la fièvre quarte et devint hydropique moins d'un an après son arrivée en Espagne. A sa mort, le roi élut un de ses sujets, attendu que la princesse était également accoutumée aux deux langues[2].

Depuis le jour de son mariage, Élisabeth fut traitée en reine à la cour de France. Le roi constitua à sa fille une maison digne de sa grandeur. Il lui donna Anne de Bourbon, fille du duc de Montpensier, Louise de Bretagne, dame de Clermont, Claude de Valpergue, dame de Vineuil, Catherine Gazet, demoiselle de la Motte-au-Groin. Il lui donna, en outre, une gouvernante des filles, Mademoiselle de Ramefort de la Cour, treize demoiselles de compagnie, neuf femmes de chambre, deux aumôniers, un confesseur provisoire en attendant les instructions de Philippe II, deux chapelains, quatre secrétaires, un contrôleur général, deux médecins et de nombreux serviteurs de chapelle, de

---

1. Paris, *Négociations sous François II*, p. 69. — Lettre de L'Aubespine au cardinal de Lorraine, du 4 août 1559.
2. Vᶜ de Colbert, vol. 27, f. 243. — Lettre de L'Aubespine à la reine mère, datée de Tolède, du 9 décembre 1560.

chambre, de garde-robe, de cuisine, d'écurie, dont les gages montaient à la somme, énorme pour le temps, de 34,300 livres tournois[1]. Chaque prince du sang, chaque princesse, quel que fût son âge, était entouré d'un domestique presque aussi nombreux. La cour était peuplée comme une ville. Quel devait être le désordre matériel et moral de telles agglomérations? Quand le roi avait passé plusieurs semaines dans la même résidence, la foule de valets « l'emplissait tellement de puanteur et d'infection, au temps d'été, » qu'il était nécessaire « de sortir quelque part pour faire nettoyer partout[2]. »

La mort de Henri II ne changea rien aux dispositions de Philippe II. A la première nouvelle de la blessure du roi, il avait chargé Ruy Gomez de Silva de demander à la cour de France l'exécution de son mariage, quelle que fût l'issue du fatal tournoi. Catherine de Médicis, de son côté, redoutait le désistement de son gendre. Les lois canoniques autorisaient facilement la rupture d'un mariage qui n'avait pas été consommé. Pendant que le roi agonisait, Ruy Gomez et le duc d'Albe attendirent, sans se prononcer, les ouvertures de la reine; ils épar-

---

[1]. La liste de ces nombreux serviteurs est conservée dans la coll. Clairambault, vol. 836, f. 2795.

[2]. Lettre de Chantonay au cardinal Granvelle (Recueil conservé aux Arch. de Bruxelles, f. 92).

gnèrent ainsi à l'orgueil de leur maître l'ennui de faire des avances[1]. La solennelle étiquette qui entourait la reine d'Espagne ne fut pas modifiée. Au sacre de François II, elle fut reçue aux portes de Reims sous un poêle de damas bleu par quatre notables, conduite à l'église Notre-Dame, traitée avec autant d'honneur que Marie Stuart[2].

Divers motifs empêchèrent, pendant plusieurs mois, la réunion du roi et de la reine catholiques. Premièrement, les convenances défendaient aux ambassadeurs d'aborder ce sujet pendant le deuil de quarante jours qui suivit la mort de Henri II. Secondement, Philippe II se préparait à passer par mer de Bruxelles en Espagne et consentait à épargner à sa jeune épouse les dangers de la traversée. Ce dernier motif perdit bientôt sa raison d'être. Après avoir tranché mainte affaire dans les Pays-Bas, qu'il ne devait jamais revoir, Philippe II s'embarqua à Flessingue le 25 août 1559. Le roi de France avait donné l'ordre aux gouverneurs de la côte de surveiller le passage de la flotte et d'honorer le roi, suivant son rang, si un accident

---

1. Lettre de Ruy Gomez de Silva et du duc d'Albe à Philippe II, en date du 8 juillet 1559 (Orig. espagnol; Arch. nat., K. 1492, n° 47).

2. Lettre de Chantonay à Marguerite de Parme, du 15 septembre 1559 (Recueil conservé aux Archives de Bruxelles, f. 7.)

l'obligeait à prendre terre[1]. Charles de Coucy de Burie avait posté des vedettes sur les falaises les plus élevées de Gascogne[2]. Un soir, au souper de la reine, Élisabeth demanda si les vents étaient contraires ou favorables au voyage de son époux. On lui répondit que, si le roi avait déjà franchi la Manche, les vents le ramèneraient sur les côtes de France. La jeune princesse poussa naïvement un cri de joie : « Que ce vent seroit heureux! » dit-elle[3]. Le cardinal de Lorraine redit le mot à l'ambassadeur Chantonay, qui se hâta de le rapporter à son maître.

Le vendredi, 8 septembre, Philippe II aborda à Laredo, en Castille[4]. A peine était-il débarqué qu'une violente tempête s'éleva sur la côte. La flotte fut dispersée. Plusieurs bâtiments furent jetés contre les récifs et sombrèrent en vue du port. Un millier de soldats ou de matelots de la suite du roi furent engloutis. Le vaisseau royal, chargé de tableaux, de tapisseries et des plus

1. Lettre orig. de d'Estissac, gouverneur de la Rochelle, au duc de Guise, en date du 31 juillet 1559 (F. fr., vol. 15872, f. 133).

2. Lettre de Burie au roi, du 22 août 1559 (F. fr., vol. 15871, f. 282).

3. Lettre de Chantonay à Philippe II, du 16 août 1559 (Orig. espagnol; Arch. nat., K. 1494, n° 65).

4. Lettre de d'Aspremont, vicomte d'Ortes, gouverneur de Bayonne, au cardinal de Lorraine, datée de Bayonne et du 12 septembre 1559 (F. fr., vol. 15872, f. 159). Tous les historiens de l'Espagne, Leti, Ferreras, Prescott, se trompent en fixant au 29 août l'arrivée du roi à Laredo.

riches trésors des Flandres, s'abîma avec son opulente cargaison. Un autre navire, commandé par le capitaine François Bolivar de Santander, fut démâté et entraîné en pleine mer. Il portait les bagages des secrétaires Gonzalo Perez, Diego de Vargas, Juan Sagasta et Curteville, et les papiers du cabinet du roi[1]. Philippe II, témoin muet du désastre, s'agenouilla au bord de la mer et remercia la Providence d'avoir sauvé sa vie, « à ceste seule fin d'exterminer les Luthériens ; et dit que, s'il n'eust eu ceste résolution et entière fermeté, Dieu l'eust fait périr avec ses hardes. » Les réformés, au contraire, publièrent que la menace divine était « un advertissement pour se convertir à Dieu[2]. » La tempête étendit ses ravages sur la côte de Guyenne. A Bayonne, elle enleva les toitures de la ville[3]. Le lendemain, au retour du calme, la plupart des navires espagnols rentrèrent au port. Mais celui de Bolivar de Santander, malgré toutes les recherches des agents espagnols, ne put être retrouvé[4].

---

1. Lettre de Chantonay à Marguerite de Parme, du 13 octobre 1559 (Recueil conservé aux Arch. de Bruxelles, f. 13).

2. La Planche, *Estat de France sous François II*, édit. Techener, 1836, in-fol., p. 29.

3. Lettre du vicomte d'Ortes citée plus haut.

4. Lettre de Philippe II à Chantonay, du 26 septembre 1559 (Orig. espagnol; Arch. nat., K. 1493, n° 92). — Lettre de Chantonay à Philippe II, du 15 nov. 1559 (Orig. espagnol; Arch. nat., K. 1492, n° 77). — La liste des objets perdus avec le navire de Bolivar est conservée dans le premier carton, n° 78.

A son arrivée à Valladolid, Philippe II reçut la nouvelle que Élisabeth était malade « de fièvre et de flux de ventre. » L'indisposition était sans gravité. Le 29 août, Chantonay annonce le rétablissement de sa souveraine[1]. En courtisan attentif, il loue sa beauté, le charme de sa personne ; il lui fait même un mérite de grandir de jour en jour, et ajoute à ces détails : « C'est l'effet de son bonheur[2]. » De graves motifs s'opposaient encore à la réunion des deux époux. Les correspondances diplomatiques insinuent à mots couverts qu'elle n'était pas nubile[3]. Ces retards, plus longs que nature, étaient particuliers à toutes les princesses du sang des Médicis. Catherine, qui en avait souffert plus que personne, s'efforçait de différer le voyage de sa fille, malgré le danger d'ajourner la consommation d'un mariage qu'elle avait appelé de tous ses vœux.

Après un mois d'attente, Philippe II envoya à la cour de France un seigneur de grand renom, Philippe de Acuna, seigneur de Buendia, gentilhomme de sa chambre, afin de presser le départ de sa femme. Buendia partit de Valladolid vers le 11 octobre, et arriva à Blois dans les

---

1. Lettre de Chantonay à Philippe II, du 29 août (Orig. espagnol ; Arch. nat., K. 1492, n° 68).
2. Lettre de Chantonay à Philippe II, du 16 août 1559 (Orig. espagnol ; Arch. nat., K. 1494, n° 65).
3. *Négociations sous François II*, p. 461, 702, 718.

premiers jours de novembre. François II avait abrégé son séjour à Valery, chez le maréchal Saint-André, pour le recevoir dignement dans la plus pompeuse de ses résidences[1]. En descendant de cheval, Buendia demanda une audience et fut introduit dans la chambre de la reine mère par Guy Chabot de Jarnac. Il y trouva les trois reines, Catherine, Marie Stuart et Élisabeth. Catherine lui promit que la princesse partirait de Blois le 8 ou le 10 du mois. Buendia s'informa de la durée du voyage et du nombre des équipages; on lui promit la liste des étapes et du personnel de l'escorte. L'ambassadeur apportait une série de prescriptions minutieuses sur la route à prendre et sur la suite d'honneur. La reine devait arriver à Saint-Jean-Pied-de-Port par le chemin de Bayonne à la fin de novembre. L'escorte d'honneur devait s'arrêter à la frontière, où le cardinal de Burgos et le duc de l'Infantado recevraient leur souveraine suivant un cérémonial dont les moindres détails étaient arrêtés d'avance. Buendia remit à la reine une copie du règlement[2]. Les dames françaises pouvaient accompagner leur maîtresse jusqu'à Tolède, mais le roi avait distribué les

1. Lettre de Chantonay à la duchesse de Parme, du 22 octobre 1559 (Recueil conservé aux Arch. de Bruxelles, f. 14).
2. Ce règlement fut modifié légèrement à la suite de la mission de Buendia. La copie, datée du 23 novembre, est conservée aux Archives nationales, K. 1643, n° 31.

emplois et les nouvelles titulaires devaient entrer en fonction après le passage de la frontière. Cette clause, qui privait Élisabeth de ses plus chères compagnes, reçut des adoucissements. Philippe II voulait confirmer son mariage à Guadalaxara par une cérémonie solennelle. A ce programme, Philippe II avait ajouté de sa propre main quelques lignes affectueuses pour la jeune princesse et l'autorisation de retarder son arrivée jusqu'au 10 ou 12 décembre[1].

La mission du comte de Buendia ne permettait pas à la reine mère d'ajourner plus longtemps le départ de sa fille. L'étiquette exigeait un prince du sang pour la conduire en Espagne. Le premier de tous, après les frères du roi, qui n'étaient que des enfants, Antoine de Bourbon, roi de Navarre, était à la cour depuis trois mois. Éloigné de Paris au moment de la mort de Henri II, il tâchait de reconquérir le pouvoir, que la minorité réelle de François II semblait réserver aux princes du sang. Le duc de Guise et le cardinal de Lorraine l'avaient battu sans espoir de revanche dans ces luttes d'influence où ils excellaient. Depuis sa défaite, le premier prince du sang de France traînait en parasite dans les antichambres du

---

1. Instructions au comte de Buendia, du 11 octobre 1559 (Orig. espagnol; Arch. nat., K. 1493, n° 9).

roi. Dédaigné par les petits courtisans, abreuvé d'humiliations par les grands, il ne savait ni faire respecter son rang, ni se retirer dignement. Catherine l'arracha à cet abaissement. Elle lui proposa d'accompagner la reine d'Espagne. La cour venait de recevoir l'avis que Philippe II s'avancerait en personne jusqu'à Roncevaux au-devant de sa femme[1]. Antoine espéra que Philippe II lui accorderait une entrevue et se flatta de clore en un jour la négociation de la Navarre espagnole que ses prédécesseurs poursuivaient depuis un demi-siècle[2]. Sa confiance s'accrut d'une visite que Buendia et Chantonay lui firent jusque dans les combles du château de Blois, où les Guises l'avaient relégué comme un cadet de Gascogne[3]. Il accepta donc avec empressement la proposition de la reine mère et annonça à la cour son départ prochain, à la grande joie de ses rivaux.

Philippe II avait prescrit à la reine d'Espagne d'arriver au commencement de décembre à Bayonne. L'heure d'obéir était venue. Les seigneurs et les capitaines furent bientôt prêts à

1. Lettre de Jean Michieli à la république de Venise, du 26 octobre 1559 (Dépêches vénit., Bibl. nat., Mss., filza 3, f. 247).

2. Depuis que Ferdinand le Catholique, en 1512, avait conquis la Navarre espagnole, la maison d'Albret ne cessait de revendiquer cette province. Nous avons exposé ces faits dans *Antoine de Bourbon et Jeanne d'Albret*.

3. Lettre de Chantonay à Philippe II, du 1er novembre 1559 (Arch. nat., K. 1492, n° 75, orig. en français).

monter à cheval, mais les dames désignées pour le voyage se firent attendre. Le départ fut fixé au 15 novembre[1], puis renvoyé au 17 par la reine mère[2]. Le trousseau de la princesse était d'une opulence royale : les robes de drap d'or et d'argent, envoyées de Flandre par Philippe II, les bas de soie de Venise importés en France depuis les guerres d'Italie, les chemises de toile de Flandre que Catherine de Médicis avait mises à la mode dès le règne de François Ier, les tapisseries, les bijoux, les colliers, les bracelets, les bagues, les pierres précieuses, dons de noces des deux grands rois, avaient été inventoriés et mis sous scellés par un majordome espagnol[3]. Une foule de pages et de varlets conduisait les haquenées de la princesse et les mules des charrois. Au moment du départ, Catherine s'inquiéta de la difficulté de faire franchir les Pyrénées aux plus lourds équipages ; Chantonay conseilla de les diriger sur Bayonne et de les embarquer à bord des bâtiments de transport de la marine espagnole. Il fit cependant réparer les routes et les ponts

1. Lettre de Chantonay à Marguerite de Parme, du 8 novembre 1559 (Recueil conservé aux Arch. de Bruxelles).
2. Lettre de Chantonay à Philippe II, du 15 novembre (Orig. espag.; Arch. nat., K. 1492, n° 77).
3. L'énumération de ces trésors nous a été conservée dans les *Mémoires-journaux de François de Lorraine*, coll. Michaud et Poujoulat, p. 445.

et placer dans les principales étapes des chars et des mulets de rechange[1].

La reine d'Espagne « deslogea » de Blois le 18 novembre, passa à Verteuil chez le comte de la Rochefoucauld et s'arrêta le 23 novembre à Châtellerault[2]. François II et les trois reines y reçurent les mêmes honneurs. Déjà la neige couvrait la terre. Les princesses et les dames, le jour au fond de leurs litières closes, le soir dans des logis chauffés d'avance, bravaient les froids prématurés ; mais les pages et les varlets, les femmes de service souffraient du voyage. Plusieurs tombèrent malades et ne purent suivre leurs maîtres[3]. Catherine désirait accompagner sa fille jusqu'à Poitiers ou même jusqu'à Lusignan[4]; la volonté du roi la retint à Châtellerault[5]. Les princesses avant de se quitter passèrent trois jours ensemble. Jamais, disent les témoins, séparation de famille ne fut plus dou-

---

1. Lettre de Chantonay à Philippe II, du 15 novembre 1559 (Orig. espag.; Arch. nat., K. 1492, n° 77).

2. Lettre de Chantonay à la duchesse de Parme, du 1er décembre 1559 (Recueil conservé aux Archives de Bruxelles, f. 20).

3. Chantonay lui-même tomba malade et se fit remplacer auprès de la reine d'Espagne par son secrétaire, André Gallen (Lettre de Chantonay du 23 novembre à Philippe II; orig. espag., Arch. nat., K. 1492, n° 78).

4. Lettre de Chantonay du 8 novembre 1559 (Recueil conservé aux Archives de Bruxelles, f. 19). — Lettre de Killegrew à la reine Élisabeth d'Angleterre, du 29 novembre (Forbes, t. I, p. 266).

5. Lettre de Catherine au connétable (*Lettres de Catherine de Médicis*, t. I, p. 128). Voyez aussi la note précédente.

loureuse. Catherine retenait sa fille dans ses bras comme si elle ne devait jamais la revoir. L'ambassadeur d'Espagne fut lui-même ému par la désolation des trois reines. Malgré ses regrets maternels, Catherine de Médicis, l'héritière d'un marchand de Florence, ne voyait pas sans orgueil sa fille aînée sur le trône de Charles-Quint. Elle espérait d'ailleurs que l'éloignement serait momentané. Déjà elle avait offert une entrevue à Philippe II[1]. La proposition avait été froidement accueillie; mais Catherine se promettait de la renouveler et de rendre la rencontre inévitable[2].

Le 25 novembre, la reine d'Espagne fit ses adieux à sa mère et alla coucher à Poitiers[3]. Pendant les premières heures du voyage, dit Palma Cayet, elle versa d'abondantes larmes. Mais bientôt la distraction, la curiosité de la jeunesse l'emportèrent sur les plaintes. Lorsqu'elle apercevait des villages, des châteaux, des églises d'un aspect intéressant pour elle : « Y a-t-il d'aussi belles maisons, d'aussi belles églises en Espagne? » demandait-elle[4]. Ainsi

---

1. Lettre de Chantonay à Philippe II, du 22 août 1559 (Orig. espag.; Arch. nat., K. 1492, n° 67).
2. *Négociations sous François II*, p. 438, 442, 701 et 707.
3. Lettres de Chantonay à Philippe II, du 23 et du 25 novembre 1559 (Orig. espag.; Arch. nat., K. 1492, n°˙ 78 et 79).
4. Palma Cayet, *Chronologie novenaire*, coll. du *Panth. litt.*, p. 176.

tombe la tradition poétique qui la représente frappée de sinistres pressentiments, mais marchant avec résignation vers sa triste destinée.

Antoine de Bourbon avait pris les devants avec Jeanne d'Albret, afin de préparer l'entrée de la princesse dans les villes de son gouvernement de Guyenne. Arrivé à Bordeaux, il avait expédié dans les Landes, en Béarn et en Navarre des officiers de service, chargés de présider aux dernières mesures. Informé des exigences pointilleuses de Philippe II, il réussit à étonner les agents espagnols eux-mêmes, habitués aux cérémonies flamandes, par la splendeur et l'éclat de sa réception [1].

Le 31 décembre 1559, le cortège de la reine d'Espagne, conduit par le roi de Navarre, arriva à Saint-Jean-Pied-de-Port, la dernière ville de Béarn. La température s'était encore abaissée aux approches des Pyrénées. Les montagnes étaient couvertes de neige et les chemins défoncés. La reine trouva à Saint-Jean un convoi de 350 mulets de charrois, des litières et des haquenées pour les dames, conduits par le s. de Lazunilera, major du roi, par Lope de Guzman, maître des cérémonies, et par le greffier de la couronne, porteur d'une somme de douze mille ducats.

1. Nous avons raconté le passage d'Élisabeth en Guyenne dans *Antoine de Bourbon et Jeanne d'Albret*, t. II, p. 79 et suiv.

Le roi d'Espagne avait envoyé au-devant de sa femme don Inigo Lopez de Mendoza, duc de l'Infantado, et le cardinal Francisco de Mendoza, archevêque de Burgos. Ils attendaient à Pampelune, l'un depuis le 6, l'autre depuis le 11 décembre, et étaient venus camper dans un village de l'extrême frontière, nommé l'Épinal, avec une suite de seigneurs qui rivalisaient de magnificence. Le duc amenait trente gentilshommes des plus nobles maisons d'Espagne, quarante pages vêtus « de toile d'or, bandée de velours cramoisi et doublée de satin blanc, » dix autres pages parés de chaînes d'or et vingt-cinq serviteurs. Sa dépense s'élevait à mille écus par jour. La suite du cardinal de Mendoza se composait de prélats, de prêtres, de moines de tous ordres, de clercs de chapelle, montés sur des mules superbement caparaçonnées. Beaucoup de seigneurs, en costume de cour, s'étaient joints aux deux représentants de Philippe II. On comptait quatre mille chevaux, non compris les bêtes de somme et de charrois. Cette foule fastueuse paradait avec ostentation dans un petit hameau au milieu des montagnes, par un froid glacial, tandis que la neige, chaque jour plus abondante, s'élevait presque à la hauteur des chaumières qui lui servaient de palais[1].

---

1. *Négociations sous François II*, p. 166 et 168. — Récit contenu dans les Vᶜ de Colbert, vol. 140, f. 519. — *Chronique anonyme* du vol. 4815 du f. fr., f. 11 et suiv.

Le 2 janvier 1560, après un repos d'un jour à Saint-Jean-Pied-de-Port, Élisabeth se mit en route pour Roncevaux [1]. Le matin elle avait quitté le deuil de Henri II, qu'elle n'avait cessé de porter en France et en Navarre, et s'était habillée, ainsi que ses dames, à l'espagnole, de velours noir garni de jais; la coiffure était « de vollant à la lorraine. » Le temps devenait chaque jour plus rude; les routes et les ponts s'effondraient sous la neige. A mesure qu'on avançait dans la montagne, les chemins se transformaient en sentiers plus étroits et plus ardus. Élisabeth fut obligée de quitter sa litière. A une lieue du monastère, une violente tempête assaillit le cortège. Le vent détachait des avalanches qui menaçaient les charrois. Les équipages des filles d'honneur roulèrent dans un précipice [2]. Aveuglée par la neige qui fouettait son visage, la reine avait peine à conduire sa haquenée. Enfin, après une marche de plusieurs heures, sous un ciel glacé, au prix des plus grands dangers, elle mit pied à terre à la porte du monastère de Roncevaux. Le prieur l'attendait avec les moines et la conduisit à la chapelle. Elle y trouva quelques seigneurs espagnols, pressés

1. Philippe II avait envoyé à Roncevaux un agent, le docteur Durango, pour y amasser des moyens de transport et des vivres (Lettre de Durango à Philippe II, du 2 décembre 1559; Arch. de la secrét. d'État d'Espagne à Simancas, leg. 357, f. 95).

2. *Négociations sous François II*, p. 174.

de fixer les regards de leur souveraine, « si bien en point que vous n'eussiez veu qu'or sur escarlatte de velours cramoisy et tous tant chargez de chaines qu'ilz en avoient le col tout courbé. » On disait même que Philippe II, déguisé en simple chevalier, se cachait parmi les visiteurs[1]. Les clercs de chapelle du cardinal de Mendoza célébrèrent une courte cérémonie et Élisabeth fut amenée à son logis. Aussitôt la chambre fut envahie par les gentilshommes étrangers. En vain le roi de Navarre s'efforçait de dégager la princesse ; la foule des visiteurs, refoulée d'un côté, se glissait de l'autre. Un témoin observe que l'indiscrétion célèbre des courtisans français fut dépassée par l'importunité des Espagnols[2].

Le traité de Cateau-Cambrésis stipulait que la reine d'Espagne serait remise aux ambassadeurs du roi à la frontière des deux royaumes. Philippe II avait ajouté à cette clause des instructions minutieuses où toutes les difficultés étaient prévues[3]. Contrairement aux pré-

---

1. Lettre de Duran à Antoine de Noailles, du 21 février 1559 (1560) (F. fr., vol. 6911, f. 290).
2. *Négociations sous François II*, p. 188.
3. Lettres de Philippe II du 23 novembre et du 8 décembre 1559 (Copies du temps; Arch. nat., K. 1643, n°ˢ 31, 32 et 33). L'Académie d'histoire de Madrid a publié (*Colleccion de documentos ineditos para la historia de Espana*, t. III, 1843, in-8° de 576 pages) la correspondance de Philippe II avec l'archevêque de Burgos au sujet de l'arrivée de la reine d'Espagne.

visions du roi de Navarre, il y montrait de la condescendance et un grand désir d'aplanir les complications. Le jour même de l'arrivée de la reine, le mardi soir, 2 janvier, le roi de Navarre invita officiellement le duc de l'Infantado et le cardinal de Mendoza, qui attendaient à l'Épinal, à venir au-devant de la princesse. Ils répondirent, au grand étonnement des Français, que le cortège royal devait franchir la moitié de la distance qui sépare Roncevaux de l'Épinal. Antoine de Bourbon allégua la rigueur du climat qui ne permettait pas de procéder aux cérémonies de la remise de la princesse en plein champ et refusa de sortir du monastère. Le jeudi 4 janvier, les représentants de Philippe II formulèrent de nouvelles réserves; ils demandèrent que le roi de Navarre fît les premiers pas vis-à-vis du cardinal et traitât le duc en égal. Antoine de Bourbon observa que sa triple qualité de souverain indépendant de la Navarre, de prince du sang de France et de cousin de la reine l'élevait fort au-dessus d'un cardinal et d'un grand d'Espagne[1].

La cour campait à Roncevaux depuis deux jours, entassée dans un petit monastère ouvert à tous les vents. La température ne s'était pas adoucie. Les chemins défoncés empêchaient les approvisionnements. Les vivres commençaient

---

1. *Chronique anonyme* (F. fr., vol. 4815, f. 12).

à manquer. Antoine écrivit au cardinal, le vendredi 5 janvier, que, s'il maintenait ses prétentions, le cortège se rendrait à l'Épinal et occuperait sa maison[1]. Suivant le secrétaire Lhuillier, Élisabeth, craignant de déplaire à Philippe II, s'était résignée à subir les exigences du formalisme castillan. Les ordres étaient déjà donnés; princes et seigneurs se préparaient à monter à cheval quand une troupe de cavaliers annonça que l'ambassade allait paraître[2]. Aussitôt les seigneurs français prirent le poste que leur imposait le cérémonial.

Le cardinal de Bourbon, frère du roi de Navarre, et Charles de Bourbon, prince de la Roche-sur-Yon, désignés pour faire honneur au cardinal de Mendoza et au duc de l'Infantado, les évêques de Séez et d'Oleron, escortés de plus de trois cents gentilshommes, attendaient les députés de Philippe II à la porte du monastère. Ils les introduisirent dans une salle basse, peu éclairée, tendue de tapisseries aux armes du roi de Navarre, où l'échange des pouvoirs ne put se faire qu'à la lueur des flambeaux. Cette formalité accomplie, les ambassadeurs montèrent dans la grande salle du monastère. La reine était assise sur un trône improvisé, ayant à sa

---

1. Chronique publiée dans les *Archives curieuses pour servir à l'histoire de France*, de Cimber et Danjou, t. IV, p. 8.
2. *Négociations sous François II*, p. 179.

droite le roi de Navarre, et reçut sans se lever les salutations de ses nouveaux sujets. Le duc de l'Infantado et le cardinal prononcèrent des harangues. Les deux seigneurs, bien que frères, étaient en lutte de préséance. Aussitôt après les discours, le duc gagna de vitesse le cardinal, malgré les ordres de Philippe II[1], et se jeta le premier aux genoux de la reine. Élisabeth leur répondit avec bonté et releva le cardinal. Le roi de Navarre fit dresser le procès-verbal par le cardinal de Bourbon et se donna dans cet acte les titres officiels que lui avaient refusés les ministres espagnols. Son autorité, la supériorité de son rang auprès de leur souveraine intimidaient le duc et le cardinal. Le prince déclara qu'il n'obéissait qu'à ses propres convenances en s'arrêtant aux limites de la Navarre espagnole. Cette réserve imprévue les laissa sans parole. « Buen es, » dit le duc de l'Infantado. Après la signature du procès-verbal, le duc reprit l'avantage. Au moment où il s'approchait pour saluer le prince, Antoine l'accola familièrement sur l'épaule, marque de faveur que l'étiquette ne permettait qu'à un roi. L'orgueilleux hidalgo riposta en accolant le prince à son tour et se hâta de se couvrir le premier. Le roi de Navarre se pencha du côté de la reine

---

1. Instruction de Philippe II au cardinal de Mendoza (Copie en espagnol; Arch. nat., K. 1643, n° 31).

pour se dispenser de se couvrir, mais sa déconvenue ne put échapper aux regards des courtisans[1].

La cérémonie des présentations fit défiler aux pieds du trône les nombreux gentilshommes qui depuis la veille encombraient les salles du monastère. Tous, après avoir été nommés, furent admis à baiser la main de la reine. L'empressement devint si grand que les barrières se rompirent. Les moindres pages se frayaient un passage au milieu des seigneurs. Les filles d'honneur furent refoulées. Le roi de Navarre fut obligé d'appeler ses propres serviteurs au secours de la princesse. Aussitôt que chacun eut repris son rang, Élisabeth donna congé au roi de Navarre et l'embrassa en lui faisant ses adieux. Cette familiarité souleva les murmures des grands d'Espagne, mais la fille de France s'excusa de le traiter en prince du sang, dernier tribut rendu aux coutumes de son pays natal. La séparation, la solennité de la cérémonie avaient ému la jeune princesse. Au moment où Antoine de Bourbon la saluait pour la dernière fois, elle éclata en larmes. Le cardinal de Men-

---

1. *Chronique anonyme* (F. fr., v. 4815, f. 12). — Relation de Lhuillier (*Négociations sous François II*, p. 181). Jacques Lhuillier, abbé commendataire d'Épernay, était secrétaire de la reine mère. Plus tard la reine d'Espagne demanda pour lui une charge de gentilhomme servant (Lettre autogr. d'Élisabeth à la duchesse de Guise; f. fr., vol. 3238, f. 3).

doza lui dit sévèrement : « Oblivisce populum tuum et domum patris tui. » Élisabeth essuya ses yeux, donna sa main droite au cardinal, sa main gauche au duc de l'Infantado et monta dans sa litière aux acclamations de ses nouveaux sujets [1].

Les mémoires du temps nous permettent de suivre par étape la princesse jusqu'au jour, tant désiré par Catherine de Médicis, où elle devint reine d'Espagne. Les fêtes, les cérémonies de sa réception dans chaque ville ont été enregistrées par les Dangeau de la suite avec une abondance de détails qui ouvre un coin de voile sur les mœurs de cette race si puissante au XVIe siècle. On lira avec intérêt ces récits, qui permettent de comparer notre temps, agité sans grandeur, avec le siècle troublé mais majestueux de Philippe II.

Le cortège de la reine se mit en route au son des trompettes et des tambourins. Le temps se montrait chaque jour plus rude. La neige couvrait les velours et les brocarts d'or des livrées. A leur arrivée à l'Épinal, où la reine devait coucher, les galants seigneurs offrirent aux filles

---

1. Palma Cayet, *Chronologie novenaire*, édit. du *Panth. litt.*, p. 176. — Le 9 juin 1560, Élisabeth écrivit au roi de Navarre une jolie lettre de remerciement pour les soins et les égards qu'il lui avait montrés pendant le voyage. Nous avons publié cette lettre dans les pièces justificatives du tome II d'*Antoine de Bourbon et Jeanne d'Albret*.

d'honneur des vivres, des confitures et « des licts. » Le dimanche 7 janvier, Élisabeth arriva aux portes de Pampelune. Philippe II avait ordonné de lui rendre les mêmes honneurs qu'à Charles-Quint. Le duc d'Albuquerque, vice-roi de la Navarre, était alors gravement malade à Tolède; son fils, Gabriel de la Cueva, par ordre du roi, s'était rendu dans la capitale du gouvernement de son père[1]. La ville avait fait élever des arcs de triomphe revêtus de devises et d'inscriptions d'une telle fadeur que Lansac s'excuse de ne pas en avoir pris copie. Deux mille hommes de pied bordaient la route, sillonnée en tout sens par des masques, des cavaliers, des toréadors, des danseurs et des danseuses coiffées de velours à la mode de la Biscaye. Les officiers de justice avec leurs masses d'argent, les jurats de la ville, vêtus de longues robes de velours noir à parements d'or, le comte de Lerin, connétable de Navarre, Gabriel de la Cueva présentèrent les clefs de la ville à la reine et prononcèrent des harangues. Les bourgeois et les dames, montés sur des genets ou sur des mules couvertes de sonnettes, lui offrirent un poêle de drap d'or frisé, de la valeur de 300 écus, que le secrétaire Lhuillier trouva mesquin. Élisabeth, vêtue d'une robe de velours

---

1. Instruction de Philippe II au cardinal de Mendoza et au duc de l'Infantado (Arch. nat., K. 1643, n° 31).

noir passementé d'argent et coiffée d'une petite toque espagnole, était assise dans une litière ouverte, escortée par le cardinal de Mendoza à droite et par le duc de l'Infantado à gauche. Une troupe de petits enfants, travestis en gens d'armes, entouraient sa litière et tiraient des salves d'arquebuserie. Les murailles étaient ornées de dessins allégoriques, de banderoles de feuillage pendues aux fenêtres, d'écussons portant les armoiries de France et d'Espagne et les initiales de Philippe et d'Élisabeth entrelacées par des Amours.

Le 10 janvier, la reine coucha à Larraga, le 11 à Olitte, le 12 à Capparosa, le 13 à Valtiera. Le 14, elle fit son entrée à Tudela, une des principales villes de la Navarre. Les mêmes fêtes, les mêmes acclamations l'y attendaient. Des masques, déguisés en pèlerins de Saint-Jacques et couverts de sonnettes, jouèrent une comédie entremêlée de danses, où les sept péchés capitaux et les sept vertus correspondantes luttaient pour faire et défaire un homme. Après souper, la reine dut assister à un tournoi aux flambeaux, spectacle sinistre qui lui rappela sans doute les souvenirs de la barrière Saint-Antoine[1], et le lendemain à une fête plus joyeuse, un combat naval à coups d'oranges[2].

---

1. Sept mois à peine s'étaient écoulés depuis la mort de Henri II au tournoi de la porte Saint-Antoine.

2. *Négociations sous François II*, p. 193.

Ici finissent les relations imprimées dans les *Négociations sous François II* et dans les *Archives curieuses* de Cimber et Danjou. La suite du voyage est racontée par un témoin oculaire, dont le récit est encore inédit. Nous le publions sans changement[1].

Ayant ladite dame ainsi accompagnée passé plusieurs villes et bourgades, le 19 du même mois, fit son entrée à Soria, l'une des anciennes et principales villes d'Espagne, les citoyens de laquelle vinrent au-devant plus de demi-lieue faire leur harangue, puis la reçurent sous un poêle de satin cramoisi, semé de fleur de lis, et à l'entrée du pont lui présentèrent les clefs, fesant plusieurs masques et danses à l'espagnole et arabesques. Elle y demeura deux jours, pendant lesquels ils lui donnèrent le passetemps de cagne[2], d'un combat de taureau, collation, festin. La ville lui fit présent de toutes sortes de vivres, comme veau, mouton, chapons, perdrix, conils[3], poules d'inde, chevreaux prêts à mettre en broche, beurre, frommage et confitures, le tout estimé à deux cents écus, qui sont les présents ou semblables que elle reçut par toutes les villes où elle passa. Celle-là lui demeura pour dot, comme l'avait fait à toutes les autres reines d'Espagne.

Le lendemain de son arrivée, par fortune de feu, plusieurs maisons de la ville furent brûlées, même partie du palais où elle étoit logée, de sorte qu'elle fut contrainte de se lever de son lit à bien grande hâte. Et alla coucher à une petite ville, nommée Balanque, qui a un

---

1. Relation anonyme conservée dans le vol. 4815 du fonds français.
2. *Canne, jeu de canne*, délassement populaire en Espagne.
3. *Conil*, lapin.

marquisat, où il y a un fort château, dedans lequel le feu roi François Ier et ses enfants ont été prisonniers.

Le seigneur du lieu la reçut fort magnifiquement et défraya toute sa troupe, et au partir sa femme lui donna un manteau de tafetas gris tout couvert de broderies d'argent, abbouti de senteurs et doublé de pennes[1] de soie blanche, avec soixante paires de gants, et à chacune des filles deux. En récompense de ce présent, la reine donna à son hôtesse une paire de bracelets de rubis et diamants estimés 2,000 écus.

Le soir avant son partement, le roi catholique la vit souper et le lendemain de bon matin se retira[2]. Et ladite dame arriva à Tiansa, où elle séjourna deux jours à cause d'une migraine; de là à Yta, où le duc de l'Infantasque[3] la festoya. Et les habitants lui firent présent comme à Soria. Et trouva ce jour-là plusieurs gentilshommes masqués et partis de Quadalajar[4] pour venir voir la reine, entre lesquels on l'assura que le roi estoit. Et vint coucher en un petit village nommé Tartula, dont elle partit le lendemain en sa litière jusques à un quart de lieue près de Guadalajar, où, pour y faire son entrée, vêtue d'une robe de velours violet frisée d'or, d'un côté de soie d'argent, d'un riche carcan de saphir, rubis, diaments avec la ceinture de même et coiffée à l'italienne, descendit et monta sur une haquenée enharnachée de même que son acoutrement.

Ceux de la ville avec plusieurs grands seigneurs vinrent au-devant, et, la harangue faite, la conduisirent avec mascarades et danses, et lui donnèrent le passetemps de la danse en un lieu fait à propos, planté de

1. *Penne,* plume.
2. Ce fait n'est pas confirmé par les autres historiens du voyage.
3. Le duc de l'Infantado.
4. Guadalaxara.

petits arbres verts, où étoient enfermés un sanglier, un loup et plusieurs lièvres et conils.

A la porte de la ville y avoit un arc triomphant, duquel pendoit une nuée, dont sortit une fille qui lui présenta les clefs avec plusieurs vers faits à sa louange. Plus avant dedans la ville y avoit un autre arc rempli de hautbois et musiques. Le poêle étoit de drap d'or porté par les douze régidores, vestus de grandes robes de velours cramoisi, brodées de larges passemens d'or et doublées de pennes de soie grise.

Ayant été à l'église, elle fut menée au palais du duc de l'Infantasque, l'un des plus beaux de toute l'Espagne, où l'attendoit la princesse, sœur du roi catholique, veuve du roi de Portugal et mère du roi de Portugal à présent régnant; laquelle vint au-devant de la reine jusques au principal escalier, où elle la reçut avec tous les honneurs et caresses que leurs grandeurs requéroient. Le soir, à la requête de ladite princesse, la reine fut servie à l'espagnole de la viande de la princesse et par ses officiers. Et, estant toutes deux à table en même honneur, quatre des principales damoiselles de la princesse les servirent de pannetier, échanson et écuyer tranchant.

Et continuèrent en cette façon jusques au 30ᵉ du même mois. Auquel jour le roi arriva et, travesti et déguisé qu'il étoit, assista tout au long du souper de ces dames. Et, sur les huit heures du soir, envoya visiter la reine et lui faire entendre son arrivée, afin qu'elle se tînt prête pour l'épouser le lendemain, sans qu'elle l'eût encore vu qu'en peinture.

Le lendemain, la reine, vêtue d'une grande robe de toile d'argent à grandes manches fourrées de loup cervier, la côte de même, toute couverte par le devant de rubis, perles, diamants et autres pierreries et coiffée à la françoise, fut prise à la main et menée par Madame la princesse, comme sa marraine, en une grande salle du palais, en laquelle y avoit un dais de drap d'or frisé, et dessous ycelui deux chaires de semblable hauteur, dedans lesquelles s'assirent la reine du côté droit et la princesse de l'autre.

De la part de Sa Majesté très chrétienne, hors du dais, estoit le prince de La Roche-sur-Yon et maître Sébastien L'Aubespine, évêque de Limoges, ambassadeur de France, assis sur des petites selles couvertes de velours cramoisi. Et du rang de la princesse étoient le cardinal de Burgos, la damoiselle de Bourbon et la dame de Rieux; au bas les autres seigneurs et dames.

Le roi, ayant été quelque peu attendu par la reine, arriva sur les dix heures, vêtu d'une petite robe à collet carré de velours violet, toute couverte d'or et d'argent, et doublée de toile d'argent, brodée aussi par le dedans, et les chausses blanches à l'espagnole de même broderie.

Au-devant et après le roi marchoient grand nombre de ducs, marquis et comtes, et grands seigneurs, chevaliers de la Toison, qui tous vinrent baiser les mains de la reine et de la princesse sans qu'elles bougeassent de leurs chaires. Puis le duc de l'Infantasque, comme parrain du roi, le mena en la salle. En laquelle il ne fut pas sitôt entré que la reine se leva debout sans bouger, laissant approcher le roi jusque près du trône où elle estoit. Et, comme il montoit, elle s'avança trois ou quatre pas et, se rencontrant au milieu de l'aire, le roi lui ayant fait une grande révérence et elle répondu de même, il lui voulut baiser la main, ce qu'elle refusa, et, lui voulant faire le semblable, il ne le voulut non plus permettre.

Le 28 janvier 1560, le jour de l'arrivée d'Élisabeth à Guadalaxara, Philippe II était encore à Madrid. Le 29, il partit pour Alcala et, le 30, il rejoignit la reine[1]. Brantôme présente sous de sombres couleurs la première entrevue de la reine et du roi : « J'ay ouy dire, dit-il, que la première fois qu'elle vit son mary elle se mist à le contempler si fixement que le roy, ne le trouvant pas bon, luy demanda : « Que mirais, « si tengo canas? » C'est-à-dire : « Que regar- « dez-vous, si j'ai les cheveux blancs? » Ces mots luy touchèrent si fort au cœur que depuis on augura mal pour elle[2]. » Aucun document ne confirme ces commérages.

Incontinent le cardinal de Burgos les fiança de nouveau et, pendant que il se préparoit pour chanter la messe, le prince de la Roche-sur-Yon, l'ambassadeur, Mlle de Bourbon et tous les autres serviteurs domestiques de la reine allèrent pour baiser les mains du roi et de la reine et de la princesse, ce que le roi ne voulut permettre; obstant la coutume du pays, qui n'admet à baiser les mains des rois et reines autres que leurs naturels sujets.

Ce fait, le roi, conduit par le duc de l'Infantasque, et la reine par la princesse allèrent jusques à la porte d'une grande salle, où le cardinal de Burgos les épousa. Et, au lieu d'un rubis et diamant que on baille en France, il leur donna à chacun un fort beau rubis, puis bailla au roi treize écus qu'il présenta à la reine, laquelle les mit en un bassin d'or pour l'offrande. Et lors le roi prit la reine par la main et la mena jusques au siège qui leur

---

1. Arch. nat., K. 1493, n° 32. Lettre originale de Philippe II à Chantonay, en date du 28 janvier 1560.

2. Brantôme, t. VIII, p. 9, édit. de la Société de l'histoire de France.

estoit préparé au milieu de la salle, où ils s'agenouillèrent tous deux et la princesse au-dessous de la reine en pareil honneur.

Les cérémonies semblables à celles de France, sinon que, la paix présentée au roi après l'évangile dit, Sa Majesté en déféroit l'honneur à la reine, laquelle la refusoit et renvoyoit au roi, qui lors la baisoit; puis on la présentoit à la reine, qui en déféroit aussi l'honneur à la princesse, laquelle fesoit de même à la reine que elle avoit fait au roi.

L'arbrifou[1] étoit d'un tissu d'or, lequel fut mis sur l'épaule du roi, parce qu'il avoit été marié, et étendu sur la tête de la reine. Puis, sans l'ôter, l'on posa sur leurs épaules une chaîne de grosses perles, rubis et diamants, si longue qu'elle les tenoit en double tous deux accouplés et enchaînés par le col. Et en cest estat demeurèrent despuis l'évangile jusques à la fin de la messe, tenant toujours chacun un cierge de cire blanche.

La messe dite, le roi mena la reine en sa chambre, se retira en la sienne, puis retourna demi-heure après pour la mener dîner avec Madame la princesse en convy public, auquel le roi s'assit au milieu de ces deux dames et tous trois servis de même façon et par les mêmes damoiselles que dessus; si non que l'on fist cet honneur à Madamoiselle de Bourbon de la faire servir la reine d'échanson, qui est le plus grand honneur que l'on puisse faire par delà aux princesses et filles de grande maison; les viandes servies par les pages.

Durant le dîner n'y eut autre cérémonie, sinon que l'on chanta force chansons à la louange de la reine, qui après dîner fut conduite par le roi en sa chambre, se retirant en la sienne jusques au soir, que il la vint reprendre et mener au bal. Puis allèrent souper en la

---

1. *Arbrifou*, poêle nuptial.

chambre de ladite dame, dont il se retira pour se déshabiller. Et sur les dix heures y retourna coucher avec elle jusques au lendemain sept heures du matin, que, la messe ouïe, il dîna en privé dedans sa chambre et la reine en la sienne avec la princesse, sans qu'il y entrât homme.

L'après-dîner ils dansèrent attendant vêpres, où se firent les cérémonies de l'ordre Saint-Michel, qui fut présenté au roi par le prince de la Roche-sur-Yon, lequel et la dame de Rieux, le lendemain, deuxième jour de février, prirent congé de leurs Majestés pour s'en retourner en France avec promesse de deux buffets qui se fesoient à Burgos, l'un de dix mille écus pour ledit sieur prince et l'autre de quatre mille pour la dame de Rieux, que on leur feroit tenir à Paris incontinent qu'ils seroient parachevés.

Les autres mémoires ajoutent quelques détails à ce récit. Le roi de France ajoutait de l'importance à l'inscription du roi d'Espagne au nombre des chevaliers de Saint-Michel. Le prince de la Roche-sur-Yon était porteur du collier de l'ordre; l'ambassadeur de France, Sébastien de l'Aubespine, évêque de Limoges, devait servir de chancelier. La remise se fit suivant le cérémonial suivant. A l'heure choisie par le roi, après les vêpres, La Roche-sur-Yon, précédé de L'Aubespine, du s. Pot, prévôt de l'ordre, portant le collier de coquilles d'or sur un coussin, et du prévôt Danzis, chargé du manteau de damas blanc fourré d'hermine et bordé d'or, fut introduit dans l'oratoire du roi, où Philippe II, vêtu d'un pourpoint et de chausses blancs, avait dû passer la matinée en prières. Après avoir lu les lettres de nomination, datées de Bar-le-Duc, du 29 septembre 1559, il fit prêter serment au nouveau chevalier et lui remit un à un les insignes de l'ordre. En bouclant le collier, il prononça la consécration : « L'ordre vous reçoit en son aimable compagnie et, en signe de ce, vous donne ce présent collier. Dieu veuille que le puissiez longuement porter à sa louange et exaltation de sa vraie église catholique et accroissement de vos merittes et bonne renommée. Au nom du Père et du Fils et du Saint-Esprit. » Le roi d'Espagne répondit : « Amen, Dieu m'en doint la grâce. » Le chancelier dressa un procès-verbal de la cérémonie et le fit signer par Philippe II en signe d'acceptation de la dignité de chevalier. Ce détail avait été particulièrement recommandé au prince de la Roche-sur-Yon[1].

Le roi et la reine d'Espagne quittèrent Guadalaxara le 3 février et allèrent coucher à Alcala. Philippe II n'avait pas quitté la princesse pendant la route et la conduisait de la main à l'entrée de la ville. Les étudiants de l'université,

1. Instruction du roi à La Roche-sur-Yon, du 23 novembre 1559 (F. fr., vol. 10207, f. 71). — Acte d'acceptation de Philippe II du 1ᵉʳ février 1559 (1560) (Orig. sur parchemin; f. fr., vol. 13085, pièce dernière). — Lettres publiées dans *Négociations sous François II*, p. 281 et 282.

vêtus de ces costumes pittoresques qui sont encore de mode dans les écoles espagnoles, lui adressèrent « plusieurs déclamations de vers et oraisons à sa louange dans toutes les langues[1]. » Le 4 février, la cour s'arrêta à Varanges « où il n'y eut rien de nouveau, mais à la coustume maulvais logis. » Le lendemain, lundi 5 février, le roi et la reine arrivèrent à Madrid. La ville, de fondation nouvelle, décorée par Philippe II du titre de capitale, parce qu'elle occupe le centre de l'Espagne, est située dans une vallée sèche et désolée. Élisabeth dut verser des larmes si elle compara les bords rocailleux du Manzanarès aux rives de la Seine et de la Loire qu'elle avait toujours habitées. « A Madrix, dit notre annaliste, il fut fait une assez belle entrée consistant plus en monde que despense, car pour tout il n'y avoit que ung arc triumphant assez beau, où estoient quelques painctures et vers à la louange de ladicte royne, et force danses et masquarades. Ladicte ville est assez belle, grande comme la moictié de Melun. Le château est fort beau et bien commode pour les offices et autres nécessités. Il n'estoit si grand lors de la prison du feu roy François comme il est à

---

[1]. Le récit du voyage d'Élisabeth à Tolède que nous entamons est tiré de la lettre d'un s. Duran, témoin oculaire, à Antoine de Noailles, gouverneur de Bordeaux (Orig., f. fr., vol. 6911, f. 290).

ceste heure. Le roy y festoya la royne comme chez luy, où sont les plus beaux et riches meubles qu'il est possible de veoyr et en grande quantité, car chacune chambre et autres cabinets sont remplis de tapisseries et meubles tout à propos. Ceux d'Angleterre ne sont rien auprès. »

Le lendemain, Philippe II conduisit la princesse à un combat de taureaux, jeu favori de la population castillane, auquel une reine d'Espagne devait alors et doit encore aujourd'hui trouver un grand charme, sous peine de perdre la faveur de ses sujets. Deux pages venus de France eurent la jactance « d'en taster » sous les yeux de leur souveraine et « y feurent estrippez. » Le soir même, le roi dansa « le branle de la torche » avec la reine et la princesse Anne de Bourbon-Montpensier. Pendant le bal, quatre cavaliers, le comte de Beneve, don Louis Mandès del Carpio, don Pedro Bozio et le marquis d'Aguilar, firent publier un cartel « de six coups de picques, espées et haches à la barrière pour l'amour de leurs amyes. » Plusieurs gentilshommes français relevèrent le défi et se présentèrent comme assaillants, mais la reine, avertie par les accidents de la journée, leur défendit de prendre part au combat.

Le samedi 10 février, la cour quitta Madrid, passa le 11 à Iliescas, où le vicomte de Turenne, en 1527, avait épousé au nom de François Ier la princesse Léonor de Castille, sœur de Charles-Quint, et arriva le 13 à Tolède. La ville, dit notre annaliste, est « grande comme Orléans, assez mal bâtie de maisons et la pluspart de terre, assise sur une montagne contre plusieurs rochiers, environnée en la plupart du fleuve Tage, non navigable, le long duquel, au-dessus et au-dessoubs de lad. ville, y a fort beau et bon pays. Aussi est-ce la fleur de toute Espagne. L'on porte tout en lad. ville à charge d'asnes, où les rues sont estroites et si malaysées qu'à grant peyne deux chevaux y peuvent-ils passer de front; toutesfoys fort marchande. En ung des bouts, au plus hault d'icelle, est assiz le palays du roy, qui sera bien fort beau mais qu'il soit achevé. » L'élite de la noblesse de la province, les officiers de justice, l'université, la corporation des docteurs « et autres maistres de tout estat, » escortés de trois enseignes de gens de pied, chacune de 1,000 hommes « richement en point, » armés d'arquebuses et de piques, attendaient la reine à une demi-lieue de la ville. Élisabeth portait « une robe de velours noir doublée de toile d'argent, découppée à jour en tryangles et toute couverte de boutons d'or; la cote de toile d'argent; et coyffée à l'italienne. Comme elle vouloit monter sur sa haquenée, enharnachée de mesme, le roy luy envoya en don l'ung des plus beaux chevaulx blancs que je veys jamais pour faire lad. entrée, avecques une selle de femme à l'espagnole, dont le cercle de devant estoit tout d'or massif à petits pilliers de mesme, tout couvert de bonnes et grosses perles. La housse de velours cramoisy toute faicte de broderie d'or et d'argent......, le harnois de mesme, enrichy de petits pilliers d'or massif et les bossettes semblables, avec la grand couverte trainant jusques à terre ; le tout estimé de 7 à 8,000 escus. » La princesse, observe l'auteur de la relation, ne se trouva pas à l'aise sur cette selle merveilleuse, parce que l'étrier était disposé à l'espagnole, c'est-à-dire placé à gauche.

A l'entrée de la ville, sept à huit compagnies de gens d'armes à cheval donnèrent à la reine le simulacre d'un combat en attaquant les gens de pied. Les chars de triomphe, une foule de masques et de danseurs, après avoir achevé leurs « momeries, » la guidèrent aux portes de la ville, où les officiers municipaux, « vestus de drap d'or et velours viollet cramoisy, » lui adressèrent des harangues.

Élisabeth passa sous de nombreux arcs de triomphe décorés d'emblèmes et de devises à sa louange[1]. Le roi assistait à la réception du

---

[1]. Ces emblèmes et devises sont reproduits dans une plaquette fort rare, *Entrata la regale e trionfante in Spagna nella nobil citta di Toledo della ser. regina Isabella...*, par Oliveri, capello di Toledo. Milano, 1560.

haut d'une fenêtre avec son fils, don Carlos, et son frère naturel, don Juan d'Autriche. La coutume obligeait Élisabeth de jurer à ses sujets le maintien de leurs privilèges. A l'ouverture de la cérémonie s'éleva entre les seigneurs et les notables, qui devaient prendre rang aux portes de la cathédrale, une querelle de préséance si ardente « qu'il en cuyda venir de la follye. » Après une dispute d'une heure et demie, la reine entra dans l'église et prêta son serment. Il était sept heures du soir quand elle arriva au palais royal, « ayant demeuré despuys les dix à cheval[1]. »

La satisfaction que Philippe II éprouvait de son mariage est certifiée par tous les témoins. Catherine reçut bientôt « des nouvelles de la bonne chère qui feust faicte aux nopces de la royne catholique et du grand contentement que en a le roy son mary[2]. » Jamais union royale, préparée par la seule politique, n'avait été mieux assortie. Philippe II avait reçu des mains de ses plénipotentiaires, sans la connaître et sans l'avoir jamais vue, une jeune fille de quatorze ans, élevée dans une cour dissolue et

---

1. Lettre de Duran à Antoine de Noailles, gouverneur de Bordeaux (Orig., f. fr., vol. 6911, f. 290).

2. Lettre du 25 février 1559 (1560) adressée au connétable (Autogr., f. fr., vol. 3158, f. 51). — Voyez aussi la lettre de l'évêque de Limoges au roi, du 23 février (*Négociations sous François II*, p. 271).

livrée à l'intrigue, et il trouvait une femme innocente, docile jusqu'à la servitude, la compagne soumise qu'il avait rêvée. Après son mariage, il adressa à la reine de France le témoignage « de son infini contentement » et renouvela plusieurs fois les mêmes déclarations[1]. De son côté, il rendait à sa femme la soumission facile par des égards et des prévenances. Bien qu'il s'accordât de nombreuses distractions, jamais Élisabeth ne souffrit des infidélités de son mari, si même elle en fut informée. Esclave des apparences, attentif à donner le bon exemple, il se montrait fort empressé auprès de sa jeune femme. Catherine nourrissait l'illusion que sa fille prendrait peu à peu l'empire d'une maîtresse sur le roi d'Espagne et avait imposé aux dames françaises de la chambre d'Élisabeth le devoir de lui révéler les secrets de la vie des deux époux. « Elle sopa très bien, écrit Claude de Valpergue, et dormit tote la nuit avec le roy son mari, qui n'i faut jamès, sans grande occasion. Il n'i a pas lontans que une parsonne, qui peu conestre une partie de ses condisions, m'asura qu'il l'eime le plus qu'il é possible, mes qu'il é de complesion…[2]. » Il est fâcheux que la suite de cette lettre n'ait

---

1. *Négociations sous François II*, p. 296, 333.
2. *Négociations sous François II*, p. 807. La suite de cette lettre n'a pu être déchiffrée.

pu être déchiffrée, car elle aurait fait connaître de curieux détails sur la *complexion* du roi catholique. Quelle était la personne si bien informée[1] ? La discrétion de Claude de Valpergue est regrettable. Les autres dames d'Élisabeth témoignent également de l'assiduité du roi d'Espagne. « Il coche ordinairement avec elle, » écrit la dame de Vineuil ; « s'il ne trove mal au reste du jour, il ne la voit guères sovant, car il est empesché après ses négoses, suivant la costume des roys d'icy[2]. » Quand la reine sentit les premières atteintes de la petite vérole, le roi était près d'elle. Plus tard la crainte de la contagion ne put le déterminer à s'éloigner de la chambre de la malade. « Quelque chose que l'on luy ait dit de n'y venir point, il y vient tous les jours. » La princesse était d'autant plus flattée de l'amour de son mari qu'elle avait pu être témoin du délaissement de sa mère. Elle écrit à Catherine un an après son mariage : « Je vous dirés comme je suis la plus heureuse fame du monde. » Et dans une de ces heures d'ennui où peut tom-

---

1. Le nom de la princesse d'Eboli, alors fort assidue auprès de la reine (fragment de journal de mai 1560, publié par le comte de la Ferrière dans *Missions à Saint-Pétersbourg*, p. 20), viendrait naturellement à l'esprit, si l'on ne savait, depuis le savant ouvrage de Gaspar Muro, *la Princesse d'Eboli*, in-8°, 1878, que jamais Anne de Mendoza ne fut la maîtresse de Philippe II.

2. Lettre de Claude de Nancay, dame de Vineuil, à la reine mère, du 28 novembre (1561) (Autogr., f. fr., vol. 15875, f. 436).

ber toute jeune fille de quinze ans transplantée à 500 lieues de la maison paternelle : « Sy ce n'estoit la bonne compaignie où je suis en ce lieu, et l'heur que j'ay de voir tous les jours le roy, mon seigneur, je trouverois ce lieu l'un des plus fascheux du monde. Mais je vous assure, Madame, que j'ay un si bon mari et suis si heureuse que, quant il le seroit cent fois davantage, je ne m'y facherois point[1]. »

La cour d'Espagne comme la cour de France avait de nombreuses résidences : Madrid, ville moderne, déjà célèbre par la captivité de François Ier; Valladolid, l'ancienne capitale de la Castille; Ségovie et Monzon, villes du moyen âge, pourvues chacune d'un château fort; Tolède, vieille ville arabe; Aranjuez, palais digne par sa magnificence de la fille des Valois; Saint-Ildefonse, destiné à devenir le séjour préféré de Philippe II; le Pardo, rendez-vous de chasse; l'Escurial, le plus vaste château du monde, encore en voie de construction. Le roi et la reine d'Espagne, suivant les saisons, changeaient de demeure avec leur cortège de courtisans, d'officiers, de prélats, de moines et de gardes. Mais, dans les villes comme dans les châteaux, l'étiquette espagnole ne permettait aux princesses aucun plaisir extérieur, si ce n'est les combats de taureaux et les autodafés offi-

---

1. *Négociations sous François II*, p. 272, 809, 703, 813.

ciels, spectacles sanglants propres à dégoûter plutôt qu'à distraire une princesse de France. Juana de Portugal, la propre sœur du roi, la plus intime amie d'Élisabeth[1], le soir même de son arrivée à Tolède, s'enferma avec ses femmes « au plus haut du palays, en ung lieu comme ung dourtoir. Et a chacune son lict, table et autres choses nécessaires, avecques officiers pour les garder et observer[2]. » Les pauvres recluses de sang royal passaient leur vie entière sous les verrous, tête à tête avec leurs duègnes, sans livres, sans visites, sans aucune échappée au dehors, ne sortant de leur retraite que pour suivre le roi en litière fermée et changer de prison.

Tel ne fut pas le règlement de vie imposé à Élisabeth. Sans cesse elle recevait l'ambassadeur de France, les ministres du roi, les seigneurs de la cour[3]. « Elle passe son temps à danser et à lire, » écrit la dame de Vineuil[4]. Elle jouait aux martres[5], faisait des confitures, attifait des poupées, changeait et rechangeait de toilette, occupations puériles, mais appropriées

---

1. *Négociations sous François II*, p. 351.
2. Lettre de Duran à Noailles, du 21 février 1559 (1560) (Orig., f. fr., vol. 6911, f. 290).
3. *Négociations sous François II*, passim.
4. Lettre de Claude de Nancay, dame de Vineuil, à la reine mère, du 28 novembre (1561) (Autogr., f. fr., vol. 15875, f. 436).
5. *Martres*, jeu d'osselets.

à son âge[1]. Le 24 février 1560, Sébastien de l'Aubespine la surprit au milieu d'un bal qu'elle donnait à ses dames. Quelques jours après, Philippe II lui offrit un tournoi à cheval et à pied et voulut y prendre part en personne, malgré l'appréhension de la reine. A l'entrée de l'automne, elle demanda au duc de Guise des faucons, des gerfauts « pour la volerie » et un couple « de bons lévriers de Bretagne » pour la chasse en plaine[2]. Pendant le carême de 1560, elle visita les couvents et les églises de Tolède et assista à de grandes fêtes « de dévotion et de toute honnesteté[3]. » Ces promenades religieuses étaient l'occasion « d'ébats et de divertissements[4]. » Dans les mauvais jours de novembre, elle fit faire à ses filles des masques et des toilettes « aux atours du tans passé, » et elle donna un grand bal. « Il y avoit fort peu de jans, qui est chose que le roy aime bien, et dura le passe-tans plus de trois eures. Le roy mena danser la royne, qui estoit abillée ce jour-là d'ungne robbe de toille

---

1. Journal d'une des suivantes de la reine d'Espagne, publié par le comte de la Ferrière dans *Missions à Saint-Pétersbourg*, page 17.

2. Deux lettres de Sébastien de l'Aubespine en date du 31 août 1560 (Orig., f. fr., vol. 15874, f. 104 et 108).

3. Lettre de Jehan Consilium, confesseur de la reine, à Catherine de Médicis, du 17 mai 1560 (Autogr., f. fr., vol. 15874, f. 11).

4. Lettre de la dame de Vineuil du 28 novembre 1561 (Autogr., f. fr., vol. 15875, f. 436).

d'argent, gauffrée à l'espagnole avecques un bort d'or et d'argent large, et bien coifée et de pierreries; et la faisoit fort bon voire. » La dame de Clermont, qui envoie ces détails à Catherine de Médicis, certifie la bonne vie de la reine d'Espagne en ajoutant : « Je vous assure, Madame, qu'elle se fait fort grasse[1]. »

Pendant l'hiver, la jeune reine se prit de goût pour la peinture. Elle demanda en France « des crayons de toute couleur et bien faicts, qu'elle scayt que Jannet scaura luy préparer dextrement, » et fit apporter quelques modèles d'Italie. « Je l'ay trouvée, » écrit Sébastien de l'Aubespine à la reine mère, « passant le temps en ung brouillas de portrait qu'elle a feict devant moy aussi promptement qu'elle a bon esprit. Estant incroyable comme, ayant quelque peu apprins d'une de ses dames italiennes que le roy luy a donnée, elle a proufité en la painctture. Et pour ceste cause je luy ay desrobé led. brouillas que je vous envoye[2]. » La fantaisie dura longtemps. « Elle passe son temps la plus part à paindre, à quoy elle prend grand plaisir, de sorte que je pense, devant que soit ung an, qu'elle sera si bonne maistresse que celle même qui l'apprend, qui est des meilleures du

---

1. *Négociations sous François II*, p. 272, 290, 718.
2. Lettre de L'Aubespine à la reine, du 9 février 1560 (1561) (Orig., f. fr., vol. 6614, f. 58).

monde[1]. » On voudrait connaître le nom de l'artiste italienne, une « des meilleures du monde, » chargée de montrer les secrets de Raphaël à la reine d'Espagne. L'artiste fit un portrait de la reine que le nonce jugea digne d'être envoyé au pape. Quant au talent d'Élisabeth, il nous laisse des doutes. La dame Claude était peut-être meilleur courtisan que bon juge. La reine catholique donna son portrait au cardinal de Lorraine, puis à sa mère. En retour, Catherine lui envoya des tableaux et des dessins qui représentaient la famille royale de France[2].

Élisabeth avait mené des dames, des demoiselles avec la charge apparente de lui faire honneur et la mission cachée de lui servir de guide. Suzanne de Bourbon, dame de Rieux, Anne de Bourbon-Montpensier, Louise de Bretagne, dame de Clermont-Lodève, la marquise de Canillac, les demoiselles de Noyant, de Girouville, de Fontpertuis, de Poulgris, de la Boissière, Claude de Nancay, dame de Vineuil, Claude de Valpergue, spécialement attachées à sa personne; plusieurs autres, que l'autorité de Catherine avait décidées à s'expatrier. Pour éviter les conflits entre les dames des deux nations, Philippe II avait expressément recommandé au

---

1. Lettre de Claude de Valpergue à Catherine de Médicis, du 30 septembre (1561) (Orig., f. fr., vol. 3902, f. 86).
2. *Négociations sous François II*, p. 359, 806, 807, 854.

duc de l'Infantado de ne rien changer au service de la reine jusqu'à Guadalaxara[1]. La comtesse d'Urèna, de la maison de la Cueva, sœur du duc d'Albuquerque, surintendante générale, rejoignit sa maîtresse à Pampelune. L'entrevue fut pleine de tendresse. La comtesse ne tarissait pas d'hommages et Élisabeth d'éloges. Les dames espagnoles voulurent voir la reine parée à la mode de France et admirèrent si naïvement son élégance que la princesse, pour leur plaire, reprit pendant quelques jours les toilettes qu'elle avait quittées.

Les premières relations de la dame d'Urèna et de la comtesse de Clermont furent cordiales et affectueuses. Mais la *camerera mayor* n'avait pas vu sans dépit la faveur de sa rivale. A Tudele, au moment du départ, Élisabeth commanda à Lansac de Saint-Gelais d'offrir à la comtesse une place dans la litière royale. La comtesse s'épancha en protestations dévouées, mais déclina cet honneur. La reine appela madame de Clermont. Au premier mouvement du cortège, la dame d'Urèna lance ses estafiers à la suite de la reine et renverse les porteurs des demoiselles de Montpensier et de Rieux.

---

[1]. *Négociations sous François II*, p. 175, 184, 191 et 192. — Relations de Lansac, de L'Huillier et relation anonyme. Voyez aussi l'instruction de Philippe II au duc de l'Infantado (Arch. nat., K. 1643, n° 31).

Il y eut un moment de trouble. Les pages et les varlets des deux races s'insultaient avec émulation. Au bruit du désordre, la reine fit arrêter sa litière et commanda à Lansac de représenter à la comtesse que les demoiselles de Montpensier et de Rieux étaient des princesses de la maison de Bourbon, non sujettes du roi d'Espagne. La comtesse répondit avec une soumission affectée et rejeta la faute sur ses gens qu'elle promit de faire châtier, « mais je congneus à son visage, dit Lansac, qu'elle estoit un peu troublée[1]. »

Après l'installation de la reine à Tolède, Philippe II désira qu'elle fût « entièrement servie et acomodée à la façon du pays. » Sébastien de l'Aubespine, qui connaissait les inclinations du roi, conseilla lui-même le rappel des dames françaises « pour les dix mille petites riottes et difficultés » que la rivalité des deux nations engendrait journellement[2]. Plus la reine pourra

---

1. *Négociations sous François II*, p. 177.
2. Nous en savons plus aujourd'hui sur les querelles intestines des dames de la chambre d'Élisabeth que Catherine elle-même. Toutes les lettres des dames, pour parvenir à la cour de France, étaient remises à Sébastien de l'Aubespine, ambassadeur du roi. L'Aubespine en prenait connaissance et, si elles ne contenaient que des récits d'alcôve ou des médisances d'antichambre, il ne les envoyait pas à destination, de crainte d'aigrir les rapports déjà si tendus des deux cours. Ces lettres restaient dans ses papiers. C'est là que les a trouvées M. Louis Paris lorsque, en 1841, il publia les *Négociations sous le règne de François II*.

se passer de Français, écrivait-il, plus le pays sera content et le roi « moins estrange de sa chambre[1]. » Élisabeth sacrifia les aumôniers, les secrétaires, les maîtres d'hôtel, les écuyers, les gens de bouche et d'écurie, qui donnaient encore à sa maison l'apparence d'une cour française. Des deux médecins, Vincent de Montguyon et Simon Burgensis, le premier resta seul en Espagne. Le second fut renvoyé, au grand regret de L'Aubespine, parce qu'il ignorait la langue espagnole[2]. Le maître d'hôtel, le s. de Vermond[3], le secrétaire, Jehan de Bonacourcy[4], rentrèrent en France. Les serviteurs remerciés se plaignirent amèrement. Mais le roi d'Espagne se montra d'une munificence qui adoucit leurs regrets. Ils touchèrent tous, outre le chiffre de leurs gages, des gratifications de 200 à 500 écus suivant le rang[5].

La liste des dames maintenues fut difficile à

---

1. Lettre de Sébastien de l'Aubespine à la reine mère, du 2 juin 1560 (Orig., f. fr., vol. 15874, f. 30).

2. Lettre de Burgensis à la reine, du 1er juin 1560 (Orig., f. fr., vol. 15874, f. 29). — Lettre de L'Aubespine à la reine, du 2 juin (Ibid., f. 30).

3. Lettre du s. de Vermond à Catherine de Médicis, du 5 juin 1560 (Orig., f. fr., vol. 15874, f. 38).

4. Lettre de Jehan de Bonacourcy à la reine mère, du 23 juillet 1560 (Autogr., f. fr., vol. 15874, f. 73). — Lettre de Sébastien de l'Aubespine à la reine mère, du 31 août 1560 (Orig., ibid., f. 104).

5. Lettre de L'Aubespine à la reine mère, du 2 juin 1560 (Orig., f. fr., vol. 15874, f. 30).

établir, tant la cour d'Espagne imposait de suppressions[1]. Après de longs pourparlers, la princesse obtint de garder les matrones habituées aux soins de sa personne, notamment la dame de Vineuil, malgré la comtesse d'Uréna[2]. Le nom de la dame de Clermont fut discuté comme une affaire d'État. L'ambassadeur de France plaida en sa faveur auprès du duc d'Albe, comme il avait plaidé pour conserver Calais au roi. Pendant la négociation, la dame de Clermont tomba malade. Son départ fut indéfiniment ajourné. Elle guérit bientôt par les soins d'André Vésale et reprit ses fonctions au château[3]. L'ambassadeur de France lui conseilla de conserver « doulcement son rang » et le roi d'Espagne lui envoya de beaux présents[4].

Le maintien de la dame de Clermont alimenta les guerres intestines. Les demoiselles de Rieux et de Montpensier échappaient à la lutte par leur qualité de princesses du sang, mais Louise de Bretagne, la conseillère en titre, la confidente de toutes les heures, fut journellement attaquée. Tantôt elle avait raillé l'étiquette, méprisé les

---

1. *Négociations sous François II*, p. 273, 301, 354.
2. Lettre de Sébastien de l'Aubespine à la reine mère, du 31 août 1560 (Orig., f. fr., vol. 15874, f. 104).
3. Lettre de L'Aubespine à la reine, du 24 juillet 1560 (Orig., f. fr., vol. 15874, f. 75).
4. Lettre de Sébastien de l'Aubespine à la reine mère, du 2 juin 1560 (Orig., f. fr., vol. 15874, f. 30).

seigneurs de la cour, empiété sur les droits des dames espagnoles. Son ignorance de la langue permettait à ses rivales d'incriminer toutes ses paroles. Quand elle eut préparé son terrain, la comtesse d'Urèna adressa de faux rapports au roi, au duc d'Albe, au comte de Melito, à Catherine de Médicis elle-même par l'intermédiaire d'un envoyé extraordinaire, Garcilasso de la Vega. Poussée à bout, Élisabeth résolut d'en référer au roi, mais elle n'osa pas « luy en parler au lict. » Un matin, encouragée par l'ambassadeur de France, qui « luy avoit faict le bec, » elle fit appeler le roi dans sa chambre et le supplia « luy voulloir laisser lad. dame et non croire autre chose que tout ce que l'on doibt de la personne du monde qui méritoit le plus. » Madame de Clermont était présente « qui sceut bien faire sa harangue. » Le roi, indécis au milieu de ces requêtes féminines, mélangées de doléances et de larmes, eut la sagesse de donner raison à sa femme et « monstra entière satisfaction. » La comtesse d'Urèna fut obligée de présenter des excuses et « feit avec lad. dame nouvelle alliance[1]. » La reine, écrit Sébastien de l'Aubespine, « se trouve bien d'avoir ung peu montré les dents à ceste nation, laquelle, à dire vérité, est de si bon naturel qu'elle n'aime rien

---

1. *Négociations sous François II*, p. 460, 713, 721.

en ce monde que ce qu'elle craint[1]. » Cependant la comtesse cherchait la revanche de son échec. Un jour, à Tolède, Élisabeth et Juana de Portugal voulurent « s'aller promener et disner » dans un jardin hors de la ville. Les équipages furent commandés pour le lendemain. Le matin arrivent à la file coches et litières. Les deux princesses montent dans le premier coche; la comtesse d'Urèna monte dans le second et donne précipitamment le signal du départ. Madame de Clermont réclame une place au grand maître d'Albe. Le comte, d'un air indifférent, lui crie d'attendre les litières, saute sur son cheval et galope après le coche royal. Madame de Clermont, « se dépitant, » resta sur la porte et s'en alla dîner chez l'ambassadeur de France. Le soir, Élisabeth adressa des reproches au comte d'Albe, « dont il se fascha fort, et se plaignit au duc d'Albe et au roy, estant à demy mort du mauvais visage de sa maistresse, estimant que cela venoit de mad. de Clermont. »

Le comte d'Albe d'Aliste, beau-frère du duc d'Albe, était un personnage dur et hautain. « Oultrageux en ambition de seul gouverner et quasi commander à sa maîtresse, » il méprisait les gentilshommes qu'elle avait amenés de France. L'un d'eux, Americ Ferrier, marquis de

---

[1]. Lettre de Sébastien de l'Aubespine à la reine, du 31 août 1560 (Orig., f. fr., vol. 15874, f. 104).

Bourdelon, « se lamenta » à la reine de France d'être traité « non pas selon ma qualité, dit-il, mais ne pis ne mieux que si j'estois un simple valet[1]. » Le comte d'Albe voulait surtout éloigner la dame de Clermont, « afin de mieux posséder et régner seul. » Heureusement pour le repos d'Élisabeth, il remplit peu de temps la charge de grand maître. En août 1560, il se retira à la campagne pour cause de santé[2] et mourut six mois après d'une hémorragie causée par l'extraction d'une dent[3]. Le duc d'Albe hérita de ses fonctions. L'entrée dans la maison de la reine de ce haut seigneur, supérieur à tous les courtisans, déplut à la comtesse d'Urèna. La reine réussit à l'amadouer et lui fit adresser par Catherine des lettres qui le flattèrent. « Nostre comtesse, écrit Claude de Valpergue, quelque bonne mine qu'elle fasse, n'est pas un brin contente, car elle pansoit, puisque le conte estoit mort, d'estre le tout et commancer à parler bien aut, à commander ; mès la reine luy monstre à ceste eure qu'elle veut estre ors de page, de sorte qu'elle ne sest où elle en est ; et tout le monde en est extremement rejoy, mes-

---

1. Lettre d'Americ Ferrier à la reine Catherine, du 30 mai 1560 (Orig., f. fr., vol. 15874, f. 27).

2. Lettre de Sébastien de l'Aubespine à la reine, du 31 août 1560 (Orig., f. fr., vol. 15874, f. 104).

3. Lettre de la dame de Vineuil du 15 février 1560 (1561) (Orig., f. fr., vol. 6606, f. 72).

mement nos aultres que dépandons d'elle[1]. »

Pendant l'année 1560 survint « une fortune » qui causa plus d'affliction à Élisabeth que la mort du comte d'Albe. Elle avait amené de Blois une jeune fille, nommée Chaisneau, et l'avait donnée à Mlle de Guitinières. Chaisneau tomba malade à Aranjuez et fut soignée dans un couvent. Après une assez longue convalescence, elle s'échappa déguisée en religieuse et rentra au palais. Bientôt elle donna des signes d'aliénation mentale. Tantôt elle prétendait entendre des voix du ciel; tantôt elle accusait les religieuses de vouloir la faire bouillir comme luthérienne. Elle couchait habituellement avec Mlle de Guitinières. Une nuit, vers une heure, elle sortit du lit, se vêtit seulement de sa cotte et trouva la force de dévisser une ouverture condamnée. Comme elle faisait du bruit, Mlle de Guitinières s'éveilla et l'invita à reprendre sa place. Chaisneau lui répondit qu'elle allait parler à ceux qui l'appelaient et se jeta par la fenêtre. Elle tomba du haut de vingt toises et mourut sur le coup. « La royne, dit L'Aubespine, en fut deux ou trois jours en quelque frayeur[2]. »

Le départ des serviteurs français n'avait pas

---

1. *Négociations sous François II*, p. 273, 710, 815, 817.
2. Lettre de Sébastien de l'Aubespine à la reine mère, du 19 mai 1560 (Orig., f. fr., vol. 15874, f. 17). — Voyez aussi un fragment de chronique publié par le comte de la Ferrière dans *Deux années de mission à Saint-Pétersbourg*, p. 19.

rendu la paix à la cour de la reine. La comtesse d'Urèna continuait de saper le crédit des dames de Clermont et de Vineuil, bien que chacune se montrât attentive à ne pas sortir de son rôle. En public, à la cour, la comtesse occupait le premier rang. Elle suivait la reine, portait la queue de sa robe, s'asseyait seule à côté d'elle, lui remettait ses heures de messe, gardait ses gants, transmettait ses ordres. En privé elle était exclue du service. Élisabeth faisait fermer la porte de sa chambre, se livrait aux mains de ses favorites et ne laissait rentrer la comtesse que lorsqu'elle était habillée et parée[1]. Ces dames la servaient avec une minutie dont il serait puéril de présenter le détail, si les petits tableaux de mœurs ne contenaient de grands enseignements sur les hommes. Les charges les plus intimes ne répugnaient pas à leur dévouement. Le soin des « besongnes » de la reine appartenait particulièrement à Claude de Valpergue, qui enregistrait soigneusement les avances ou les retards. La dame de Vineuil était commise au lever, au coucher, aux toilettes de jour et de nuit, gardait les bijoux et veillait dans la chambre de la reine, même quand Philippe II était présent. La dame de Clermont s'occupait de la santé de sa maîtresse. Elle l'empêchait de rester

1. Lettre de L'Aubespine à la reine mère (Copie du temps, sans date; f. fr., vol. 6614, f. 91).

trop longtemps couchée, « pource que le lict la guarde d'aller à ses affaires. » Lorsque Élisabeth eut la petite vérole, la dame de Clermont pansa elle-même les taches, d'abord avec de l'eau et du sel, puis avec du baume, avec du lait d'ânesse, avec des œufs frais. Voici un rapport encore plus intime qu'elle adresse à la reine mère : « Pour ce qu'elle (la reine d'Espagne) avoit pris hier, il luy vint anvie d'aller à ses affaires ; mès, pour ce qu'il y avoit deux jours qu'elle n'y estoit allée, il estoit deur ; et est pour saite heure plus malesée d'y aller, à l'ocasion des clisetaires, qu'elle n'a acoustumée ; qui luy fist tant de mal à se tant eforser, sans y pouvoir aller, qui luy fit fort grant mal au fondement et luy fit fort anfler ; qui me faict panser, Madame, que ce sont amorides. Je lui étuvé de lait et safranc, et fut contrainte là mesme de lui bailler ung clisetaire, qui lui fit aller à ses afaires sans mal. Et depuis elle s'est bien portée sans s'en santir ; car devant elle ne se povet bouger. Les médesins lui ordonnent, pour lui tenir le vantre lache, de manger toujours au commencement du repas des pruneaux de Tours, que lui a donné M. l'ambassadeur ; qui me fait vous suplier, Madame, nous en envoyer par tous les courriers[1]. »

---

1. *Négociations sous François II*, p. 460, 718, 803, 805, 809, 810, 836.

La comtesse d'Urèna était écartée de ces
« confidences. » Sans doute elle jouait le premier rôle, mais ce rôle était tout d'apparat et
ne l'avançait pas dans l'intimité de la reine. Elle
savait que, matin et soir, après avoir verrouillé
les portes de la chambre royale, ses rivales raillaient sa suffisance et ses dénonciations, que le
roi n'avait pas écoutées. Son dépit lui inspira
une tactique astucieuse. La nourrice d'Élisabeth, obligée de rentrer en France, avait été
remplacée par la dame de Vineuil. La dame de
Clermont en devint jalouse. Bientôt, sur les
démêlés des Françaises et des Espagnoles, se
greffèrent les démêlés des Françaises entre
elles. Il appartenait à la comtesse d'Urèna de
régler le différend. Elle eut l'habileté de les
aigrir les unes contre les autres. « De là est
procédé, dit L'Aubespine, que souvent sont
échappés force coups de bec, que ceste nation
est bien aise de voir et entendre. » La querelle
s'échauffant, il fut avéré que l'une des deux
dames devait prendre sa retraite. Le duc d'Albe
trancha le débat en demandant à Catherine de
Médicis le rappel de la dame de Clermont. Catherine de Médicis chargea l'ambassadeur de préparer la séparation. François de Clèves, comte
d'Eu, devait épouser Anne de Bourbon-Montpensier[1]. La reine mère décida que, au mois de

---

1. Le récit de sa réception est contenu dans un mémoire de

mai, la dame de Clermont suivrait les nouveaux époux en France. « Je arès peur, » écrit-elle à Élisabeth, « si (le roi) voyet que ladyste dame demeuret ancore, qui pensase que je la voleuse tenyr auprès de vous pour espion, et que cela feut cause que le roy, vostre mari, s'estrangât de vous[1]. »

Au commencement d'avril 1561, Sébastien de l'Aubespine demanda officiellement le congé de la dame de Clermont[2] et des demoiselles de Noyan, de Guitinières, de Fumel, de Montal et de Curton, « estant jà la royne catholique tant accoustumée et quasy tournée à la façon du pais, qui semble qu'elle n'avoit besoin d'aultre compaignie ne assistance que des siens[3]. » Philippe II, avec une grâce parfaite, commanda de distribuer à ces dames de splendides présents. Chacune d'elles reçut cinq ou six vêtements complets. En outre, la future comtesse d'Eu reçut 4,000 écus, un diamant et un rubis du prix de 3,000 écus[4] ; Mme de Clermont,

---

L'Aubespine en date du 20 mai 1561 (Copie du temps; f. fr., vol. 3192, f. 46).

1. *Négociations sous François II*, p. 704, 706, 707, 708, 709, 719, 721, 836, 840, 862.

2. La dame de Clermont, quelques jours auparavant, avait déposé sa démission (Lettre de L'Aubespine à la reine mère, mars 1561; orig., f. fr., vol. 6614, f. 81).

3. Lettre de L'Aubespine à la reine mère, du 3 avril 1560 (1561) (Orig., f. fr., vol. 15874, f. 1).

4. La duchesse de Montpensier adressa des remerciements à Philippe II (Orig. sans date; Arch. nat., K. 1496, n° 9).

4,000 écus; les demoiselles, 2,500 écus; les femmes de service, 300 écus[1]. La libéralité du roi consola les dames. Quant à la douce Élisabeth, elle était résignée à tous les sacrifices. Elle porte « saigement et vertueusement, » écrit Sébastien de l'Aubespine, « le partement d'icelles[2]. »

Cette princesse, si soumise à son mari, si bien élevée à obéir, joua, en digne fille de Catherine de Médicis, pendant le peu d'années qu'elle passa sur le trône d'Espagne, un rôle politique d'une certaine importance. Toutes les affaires de France passaient entre ses mains et elle s'efforçait de leur donner une solution conforme aux intérêts des deux grandes puissances catholiques. Antoine de Bourbon, représentant de la maison d'Albret, que Ferdinand le Catholique avait dépouillée, importunait Philippe II de ses plaintes. Tantôt il demandait la Sardaigne ou la Corse, tantôt Milan ou Sienne, tantôt la Tunisie, en compensation des biens patrimoniaux de Jeanne d'Albret. Pendant la première année du règne de Charles IX, Antoine voulut essayer

---

1. Mémoire de Sébastien de l'Aubespine du 20 mai 1561 (Copie du temps; f. fr., vol. 3192, f. 46). — Voyez aussi la lettre de L'Aubespine du 3 avril citée dans une note précédente.

2. Lettre de L'Aubespine à la reine mère, du 10 mai 1561 (Orig., f. fr., vol. 3192, f. 31). — *Lettres de Catherine de Médicis*, t. I, p. 200, 233, 296.

de l'intimidation et protégea les huguenots. Élisabeth l'avertit qu'il n'obtiendrait jamais rien. Au commencement de l'année 1562, « il changea de veste » et se fit le chef des catholiques. Dès lors Élisabeth ne cessa d'intercéder en sa faveur. Elle allait l'emporter quand le roi de Navarre mourut, le 17 novembre 1562, d'une blessure reçue sous les murs de Rouen[1].

Les efforts pour ramener la politique de la reine mère au catholicisme ardent, dont Philippe II était le champion, occupent la correspondance de la reine d'Espagne. Elle blâme énergiquement le colloque de Poissy, l'édit de janvier, la paix d'Amboise, l'amnistie générale accordée aux séditieux qui venaient de déposer les armes, la faveur que les capitaines du parti réformé retrouvent à la cour le lendemain de l'édit de pacification, l'impartialité des commissaires envoyés dans les provinces, l'autorisation accordée à certaines villes de célébrer le culte calviniste dans leurs faubourgs et à quelques seigneurs huguenots dans leurs maisons. Çà et là, dans les lettres de la reine d'Espagne, surgissent d'aigres remontrances, tandis que Catherine, honteuse de son asservissement, invoque les circonstances atténuantes. Cette correspon-

---

[1]. Voyez les documents que nous avons publiés dans les tomes III et IV d'*Antoine de Bourbon et Jeanne d'Albret*.

dance dura jusqu'à l'entrevue de Bayonne (juin 1565)[1].

Depuis le mariage de sa fille, la régente de France n'avait cessé de désirer une rencontre avec Philippe II. Le roi d'Espagne protestait de « son incroyable envie » de voir sa belle-mère et éludait sans cesse le rendez-vous[2]. Le voyage de Charles IX dans le midi de la France « le mit au pied du mur. » Philippe II envoya alors la reine d'Espagne à Bayonne avec des conseillers capables de guider son inexpérience. L'entrevue eut lieu au commencement de juin 1565. Pendant dix-neuf jours, Catherine retint sa fille et traita avec les seigneurs de son conseil. Les progrès de la réforme, le concile de Trente, les menaces de la reine d'Angleterre, les invasions des Turcs, les alliances, sans cesse renouvelées et sans cesse remises en question, des cours de France et d'Espagne occupèrent les conférences. Élisabeth prenait part aux négociations avec une fermeté, une sagesse qui déroutait la reine mère. Philippe II accusait la régente de ménager les réformés ; la reine catholique reprocha à sa mère la politique du laisser-faire. « Vous êtes devenue bien Espagnole, » lui dit sévèrement Cathe-

---

1. Voyez la correspondance de Catherine avec sa fille pendant les années 1561 et suivantes dans les tomes I et II de *Lettres de Catherine de Médicis*, publiées par le comte de la Ferrière.
2. Lettre de L'Aubespine à la reine mère, du 19 mai 1560 (Orig., f. fr., vol. 15874, f. 17).

rine. — « Je suis Espagnole, je l'avoue, répondit Élisabeth, comme c'est mon devoir; mais je suis toujours votre fille et je suis restée telle que j'étois lorsque vous m'envoyâtes en Espagne[1]. »

Le 1ᵉʳ juillet 1565, la reine d'Espagne quitta Bayonne. Charles IX l'accompagna jusqu'à Saint-Jean-de-Luz et Catherine jusqu'à Irun. Élisabeth laissait à la cour de France, qu'elle ne devait jamais revoir, « de doux et agréables souvenirs, écrit l'ambassadeur d'Espagne, dans le cœur de tous les bons et plus dans le cœur de ceux qui l'ont entendue parler sur les choses de la religion[2]. » La séparation de la famille royale à Saint-Jean-de-Luz fut déchirante. Charles IX pleura comme un enfant. « A Saint-Jean-de-Luz, raconte Alava, commencèrent les larmes de Sa Majesté, de sa mère et de son frère, et certes elles furent abondantes et vraies, parce que leur amour mutuel est grand. A Saint-Jean, le connétable entra dans la chambre de ce roi et lui dit qu'il ne devoit pleurer pour aucune cause, parce que ce seroit remarqué par ses sujets et par les étrangers et parce que les larmes ne conviennent pas aux yeux des rois; mais il

1. L'entrevue de Bayonne et les négociations auxquelles elle donna lieu sont présentées avec détails par le comte de la Ferrière dans l'introduction du tome II des *Lettres de Catherine de Médicis.*

2. Lettre de Francis de Alava à Philippe II, du 1ᵉʳ juillet 1565 (Orig. espagnol; Arch. nat., K. 1504, n° 41).

tenta en vain de le persuader. Le roi loua et approuva ses conseils ; mais les larmes et les sanglots n'en furent pas moins abondants. Au départ de Sa Majesté dud. village et à l'entrée dans la barque d'Irun, il montra avec quelle tendresse il aime la reine, notre maîtresse. La reine mère et le frère du roi firent de même dans tous les villages et plus à Irun. La reine, notre maîtresse, leur causa tel regret que durant quelques heures ils en furent accablés[1]. »

Brantôme, le courtisan bavard et conteur, avait rapporté de son voyage en Espagne, en 1564[2], le récit des prétendus amours de don Carlos et d'Élisabeth[3]. La princesse, en voyant l'infant, aurait été frappée au cœur d'un amour invincible comme les victimes de la Vénus antique. Don Carlos de son côté, séduit par la princesse, n'aurait pu pardonner à son père de la lui avoir enlevée. Le prince, torturé par la jalousie, aurait usé sa vie à conspirer contre son père, et, trahi par ses confidents, aurait payé de la tête ses prétendus complots. Le récit était trop séduisant pour ne pas faire fortune dans une cour galante. Nous allons l'étu-

---

1. Lettre d'Alava à Philippe II, en date du 4 juillet 1565 (Orig. espagnol; Arch. nat., K. 1504, n° 42).

2. M. Gachard en donne la date exacte, novembre 1564 (*Don Carlos et Philippe II*, p. 149).

3. Brantôme, t. II, p. 101, et VIII, p. 5 et ailleurs.

dier à l'aide des documents originaux et nous nous flattons de prouver combien il est éloigné de toute vraisemblance.

La première entrevue d'Élisabeth et de don Carlos eut lieu au palais royal de Tolède. L'infant, « vestu d'une chausse et pourpoint blanc, avecques une juppe de velours noir à grandes bandes de broderye d'or et d'une cappe de serge de Florence, bandée de mesme, accompagné de don Juan d'Autriche, du prince de Parme et autres jeunes seigneurs, l'attendoyt à pied, avecques tout l'honneur et révérance qu'il est possible ; s'efforçant de luy baiser les mains, ce qu'elle ne voulust souffrir ; mais seulement ladicte dame l'embrassa, sans toutefoys le baiser. La conduysant en sa chambre, il luy tint d'honnestes et gracieux propos sur le grant désir qu'il avoit longtemps eu de la veoir et la servir ; ce qu'il accompagnoit d'aultant bonne grâce et majesté qu'il est possible. Il a encores sa fiebvre quarte, mais non tant que cy devant. Il demeura assés longtemps avec elle, puys se retira [1]. »

Voilà le récit authentique de cette première rencontre.

Don Carlos, fils unique de Philippe II et de Marie de Portugal, avait alors un peu plus de

---

1. Lettre de Duran, témoin oculaire, à Antoine de Noailles, gouverneur de Bordeaux (Orig., f. fr., vol. 6911, f. 290).

quatorze ans. Jamais prince n'avait été plus disgracié par la nature. Boiteux et cagneux à ne pouvoir marcher droit, il avait une tête énorme, un buste court, le dos voûté, les épaules inégales, des jambes et des bras d'une longueur démesurée. D'après les uns il était bègue ; d'après les autres il s'exprimait avec difficulté. Son intelligence, naturellement bornée, était affaiblie par de fréquents accès de fièvre. Il parlait sans suite ; il interrogeait et écoutait sans comprendre. Faible de complexion, intimidé peut-être par sa faiblesse même, il n'aimait aucun des brillants exercices de la jeunesse. Il n'était enclin qu'aux plaisirs de la table. Tantôt il mangeait « tout un chapon bouilli coupé en petits morceaux et sur lequel on a versé le jus exprimé d'un gigot de mouton ; tantôt il se livrait à un long jeûne et s'en dédommageait le soir en engloutissant alors une quantité d'aliments qui suffirait à d'autres pour deux ou trois repas[1]. » La bonté ne rachetait aucun de ces désavantages. Il n'avait pas de plus grand plaisir, écrit l'ambassadeur vénitien, que de faire rôtir des animaux vivants. Il faisait bâtonner les gens de basse condition qui se présen-

---

[1]. Voyez les divers portraits de ce prince publiés d'après les rapports des témoins par M. Gachard, *Don Carlos et Philippe II*, chap. VII. — Voyez aussi les rapports des ambassadeurs vénitiens publiés par M. Gachard, in-8°, 1856.

taient devant lui. Il commettait de tels actes de cruauté que l'ambassadeur n'ose les raconter. Haineux et vindicatif, il était la terreur de ses gens. Ses mauvais instincts s'étaient aggravés par la sévérité ou l'indulgence, tour à tour excessives, des gouverneurs qui avaient osé se charger de son éducation. Dans ce triste petit-fils de Charles-Quint, on trouve à la fois un esprit faible et un mauvais naturel, « avec aliénation d'esprit parfois, écrit l'ambassadeur Tiepolo, accident d'autant plus notable chez lui qu'il paraît en avoir hérité de sa bisaïeule[1]. »

Tel était le prince, plus digne de pitié que de tout autre sentiment, à qui Élisabeth avait été promise du vivant de Marie Tudor. Leurs premières relations furent affectueuses. Elle l'a accueilli, écrit Sébastien de l'Aubespine au roi, « avec tel caresse et comportement que si le père et toute la compaignie en ont receu un singulier contentement, led. prince l'a encores plus grand, comme il a démontré depuis et démonstre lorsqu'il la visite, qui ne peut estre souvent ; car, outre que les conversations de ce pays ne sont pas si fréquentes et faciles qu'en France, sa fièvre quarte le travaille tellement que de jour en jour il va s'exténuant. » Deux mois après l'arrivée d'Élisabeth, il eut un accès

---

1. Jeanne la Folle, mère de Charles-Quint.

de fièvre, qui « dura depuis les neuf heures du soir jusques aux neuf heures du matin, avec ung froid beaucoup plus rigoureux et long qu'il n'avoit senty. » Au mois de juillet, il était toujours « fort travaillé de sa fièvre quarte. » Au mois d'août, l'état de la santé de l'infant obligeait le roi d'Espagne à différer indéfiniment l'assemblée des Cortès où il devait figurer. L'année suivante, le roi renonça à le traîner à sa suite et le laissa à Tolède aux mains de ses nombreux médecins. Élisabeth écrit à sa mère : « Le prince a encores sa fiebvre quarte et ne luy diminue point[1]. »

Un accident aggrava l'état du prince. Pendant un séjour à Alcala, il avait pris en affection la fille du concierge de son palais et lui donnait, à l'insu de son gouverneur, des rendez-vous secrets dans un jardin. Le dimanche, 19 avril 1562, en courant au-devant d'elle par un passage dérobé, il manqua les dernières marches d'un escalier et tomba la tête en avant. A ses cris les officiers accoururent et le relevèrent. Le prince avait une blessure à la tête que les soins des médecins aggravèrent. Après onze jours de pansement, il était en proie à une

---

[1]. *Négoc. sous François II*, p. 271, 291, 809, 813. — Lettre de L'Aubespine au cardinal de Lorraine et au duc de Guise, du 3 juillet 1560 (Orig., f. fr., vol. 15874, f. 69). — Autre, du 13 août (Ibid., f. 136).

fièvre ardente, mêlée de délire. Les médecins déclarèrent que le cerveau était atteint et mirent à nu le crâne du blessé. Le 5 mai, l'infant était presque paralysé; le 9 il fut trépané, horrible supplice que la médecine empirique du moyen âge infligeait quelquefois à ses victimes. Le 10, l'ambassadeur de France écrit à la reine mère que le prince touche à sa dernière heure. Après plusieurs jours passés entre la vie et la mort, les médecins l'abandonnèrent. Dès lors il entra en convalescence. Le 14 juin, il était rétabli. Sa constitution l'avait emporté; mais son intelligence était encore affaiblie[1].

Dans le trouble où les mauvaises nouvelles de l'infant jetaient la cour d'Espagne, la reine Élisabeth montrait les sentiments d'une mère. Il ne manquait pas à la cour de conseillers capables de lui faire entrevoir qu'elle n'avait pas à regretter un prince dont ses propres enfants devaient hériter[2]. Chaque jour elle s'informait de sa santé, plaignait ses maux, et, quand elle recevait sa visite, s'efforçait de le consoler. Tantôt, pour le distraire, elle lui donnait « quelque plaisir de bal et autres honnestes passe-temps; »

---

1. Gachard, *Don Carlos et Philippe II*, chap. IV. — *Négoc. sous François II*, p. 888 et 889.
2. *Négoc. sous François II*, p. 291. — Lettre de L'Aubespine au card. de Lorraine et au duc de Guise, du 3 juillet 1560 (Orig., f. fr., vol. 15874, f. 69).

tantôt elle le conviait aux chasses et aux voyages de plaisance. Sa correspondance est pleine de témoignages de compassion pour l'infant. Elle en adresse même à sa mère, devant laquelle il n'était pas nécessaire de jouer une comédie larmoyante[1]. Le prince était reconnaissant de cet intérêt. « Il paroît en ses actions, écrit le secrétaire Duran, grande humilité et révérence à la Royne. » Lorsque Élisabeth eut la petite vérole, il s'inquiétait avec anxiété des progrès de la maladie. Les lettres des dames caractérisent cette affection enfantine qui était de la gratitude. En août 1560, la dame de Vineuil écrit à Catherine de Médicis : « Le prince ayme la royne singulièrement, de façon qu'il ne se peult soler de an dire du bien[2]. » Dans une autre lettre (28 novembre 1564), la dame de Vineuil donne à la reine mère des explications qui complètent ses précédents rapports. Don Carlos se trouvait alors en convalescence.

Le prince est guéri de sa fièvre carte. L'œr d'Alcala li a esté si propisse que, tant arrivé là, il n'eust que un excès de fièvre despuis. Don Carle[3] le fut veoir de la part de la roine quatre jours après qui fut là. Il dict qu'il en monstra une réjoissance bien fort grande et que, après avoir leu sa letre, il lui dict qu'il croict que sa

---

1. *Négoc. sous François II*, p. 291, 460, 889 et *passim*.
2. Lettre de Duran à Noailles (Orig., f. fr., vol. 6911, f. 290). — *Négoc. sous François II*, p. 460, 809.
3. *Don Carle*, secrétaire de la reine d'Espagne.

visitation lui doroit (donneroit) la santé. Et mit la letre au chevest de son lit, où il estoit coché, atandant la fièvre qu'il n'y revit point (qui ne revint point). Il l'aime extrêmement, come je vous ai mandé, Madame, par otres mienes ; et ceste amitié li augmente tosjours, aparante à touts. Un peu devant qu'il s'an ala, suivant quelque propos, il li sohetet des enfants[1].

Les preuves de commisération prodiguées par Élisabeth à don Carlos lui étaient inspirées par sa générosité et aussi par le désir de mener à bonne fin une négociation matrimoniale en faveur de sa sœur cadette, la belle Marguerite de Valois. Catherine de Médicis, mal informée sans doute de l'incapacité de l'infant, avait résolu de lui donner sa troisième fille, celle qui en 1572 épousa le Béarnais. De toutes les missions qu'elle avait confiées à la reine d'Espagne, aucune ne lui tenait plus à cœur[2]. Les pourparlers avaient été entamés avant le mariage de Philippe II. Au commencement de 1561, la reine Catherine envoya en Espagne le portrait de Marguerite. Le tableau fut montré avec intention à don Carlos et à Philippe II. Élisabeth raconte elle-même cette scène à sa mère : « Quant les pintures arrivèrent, la princesse (Jeanne de Portugal) estoit issy, qui les treuva

---

1. Lettre de Claude de Nancay, dame de Vineuil, à la reine mère, du 28 novembre (1561) (Autogr., f. fr., vol. 15875, f. 436).
2. *Lettres de Catherine de Médicis*, t. I, p. 87, 145, 192, 247, 604 et ailleurs. — *Négoc. sous François II*, p. 801 et suiv.

les plus belles du monde et prinssipalement celle de ma petite sœur. Et le prince vint après, qui les vist et me dit trois ou quatre fois en riant : *Mas hermosa es la pequegna*. Si est aussy ; et je ay asseurés bien qu'elle estoit bien faite ; et mad. de Clermont luy dit que c'estoit une belle famme pour luy. Il se print à rire et ne répondit. Le roy l'a trouvée fort belle et m'a demandé si elle estoit grande[1]. » Les dames d'Élisabeth constatent que la proposition paraissait plaire au prince. La dame de Clermont raconte « qu'il se prist à rire et rougir. » La dame de Vineuil ajoute hardiment : « Je crois qu'il voudroit estre davantage son parant[2]. » Jehan Conseil, le confesseur d'Élisabeth, écrit à Catherine que les Espagnols sont tant « édifiés de la royne qu'ils disent qu'il leur fault encores avoir mad. vostre aultre fille pour leur prince[3]. »

Un peu plus tard Catherine invite sa fille, au nom de son propre intérêt, à de nouvelles démarches en faveur de Marguerite. Elle lui

---

1. *Négociations sous François II*, p. 806.
2. *Négociations sous François II*, p. 803 et 460. M. Paris a cru reconnaître dans ces derniers mots l'expression voilée de l'affection de don Carlos pour Élisabeth. Il nous semble que notre interprétation est bien plus vraisemblable. Comment don Carlos aurait-il été *davantage le parent de la reine* s'il eût été aimé d'elle ? Il n'en est pas de même s'il fût devenu son beau-frère.
3. Lettre de Jehan Consilium à la reine, du 17 mai 1560 (Autogr., f. fr., vol. 15874, f. 11).

prescrit d'écarter la candidature des archiduchesses de la maison d'Autriche ; elle repousse les demandes du roi de Navarre ; elle combat les sourdes intrigues que les Guises nouent à la cour d'Espagne en faveur de Marie Stuart et charge sa fille de les prévenir de vitesse[1]. Aux instances de la reine mère, Philippe II opposait une réserve prudente. Il répondit à Élisabeth « que son fils estoit si jeune et en tel estat qu'il y avoit tamps pour tout. » Il avait perdu beaucoup de ses illusions sur l'avenir de l'infant. D'ailleurs la réponse pouvait être ajournée ; don Carlos avait quatorze ans ; Marguerite six ans ; ils pouvaient attendre.

Deux ans après, le conseiller favori de Philippe II, Ruy Gomez de Silva, fut plus précis que son maître. Il dit à l'ambassadeur de France « que le mariage du prince n'estoit tant hors d'espoir comme l'on eust pensé, mais que l'indisposition et imbecillité qui se voyoit en sa personne avoit retenu son père jusques icy de traicter rien de son mariage, de peur que de luy bailler si tost femme portast préjudice à avoir lignée[2]. »

[1]. Voyez les documents publiés dans *Négociations sous François II*, p. 294, 435 et suiv., 803 et suiv., la correspondance de la reine mère publiée par M. de la Ferrière (*Lettres de Catherine de Médicis*, t. I, p. 87, 145, 192, 247, 604 et ailleurs) et une lettre autographe de Catherine à sa fille (F. fr., vol. 6605, f. 48).

[2]. Lettre de Saint-Suplice à la reine mère, du 27 août 1563 (Copie du temps ; f. fr., vol. 3162, f. 11 v°).

Catherine de Médicis reprit la négociation après l'entrevue de Bayonne, mais elle ne réussit pas à vaincre les hésitations de Philippe II. En vain Jean d'Ébrard de Saint-Suplice, ambassadeur de France, convertit aux desseins de la cour des Valois les principaux conseillers du roi d'Espagne. Ruy Gomez, le duc d'Albe, les secrétaires promirent leur appui. Le roi ne put se décider[1]. Bientôt l'infant, mécontent de son père, perverti peut-être par les conseils des ambitieux qui dirigeaient son faible esprit, prépara secrètement, à l'instar de Louis XI, sa fuite hors du royaume. Il fut alors relégué dans une tour à Madrid et se livra à de telles extravagances que le reste de ses forces y succomba. L'ambassadeur de Venise, interrogeant un seigneur de la cour sur l'état du prince, reçut cette réponse : « S'il ne perd pas la cervelle, ce sera un signe qu'il l'avait déjà perdue[2]. » Deux mois après, à la suite d'excès de table multipliés, don Carlos fut pris d'indigestion, de vomissements et de fièvre ardente. Il rendit le dernier soupir le 24 juillet 1568, à l'âge de vingt-trois ans. Son emprisonnement, sa fin presque mystérieuse ont fait peser sur la mémoire du roi d'Espagne

1. Mémoire de Saint-Suplice à la reine, en date du 11 août 1565 (Copie du temps; f. fr.; vol. 3163, f. 101). — *Lettres de Catherine de Médicis*, t. II, p. 326, 327, 330, 347.

2. Lettre de Cavalli du 7 mai 1568, citée par Gachard (*Don Carlos et Philippe II*, p. 465, note).

l'accusation de l'avoir mis à mort. Les études de M. Gachard ont fait justice de cette calomnie.

Pendant les premières années de son mariage, Élisabeth ne donna point d'héritier à Philippe II. Aussitôt arrivée en Espagne, elle fut menacée de la petite vérole[1]. A la fin de septembre 1560, nouvelle indisposition[2]. En décembre la petite vérole se déclara et prit de la gravité dès les premiers jours. La reine mère éprouva une vive anxiété, non pour la vie de sa fille, mais sur l'état de son visage[3]. La force de la jeunesse triompha des médecins espagnols et des abondantes saignées qu'ils infligeaient à leurs malades. Le 16 avril 1561, la dame de Vineuil annonce à Catherine que sa fille est rétablie et qu'elle ne sera point défigurée[4].

Deux systèmes partageaient les médecins de la reine d'Espagne. Les uns lui imposaient la loi de rester couchée une partie de la journée, les autres de faire un exercice immodéré. Les influences de palais faisaient triompher tantôt

---

1. *Négoc. sous François II*, p. 272, 301, 304.
2. Lettre de Philippe II à la reine mère, du 24 septembre 1560 (Minute; Arch. nat., K. 1493, n° 88).
3. *Lettre de Catherine de Médicis*, t. I, p. 162, 163, 223, 566, 575 et ailleurs. — *Négoc. sous François II*, p. 801 et suiv.
4. Lettre de la dame de Vineuil à la reine mère, du 16 avril (1561) (Autogr., f. fr., vol. 3189, f. 48). — *Négoc. sous François II*, p. 803, 808.

l'un tantôt l'autre régime et la reine passait sans transition de l'extrême repos à l'extrême fatigue. Vers 1562, malgré ces alternatives, Élisabeth était en bonne voie, et la dame de Vineuil écrit à la reine mère : « Il me samble qu'elle ne peut guère retarder de le devenir (grosse). Et s'elle comance une fois, je m'asseure, Madame, qu'elle le sera bien sovant, car sa completion est fort bonne et celle du roy, son mari, ausi[1]. »

Au mois de mai 1564, Élisabeth devint grosse. La cour d'Espagne ordonna de grandes réjouissances, des processions, des cérémonies religieuses auxquelles Philippe II et don Carlos prirent part[2]. Malheureusement dans la nuit du 5 août, peut-être à la suite de l'étrange règle de vie que les médecins lui imposaient, la reine ressentit avant terme les premières douleurs. On la saigna deux fois coup sur coup, une troisième fois au pied dans un bain d'eau chaude, puis une quatrième fois au front. Elle donna le jour à deux filles qui ne vécurent pas[3]. Son rétablissement, entravé par les médecins, fut

---

1. Lettre de la dame de Vineuil à la reine, en date du 28 novembre (1561 ou 1562) (Autogr., f. fr., vol. 15875, f. 436). — Voyez aussi la lettre de la même dame, du 18 décembre (Ibid., f. 403).

2. *Calendars*, 1564, p. 192, 356 et suiv.

3. Lettre de Saint-Suplice à la reine, du 19 août, publiée dans les notes des *Lettres de Catherine de Médicis*, t. II, p. 218.

long et pénible. Enfin, le 7 octobre, Saint-Suplice informa Catherine de la convalescence de sa fille[1]. Un mois après, il ne restait plus rien de l'accident du 5 août, et Saint-Suplice écrit à la reine : « Vostre fille est sortie déjà aux champs par trois fois et ne s'y peult désirer autre chose, si n'est que le Roy couche avecques elle, ce qu'il a bien fort volunté de faire, luy ayant desjà escript du bois de Segovie qu'elle luy mandast si pourroient coucher ensemble à son retour, qui sera dans deux jours, ce que les médecins ne veulent si tost permettre. Toutesfoys je me doubte qu'ils n'en seront creuz[2]. »

A la fin de 1565 la reine d'Espagne fut déclarée officiellement en état de grossesse pour la seconde fois. Saint-Suplice lui proposa de faire venir une sage-femme de France, mais l'étiquette ne permettait pas l'ingérence d'une étrangère. Les couches d'Élisabeth étaient attendues avec anxiété en France. Le bruit s'était répandu que le duc d'Anjou visiterait la cour d'Espagne à cette occasion. Enfin, le 11[3] août 1566, Élisabeth

---

1. Lettre de Saint-Suplice à la reine mère, du 7 octobre 1564 (Orig., f. fr., vol. 15880, f. 270). — Voyez aussi la lettre de Catherine de Médicis et celle de Charles IX (*Lettres de Catherine de Médicis*, t. II, p. 232).

2. Lettre de Saint-Suplice à la reine, du 9 novembre 1564, publiée dans les *Lettres de Catherine de Médicis*, t. II, p. 237, note.

3. Cette date a toujours été mal fixée. Tous les historiens fixent au 1er août la naissance de l'infante Isabelle. Mais une

ressentit les premières douleurs. Philippe II n'avait voulu laisser à personne le soin d'assister sa femme. « Jamais, écrit Fourquevaulx à Catherine de Médicis, il ne quitta l'une des mains de lad. dame, la confortant et lui donnant courage du mieux qu'il savoit et pouvoit. Peu de temps avant les grands coups, il luy donna de sa main le breuvage que vous, Madame, avez ordonné, lequel eut telle force qu'elle se délivra bientôt après, sans sentir comme rien de peine. » Quand on lui dit qu'il était père d'une fille, Philippe II remercia Dieu, « disant à tous qu'il estoit le plus content des princes du monde et trop plus aise d'avoir une fille que si ce fut un infant. » L'ambassadeur de France le trouva au chevet de la reine, garde-malade aussi dévoué que les matrones de la chambre royale. On aime à voir ce prince, que l'histoire représente sous des traits si durs, s'amollir au contact de son bonheur paternel. Fourquevaulx vit aussi la reine. « Sa Majesté, dit-il, avoit bien la parole bonne et le sourire accoustumé ; néanmoins son visage estoit bien maigre et blême. Bientôt elle fut prise d'accès de fièvre tierce double. » Philippe II redoubla de soins. Un médecin fran-

---

lettre de Philippe II, du 12 août, dit positivement que le dimanche 11 août 1566, veille du jour où il écrit, la reine est accouchée d'une fille (Orig. espagnol en date du 12 août 1566; Arch. nat., K. 1506, n° 34).

çais, le s. de Montguyon, avait été envoyé par Catherine. Il n'obtint pas l'autorisation de franchir la porte du palais. Les médecins espagnols décidèrent que la fièvre provenait de « la faute de la royne de ne s'estre suffisamment purgée » et saignèrent au pied, le 14 août, cette jeune femme de vingt ans qui se mourait de faiblesse.

Les recommandations que Catherine avait envoyées par Montguyon furent peu écoutées. « J'entends que ces médecins espagnols, écrit Fourquevaulx, en ont méprisé la plus part, comme grosses bêtes qu'ils sont, n'ayant rien que présomption et arrogance en eux[1]. »

La nouvelle infante reçut le nom d'Isabelle et devint la fille préférée de Philippe II. Sa destinée ne fut pas étrangère à la France. Pendant la ligue, après la décision qui excluait du trône le roi de Navarre comme hérétique, Philippe II proposa sa fille aux États comme l'héritière de Henri III. Repoussée au nom de la loi salique, elle épousa, en 1597, l'archiduc Albert, son cousin, et régna sur les Pays-Bas jusqu'à la mort de son mari en 1621.

Au commencement de 1567, Élisabeth devint

---

1. Lettres de Fourquevaulx à Catherine de Médicis, du 18 août 1566, publiée dans les pièces justificatives de *Histoire d'Élisabeth de Valois*, p. 458. — Autre, p. 453. — *Lettres de Catherine de Médicis*, t. II, p. 339, note.

grosse pour la troisième fois. Les prescriptions médicales qui lui avaient fait tant de mal dans les premières années de son séjour en Espagne l'assaillirent encore une fois. Ses gentilshommes, ses dames, l'empêchaient de « faire un pas, sinon en litière ou portée sur une chaise. » La princesse pensait que « l'exercice feroit grand bien à sa groisse » et aurait désiré « cheminer modérément parmi le palais ou au jardin; » mais, habituée à obéir, elle se soumettait aux conseils impérieux de la duchesse d'Albe. L'ambassadeur de France, sentant son crédit épuisé, invoqua celui de Catherine[1]. L'autorisation de se promener fut discutée par ambassadeur comme une affaire diplomatique. Enfin les conseils de Catherine l'emportèrent et Élisabeth recouvra un peu de liberté. Ces précautions amenèrent un accouchement sans trop de souffrances. Le 9 octobre, elle donna le jour à une seconde fille, qui reçut le nom de Catherine-Françoise, et que Philippe II accueillit avec autant de joie que sa sœur aînée. Fourquevaulx alla visiter la petite infante. « C'est une très belle petite princesse, dit-il à la reine mère, et qui a pour ceste heure les traits du visage plus

---

1. Voir une lettre de la duchesse d'Albe à la reine mère, en date du 4 septembre 1567 (Orig. espagnol; f. esp., vol. 336, f. 105). — *Lettres de Catherine de Médicis*, t. III, p. 193. Cette lettre renouvelle des recommandations précédemment envoyées.

doux que l'aînée. Je ne pus voir les yeux, car elle dormoit. Mais à ce que j'ay vu, ils sont verts et les cheveux tirent sur le brun. Il n'est possible de voir une créature plus jolie[1]. »

Bien que ses dernières couches eussent été faciles, Élisabeth ne se remit pas. Sa taille, qui jusqu'à ce jour avait gardé l'élégance de la jeunesse, prit un développement inattendu ; ses mains, ses bras, son visage se boursouflèrent. Le 19 janvier 1568, elle déclare à Fourquevaulx qu'elle est grosse et que « l'enfant ne cesse de sautiller et fretiller en son ventre[2]. » Les médecins espagnols se trompaient comme elle « sur sa faulce groisse » et « pour retenir ses purgations naturelles » la traitaient par des moyens violents[3].

Pendant tout l'hiver, Élisabeth s'était trompée en se croyant grosse, mais elle le devint au printemps de 1568. Le 18 juillet, elle eut « un évanouissement qui luy dura une bonne heure, » et, les jours suivants, des syncopes, des faiblesses, des accès de tristesse, qui faisaient couler ses larmes « sans savoir pourquoy. » Les dames assuraient que ces désordres révé-

---

1. Pièces publiées dans l'appendice de la *Vie d'Élisabeth de Valois*, p. 479. — Autres, p. 489.
2. Lettre de Fourquevaulx à la reine mère (Copie, f. fr., vol. 10752, f. 1176).
3. Lettre de Fourquevaulx à la reine mère, publiée par le marquis Duprat (*Vie d'Élisabeth de Valois*, p. 361).

laient l'existence de la grossesse, dont elles fixaient la date au 6 mai. Certaines matrones précisaient davantage : « C'est grand signe qu'elle est enceinte d'un fils, écrit Fourquevaulx, selon le dire des femmes qui s'y entendent. » L'ambassadeur proposa au roi de faire venir un médecin de France. Élisabeth refusa et se contenta d'un s. Juan Maldonado, recommandé par la duchesse d'Albe[1]. Bientôt parurent des symptômes plus inquiétants. Par moments la princesse perdait la respiration, le pouls cessait de battre, la tête enflait, les extrémités étaient privées de mouvement, les vomissements et les syncopes devenaient plus fréquents[2].

Le 22 septembre 1568, elle eut un fort accès de fièvre, suivi de tels soulèvements d'estomac qu'elle ne pouvait garder ni aliments ni médecines. Le mal s'aggrava dans les derniers jours du mois. La reine prédisait sa fin prochaine. Les dames d'honneur passaient les jours et les nuits en larmes auprès de son lit. Elle s'efforçait de les consoler et s'excusait de sa rudesse « comme si elle n'avoit pas toujours esté la mère et la compagne de ses suivantes

---

1. Lettre de Fourquevaulx à la reine, du 21 juillet 1568 (Copie, f. fr., vol. 10751, f. 1395). Ce volume et le suivant contiennent une copie de toute la correspondance de Fourquevaulx pendant son ambassade en Espagne.
2. Lettres de Fourquevaulx des 1ᵉʳ août, 10 et 24 septembre (Copies, f. fr., vol. 10751, f. 1405, 1552 et 1459).

plutôt que la maîtresse[1]. » Le 2 octobre, elle fit un testament en faveur de ses dames et de quelques ordres religieux. Le cardinal Espinosa et l'évêque de Cuença lui offrirent les consolations spirituelles. Le dimanche, 3 octobre, à quatre heures du matin, elle demanda à communier, mais elle ne put recevoir l'hostie consacrée à cause de ses vomissements. Au lever du jour, Philippe II lui fit une dernière visite et lui adressa quelques paroles affectueuses. « La reine, écrit l'ambassadeur, s'entretint avec son époux très naturellement et en chrétienne. Elle luy fit ses adieux et jamais princesse ne témoigna plus de bonté et de piété. Elle luy recommanda ses deux filles et ses principales suivantes, le priant de vivre en amitié avec le roy de France, son frère, et de maintenir la paix. Elle ajouta d'autres paroles qui ne purent manquer de toucher le cœur d'un aussi bon époux que le Roy[2]. » Le roi, surmontant son émotion, lui promit d'exaucer toutes ses prières. Puis il se retira, « le cœur rempli d'angoisses, » dans la chapelle du château. A six heures, Élisabeth reçut l'extrême-onction. A dix heures et demie, elle accoucha d'une fille de moins de cinq mois, « laquelle fut

---

1. Juan Lopez, *Relacio de la enfermedad de la reyna Isabel de Valois*, Madrid, 1569, f. 4.
2. Lettre de Fourquevaulx à la reine mère, du 3 octobre (Copie, f. fr., vol. 10751, f. 1470).

baptisée et s'envola au ciel. » Elle avait fait appeler l'ambassadeur de France.

Monsieur l'ambassadeur, lui dit-elle, vous me voyez en chemin de desloger bientôt de ce misérable monde pour un autre royaume plus agréable, où j'espère d'estre auprès de mon Dieu en gloire qui n'aura jamais fin.
Je vous prie dire à la royne, madame ma mère, et au roy mon frère que je les supplie prendre patiemment ma fin, et se contenter de ce qui me contente plus que ne soit oncq bien ni prospérité que j'ay gousté en ce monde, c'est de m'en aller vers mon créateur où j'espère avoir meilleur moyen de leur faire service, et je prieray Dieu pour eux et pour mes frères et sœurs qu'il les garde et maintienne très longuement en sa très sainte protection. Vous les prierez de ma part qu'ils prévoyent à leur royaume, afin que les hérésies qui y sont prennent fin ; et de mon costé je prie et prieray Dieu qu'il leur en donne le moyen, et qu'ils prennent ma mort patiemment en croyant que je suis bien heureuse[1].

Peu après avoir prononcé ces belles paroles, elle perdit connaissance. Vers midi et demi, on s'aperçut qu'elle avait rendu le dernier soupir, les mains croisées sur son crucifix, « comme si elle se fût endormie d'un doux sommeil. » Son visage, dit Fourquevaulx, reflétait la sérénité de

1. Fourquevaulx prête ces paroles textuellement à la reine Élisabeth dans sa lettre du 3 octobre (Copie, f. fr., vol. 10751, f. 1470). Philippe II trouva moyen de se procurer une traduction de cette lettre. Cette pièce est actuellement conservée aux Archives nationales, K. 1513, n° 6. Une relation des derniers moments de la reine, datée du 12 octobre, les reproduit également (Arch. nat., K. 1513, n° 7).

sa vie. « Elle ouvroit ses yeux clairs et luisans ; et sembloit aud. ambassadeur qu'ils luy commandoient encore quelque chose, pour ce qu'ils estoient tournez droit à luy[1]. »

Le roi se retira au monastère de Saint-Jérôme avec don Juan d'Autriche, Ruy Gomez de Silva, et vécut durant un mois dans une profonde retraite. « N'y a homme qui négocie avec Sa Majesté, ni qui le voye, » écrit Fourquevaulx[2]. Il assistait aux deux offices du couvent et passait le reste du jour au fond d'une tribune de la chapelle, éclairée seulement par des torches funèbres. Le 4 octobre, la duchesse d'Albe et les dames ensevelirent le corps de la reine et le couvrirent de fleurs. Les seigneurs espagnols, en grande cérémonie, portèrent à l'église des filles franciscaines, couchés côte à côte dans le même cercueil, les restes glacés de la mère et de l'enfant. Le 18 eurent lieu les obsèques ; le nonce officia et l'évêque de Cuença prononça l'oraison funèbre[3]. Le service

---

1. Lettre de Fourquevaulx à la reine, du 3 octobre 1568 (Copie, f. fr., vol. 10751, f. 1470). Partie de cette lettre a été publiée par le marquis Duprat (*Vie d'Élisabeth de Valois*, in-8°, p. 361). Autre relation datée du 12 octobre, en espagnol (Arch. nat., K. 1513, n° 7). — Communication du roi au parlement (Coll. du parlement, vol. 561, f. 617). — Lopez, *Relacion de la enfermedad de la reyna Ysabel.*

2. Cependant Fourquevaulx obtint une audience le 10 octobre (Lettre à la reine du 15 ; copie, f. fr., vol. 10752, f. 19).

3. Lettres de Fourquevaulx du 15 et du 29 octobre 1568 (Copie, f. fr., vol. 10752, f. 6 et 25). — Juan Lopez, *Relacion de la enfer-*

fut célébré sans musique ni chant, en un profond silence, interrompu seulement, dit Juan Lopez, par les sanglots des assistants. « Jamais, dit Brantôme, on ne vist peuple si désolé, ny si affligé, ny tant jetter de haults cris, ni tant espandre de larmes, sans se pouvoir remettre en façon du monde, sinon au désespoir et à la plaindre incessamment. » Les Espagnols, pour lesquels la reine s'était montrée une fée bienfaisante, habile à tempérer la dureté de Philippe II, « l'idolâtroient plustost qu'ils ne l'honoroient[1]. » La dépouille mortelle d'Élisabeth reposa cinq ans dans le sanctuaire des Franciscaines de Madrid et fut transportée, le 6 juin 1573[2], dans le mausolée de l'Escurial, « avecques une très belle et sainte cérémonie, allant tout le peuple après le corps de la royne, plorant et l'appelant saincte. » Je crois, écrit Jean de Vivonne de Saint-Gouard, ambassadeur de France, successeur de Fourquevaulx, « que jamais autre royne y sera tant aymée[3]. »

---

medad y Essequias funebres de la serenissima reyna de Espana dona Ysabel de Valois, Madrid, 1569.

1. Brantôme, t. VIII, p. 8 et suiv. — Juan Lopez, Relacion de la enfermedad de la reyna Ysabel.

2. Le tome VII de la Coleccion de documentos ineditos para la historia de Espana, p. 83 et suiv., contient des Memorias de fray Juan de San Geronimo qui donnent de grands détails sur cette cérémonie.

3. Lettre de Saint-Gouard à la reine, du 18 juin 1573 (F. fr., vol. 16105, n° 45).

Philippe II acquitta royalement les legs qu'Élisabeth avait laissés aux dames de sa maison. Mlle d'Arné, de Gascogne, reçut une robe de fourrure en peau de loup, Mlle de Saint-Léger une robe de martre, Mlle de Riberac un tissu d'or, plus, chacune, un présent d'un million de maravédis[1] et une dot, payable le jour de leur mariage, de douze cent cinquante mille maravédis. Mlles de Jacincourt et dona Claudia reçurent chacune un million de maravédis, et restèrent au service des infantes. Pétronille de Longueil et Léonor de Cavila, femmes de chambre, touchèrent chacune quinze cents ducats[2].

Au mois de décembre, le cardinal Charles de Guise, de la maison de Lorraine, apporta au roi d'Espagne les condoléances du roi de France[3]. Philippe II, qui connaissait les dispositions épicuriennes du cardinal, avait donné l'ordre de munir de vivres et de coches les villes de son passage[4]. Le cardinal fut reçu en prince à Madrid. Déjà de sombres rumeurs se répandaient en France sur la mort de la reine. Cathe-

---

1. Le *maravédis* valait un peu plus d'un denier.
2. Note de Philippe II communiquée au cardinal de Guise (Arch. nat., K. 1517, n° 18).
3. Lettre du roi à Fourquevaulx, du 28 octobre 1568 (Copie, f. fr., vol. 10752, f. 68).
4. Instructions de Philippe II au vice-roi d'Aragon, en date du 15 décembre 1568 (Copie du temps en espagnol; Arch. nat., K. 1515, n° 5).

rine avait chargé Fourquevaulx de recueillir secrètement quelques informations[1]. Peut-être Philippe II cherchait-il à prévenir les soupçons lorsqu'il faisait étalage de ses regrets. « Sa plus grande consolation, dit-il au cardinal de Guise, estoit le souvenir de la vie pure et vertueuse de l'épouse qu'il avoit perdue. Toutes les personnes attachées au service de la royne, ses dames, ses suivantes, savoient combien il l'avoit aimée, ce que prouvoit du reste la douleur excessive qu'il avoit ressentie à sa mort. Là-dessus il entama un panégyrique des vertus de la défunte et dit que, s'il avoit encore un choix à faire, il ne pourroit rien désirer de plus que de trouver une femme qui lui ressemblât exactement[2]. » Pour laisser à son hôte un bon souvenir de son séjour en Espagne, Philippe II le combla de dons. Une note du temps énumère les objets que le futile prélat avait obtenus du roi[3].

Les gentilshommes de la suite du cardinal de Guise et peut-être le cardinal lui-même rapportèrent à la cour de France le récit de la mort d'Élisabeth, qui courait à Madrid dans le peuple. On racontait, dit une note attribuée à Perez,

---

1. Lettre de Catherine de Médicis publiée dans Raumer, *Lettres sur le XVIe et le XVIIe siècle*, t. I, p. 162.
2. Lettre du card. de Guise à la reine, du 6 février 1569 (Raumer, *Lettres sur le XVIe et le XVIIe siècle*, t. I, p. 163).
3. Note du temps en espagnol, sans date (Arch. nat., K. 1527, n° 26).

qu'un gentilhomme, amant d'une des filles de la cour, avait eu l'habileté de se ménager de secrètes entrées dans le gynécée de la reine. Un rapport d'espion le signala, sans le nommer, à Philippe II, comme l'amant d'Élisabeth. Des courtisans déguisés se cachèrent sous les fenêtres de l'appartement royal et virent descendre le galant en costume de nuit. Ils le suivirent et reconnurent le marquis del Pozzo, jeune seigneur renommé pour ses aventures. Par un hasard malheureux, le jour suivant, dans une course de bague, la reine, du haut de son estrade, laissa tomber son mouchoir et Pozzo le ramassa. Ces indices, dit Perez, persuadèrent à Philippe II que sa femme le trompait. Le soir même des alguazils guettèrent le marquis et l'assassinèrent à coups de dague. Le meurtre resta secret. Quelques jours après, la duchesse d'Albe présenta à la reine un breuvage purgatif. Élisabeth le repoussa, alléguant sa grossesse. La duchesse insista, « disant que cette lune ne se pouvoit passer sans médecine. » La reine résistait. Au milieu de la dispute, arrive Philippe II en costume de nuit. Au premier abord il donne tort à la duchesse, puis, convaincu par les motifs allégués, il s'efforce de « persuader la reine. » Nouveaux refus d'Élisabeth. Le roi d'un ton sévère lui dit « que, puisqu'il importoit à l'État, il falloit qu'elle passât par là. Et, prenant le vase, de sa main le luy présenta et luy fit boire. » Quelques heures après, la reine fut prise d'atroces douleurs et accoucha d'un fils, « qui avoit tout le crasne de la teste bruslé » et qui expira au bout de quelques instants[1].

Les ennemis de Philippe II ont adopté ce roman. Brantôme l'accueille avec sa légèreté habituelle[2]. Les *Mémoires de l'estat de France sous Charles IX*, ouvrage protestant publié en 1576[3], l'*Apologie du prince d'Orange*, en 1581, affirment l'empoisonnement d'Élisabeth par le roi d'Espagne. Le nom seul d'Antonio Perez, le coupable ministre, le complice de Philippe II, devenu plus tard son ennemi le plus acharné[4], doit mettre l'histoire en garde contre ses venimeuses allégations. Le calomniateur ment même sur le sexe de l'enfant « qui avoit tout le crasne de la teste bruslé; » c'était une fille et non pas un fils.

Nous avons, des derniers jours de la vie d'Éli-

---

1. Note attribuée à Antonio Perez et conservée en copie dans la coll. Dupuy, vol. 661, f. 21. Elle a été publiée par le marquis Duprat dans *Vie d'Élisabeth de Valois*, p. 358.

2. Brantôme, t. IX, p. 23.

3. *Mémoires de l'estat de France sous Charles IX*, 1578, t. I, f. 6, v°.

4. Voyez sur ce personnage *Antonio Perez et Philippe II* par M. Mignet et l'ouvrage bien plus important du marquis de Pidal, *Philippe II, Antonio Perez et le royaume d'Aragon*, traduit de l'espagnol par M. Magnabal, 1867, 2 vol. in-8°.

sabeth, un narrateur sincère et sagace, indépendant de Philippe II, l'ambassadeur de France, Raymond de Pavie, s. de Fourquevaulx. Comme ses prédécesseurs, Sébastien de l'Aubespine et Jean de Saint-Suplice, il tenait la reine mère au courant des moindres incidents de la vie de sa fille. Il n'y a pas un mot dans sa correspondance officielle qui accuse Philippe II[1]. Il en est de même de celle du nonce, Giov. Battista Castagna, archevêque de Rossano[2]. Tous deux jugent même indignes d'être transmis à leurs gouvernements les propos que Brantôme reproduit avec tant d'assurance.

La confiance de Catherine de Médicis ne fut même pas effleurée par le soupçon, puisque, sans tarder, elle « mit les fers au feu » pour faire monter son autre fille, Marguerite de Valois, alors âgée de quinze ans, sur le trône d'Espagne[3].

1. La correspondance de Raymond de Pavie, s. de Fourquevaulx, ambassadeur en Espagne, de juillet 1565 à avril 1572, est conservée en copie du temps, sans lacune, à la Bibliothèque nationale, f. fr., vol. 10751 et 10752. Cette copie a été dressée par les soins du fils de l'ambassadeur lui-même sur les originaux et contient toutes les lettres qu'il adressa au roi et à la reine mère pendant sa mission et toutes celles qu'il reçut de la reine et du roi.

2. La correspondance de Giov. Battista Castagna, archevêque de Rossano, nonce en Espagne, est conservée en copie du temps à la Bibliothèque royale de Madrid, X, 172. Nous avons pu la consulter et M. Gachard en a donné une analyse assez détaillée (*Les bibliothèques de Madrid et de l'Escurial*, p. 85).

3. Voyez la correspondance de la reine avec Fourquevaulx dans le tome III de *Lettres de Catherine de Médicis*, p. 200 et

Mais quand Philippe II eut épousé la princesse Anne d'Autriche (14 novembre 1570) et que la reine mère vit le trône de Charles-Quint perdu pour les siens, elle donna cours à son hostilité contre le roi catholique. La calomnie n'avait aucun fondement, mais elle pouvait servir à discréditer l'ennemi. Elle déshonorait le roi d'Espagne auprès des puissances étrangères, elle le couvrait de honte. La reine mère traita ouvertement le roi d'Espagne d'empoisonneur et parla de venger sa fille. Les juges impartiaux haussaient les épaules, mais les esprits prévenus adoptaient l'accusation. C'est ainsi que, le 1er octobre 1572, elle adressa à Arnaud du Ferrier, ancien magistrat huguenot, alors ambassadeur de France à Venise, plus tard chancelier du roi de Navarre, une apologie de sa conduite à la journée de la Saint-Barthélemy, et un réquisitoire contre le roi d'Espagne. Après avoir parlé de la conjuration de l'amiral Coligny[1], de ses rébellions multipliées et de la nécessité où s'est trouvé le roi de le devancer pour sauver sa couronne et sa vie, Catherine de Médicis ajoute des paroles de menace contre le roi d'Espagne : « Pour le regard de ce que me

suivantes. La négociation n'aboutit pas, heureusement pour la jeune princesse, dont l'esprit brillant et les fringantes escapades se seraient mal accommodés du formalisme espagnol.

1. C'était le thème adopté pour excuser le forfait de la Saint-Barthélemy.

mandez de celuy qui a faict mourir ma fille, c'est choze que l'on ne tient point pour certaine, et, au cas où elle le seroit, le Roy, monsieur mon filz, n'en pouvoit faire la vengerie en l'estat que son royaulme estoit lors, mais, à présent qu'il est tout uny, il aura assés de moien et de forces pour s'en ressentir quand l'occasion s'en présentera ; et m'asseure que, quand les princes protestants auront bien sceu la verité et consideré tout ce que dessus, ils continueront à l'endroict de mon filz la mesme volonté qu'ils avoient auparavant[1]. »

La légende fit son chemin. L'arrestation et la mort de don Carlos, la fin de la reine Élisabeth, le mystère qui entourait ce double drame sollicitaient l'imagination. Les hommes sont avides de merveilleux. Nul n'admettait que les deux jeunes princes aient pu mourir de mort naturelle. La passion religieuse prêtait tous les crimes à Philippe II. Depuis 1568, les haines accumulées contre la politique du roi d'Espagne ont fait vivre la sinistre tradition. Saint-Real en a tiré un roman, Schiller une tragédie, les poètes des élégies. Voici un sonnet anonyme, inspiré par la prévention populaire, mais qui nous paraît digne d'être sauvé de l'oubli :

1. Lettre de Catherine de Médicis à du Ferrier, ambassadeur à Venise, en date du 1ᵉʳ octobre 1572 (Minute orig., f. fr., vol. 15555, f. 139).

Parle, tombeau muet, et dy mon triste sort.
Sœur et fille de roy, d'un grand roy je fus femme,
Qui ravit de mon corps avant l'heure mon âme
Pour un soubscon conceu contre moy à grand tort.

Or le venin qui fut préparé pour ma mort
Me corromp tout le sang et ma personne entame;
Mais afin de laisser à ma race le blasme
Il fait croire que c'est la lespre qui me sort[1].

Il feind de s'en douloir pour mieux couvrir son crime,
Feind de cacher mon mal, mais lors plus il imprime
En l'esprit d'un chacun que de lèpre je meurs.

Tuer donc l'innocente et qu'à tel sang subjecte
Tel blasme et sur ce sang tel forfaict se rejecte...
O rois, ô mes parents, soyez-en les vengeurs[2] !

1. Ce couplet contient une allusion qui appelle un commentaire. Les enfants de Henri II avaient tous très mauvais sang, comme on sait. Or le poète accuse Philippe II d'avoir rejeté sur la *lèpre des Valois* le mal secret dont Élisabeth mourut, mal causé par le *venin* qu'il avait *préparé* pour la faire mourir.

2. Ce sonnet est publié d'après les manuscrits par M. Tricotel, dans le *Bulletin du Bibliophile*, 1874, p. 456.

PIÈCES JUSTIFICATIVES.

I.

Lettre de Henri II au cardinal de Tournon.

S. d. (décembre 1558).

Négociations de Cercamp. — Difficultés relatives à Calais.

Mon cousin, par mes dernières je vous ay amplement et à la vérité adverty de tout le cours de la négociation de la paix et mesmement des propoz qui, à la dernière assemblée, auparavant le parlement de Cercamp, estoyent passez entre nos depputez; par où je venoys à conclure que je prévoyois que de Calais seul dépendoyt la paix ou la continuation de la guerre.

Sur ces entrefaictes il est advenu que les Espaignolz ont eu advis de la mort de la royne d'Angleterre et que la longueur de la responce procédoyt de l'extrémité où elle estoyt et peu de résolution qu'il y avoit delà à cause de sa malladie. Sur laquelle occasion mes depputez n'ont failly de faire toute instance pour estre résoluz du faict dud. Calais, ne voulans entrer en aucune particularité de noz aultres différentz, quelque semonce que les Espaignolz en fissent, que cestuilà ne fust vuydé et terminé. Mais n'y pouvans eux toucher suivant ce que auparavant ilz avoyent jà dict, pour ne malcontenter les Angloys, désirans, comme il est bien croyable, avant que d'en venir là, veoir ce qu'ilz debveroient espérer de leur amitié, ilz n'ont voulu passer oultre. Sur quoy mes depputez ont prins party de se retirer sans perdre temps davantaige ou demeurer plus longuement inutiles ; et les Espaignols de leur cousté ont faict le semblable.

Mais avant que se séparer, les ungs et les autres, pour ne rompre du tout, après y avoir tant travaillé, ung si bon œuvre, ilz ont prins terme de se rassembler, le xxv du moys qui vient, au lieu qui sera advisé, pour veoir si Dieu leur fera la grâce de pouvoir effectuer ce qu'ilz désirent pour le bien universel de la Chrestienté et repoz de nous, noz royaulme, pays et subjectz. Durant lequel temps, affin de coupper et oster toute occasion qui peust aigrir noz voluntez daventaige ou empirer ces choses d'une part ou d'aultre, et par là retarder ou empêcher l'effect de cette pratique, ilz ont faict une trefve ou abstinence de guerre pour deux moys, qui finiront le deuxiesme febvrier pour toutes noz frontières deçà. Et après icelle publiée, les Espagnols sont allez en Flandre, et mes cousins les cardinal de Lorraine et maréchal de Saint-André, avec mes aultres depputez, me sont venuz trouver, estant allé mon cousin le conestable devers mons. de Savoye pour accorder de sa rançon et, si tant est qu'ilz puissent tomber d'accord, comme j'espère, luy rendre sa foy.

Voilà, mon cousin, la façon dont s'est séparée ceste assemblée, dont je ne suis encore hors d'espoir d'en tirer le fruict que tout le monde en actend. Bien croi-je fermement que ce qui a meu les Espaignols à demeurer irrésoluz sur led. Calays a esté l'oppinion en quoy sont plusieurs que le roy d'Espaigne tendera au mariage de la nouvelle royne d'Angleterre ; et, s'il y parvient, malaysément viendrons-nous à traicter que les Angloys ne soient contens; lesquelz, voulans obstinément avoir Calays, il y aura peu d'espérance d'une paix. Beaucoup d'aultres estiment que ny la royne d'Angleterre, qui est protestante et a jà permis à ung chascun de ses subjetz de tenir telle foy et créance qu'il vouldra, ny son pays, qui est réduict à sa religion, ne vouldront d'ung prince estranger entièrement contraire à leur opinion, ny moings que le roy d'Espaigne, ayant tousjours esté bon catholique, comme il a esté jusques icy, veulle espouser une femme protestante. Pour le moings voudront-ils scavoir comme ilz auront a vivre avecques les Angloys, desquelz, s'ilz espèrent tirer quelque grand secours, je croy qu'ilz ne vouldront traicter sans eulx. Mais s'ilz voyent qu'ilz n'en puissent avoir aultre advantaige, j'estime qu'ilz n'y auront point tant d'esgard qu'ilz n'en veullent avoir d'aventage à eulx-mêmes.

(Original conservé à Saint-Pétersbourg parmi les autographes de la bibliothèque de l'Ermitage. — Copie de M. Bertrand; Bibl. nat., nouv. acquis., f. fr., vol. 1233, f. 128.)

II.

Requête des habitants de la Corse au roi de France.

S. d. (*vers* 1564).

Cruautés des Génois en Corse.

Plaize au Roy entendre les doléances et cruaultés faictes par les Genevoys aux Corsses, manans et habitans en l'isle d'icelle.

Scavoyr : Dez incontinent que les Genevoys sont esté entrés en la possession de l'isle de Corsse, que couvroit le traicté de paix faict entre feu de bonne mémoire le Roy Henry et le Roy catholique, ilz avoient faict venyr et appeller tous les principaux de ladicte isle, lesquelz avoient prins les armes pour la magesté dudict sr Roy, lesdits Genevois les ayant faict constituer prizonniers, détenuz grandement en prizon avecque grandz et insuportables tormants pour les faire morir d'ésesper dans icelles. Et entre aultres le sr Rassel de Brandi, l'ung de ceulz qui c'estoit vertuzement pourté et employé au service de Sa Majesté; lequel Rassel de Brandi auroient iseux Genevoys mandé quérir sur bonnes parolles au lieu de la Bastide et despuis faict morir en prison d'une mort cruelle.

Le capitaine Marque; après l'avoyr tenu longs temps en prison et l'ayant torqué grandement, l'auroit bany de toute ladite isle de Corsse.

Les capitaines Polli diro, Dacorte et Togante; les auroint faict pendre sans aucune occasion.

Le capitaine Termo Gratiano; auroint prins un sien filz, mys à la cheine et faict morir cinq siens nepveux au lieu de Saint-Florent.

Le capitaine Acquille, le prieur de Casto, Léonard Dacorte, capitaine Jacomi de la Caza Bianca; les auroint banys perpétuellement dudit Corsegue et confisqué tous leurs biens. Et plusieurs aultres Corsses qu'ilz ont faict morir de mort cruelle, lesquelz l'on ne nommera yci pour estre prolixe.

Au sr colonel San Pierro Corsse ont tousjours prins et perceu le revenu de ses biens, ayant faict morir et pendre par les piedz les gens que ledit sr colonel avoyt donné charge de prendre le revenu de sesdits biens; comme et par mesme moyen auroint faict morir de mort cruelle tous les parantz et amys dudit sr colonel et bruslé les piedz à une sienne niepce.

Et despuis, estant dernièrement ledit colonel en Constantinople pour vostre service, lesdicts Genevoys auroint fait faire crier que tous ceux de l'isle de Corse deubssent retirer dans ung moys à peyne de confiscation de corps et de biens. Estant absent ledit s^r collonel, lequel ilz scavoient bien qu'estoit absent pour vostre service, auroint faict démolir et abattre ses moissons, vendu tous ses biens à certains Genevoys et bany tous les hommes et femmes qui ne s'en estoient retirés suivant ladicte criée.

Aussi auroint faict estimer et évaluer tous les biens des manantz et habitantz dudit Corsse à leur plaisir et voluncté; et despuis imposé sur iceux des tailles et charges, oultre celles qu'ilz avoient accoustumé payer auparavant à raison de dix pour cent; tellement que, pour raison de ce, lesdicts Corsses sont esté contraintz quicter et abandonner tous leurs ditz biens, pour raison desdictes impositions, et de désemparer ladicte isle, d'aultant que lesdictes charges se montent plus que le revenu desdicts biens.

Encore auroint lesdict Genevois faict prohibitions et deffances à tous lesdicts Corsses de quicter et abandonner toutes et chascunes armes, et lesquelles leur auroint de faict obtées et levées de leurs mains et pouvoir. A occasion de quoy seront esté prins, desdicts Corsses, tant grandz que petiz, par les galliottes turquesques, environ huict ou neuf mil personnes et menés en Barbarie, où sont encores détenus de présant esclaves.

Aussi auroint lesdicts Genevois mis imposition sur le sel, duquel l'on avoyt acostumé payer cinq soubz de chescune mesure et à présent en fault payer dix soubz.

A ceste cause plaize à Vostre Magesté avoir pour recommandés lesdicts pauvres Corsses, lesquels sont tenus prier Dieu pour vostre prospérité.

(Copie du temps. — S. l. n. d. — F. fr., vol. 15881, f. 290.)

III.

LETTRE DE SAMPIERO CORSO A SON FILS,
ALPHONSE D'ORNANO.

Ornano (9 mars 1565).

Nouvelles de la guerre. — Conseils paternels. — Demande de secours. — Exécution du fils du capitaine Gasparin.

Plusieurs mois il a que je ne vous ay pas escript, d'aultant que nous n'avons point comodité de passaige. Mainctenent m'estant veneu occasion, je n'ay volleu faire faulte de vous escripre ce petit mot de lettre, vous advertissant que par la grâce de Dieu nous nous portons tous bien et nos chosses iront de mieulx en mieulx; vous advertissant que nous avons prins à Serté, où y avoit dedans deux cens souldars, lesquelz nous avons trestous fait mourir à fil d'espée. Et puis après nous avons prins le chasteau d'Istre, lequel nous avons perdeu par occasion du cappitaine Gasparin, qu'estoit cappitaine dudict chasteau, lequel se metit en fuite. Mais mainctenent nous l'avons prins avec l'assault avec grand honneur et vitoire, où ce qu'il avoict dedans dudict chasteau, septante souldars, lesquelz nous avons mis dedans d'ung pais; et les avons faictz tous mourir.

Maintenant, mon très cher filz, nous allons voyr toute l'isle à faire la monstre générale, aiant confience en Dieu que nous ferons chose et aurons tiel secours que vous et nos bons amis se porrons fort bien contenter. Et ne passera guières de temps que vous entendrez des nouvelles que vous seront agréables, parquoy, subitement que nous auront faict la soblution du secours, lequel nous atandons et sommes seurs de l'avoir, je vous donrey nouvelles du tout..... Vous priant que vous vous portiés bien amiablement avec le seigneur Anthoine Franchisco, vostre fraire, d'aultant qu'il n'est pas de besoing de le vous recomander voiant que luy est mineur. Vous plerra le tenir en lieu de filz et de fraire, ainsi que je m'asseure que vous fairés et attendre tous deux à aprendre des vertus et vous faire bien volloire par tout le monde, avec chescun et espécialement avec Monsieur de Meulhon, à Monsr de Carses, à Monseigneur le marquis d'Elbeuf, et à tous nos maistres et bons amis. Ausquelz leur fairés mes humbles recommandations, me offrant d'ung très bon cueur en ce que à moy sera possible. Et dirés audict Monsr de Carses et à Monseig^r le marquis que je ne leur escript mainctenent pour ocasion de non avoir comodité et par ocasion de ma pertance, mais que je reste fort merveilhé de leur seigneurie; me ayent volleu mander un vaiseau pour nous bailler de ses bonnes nouvelles, scaichant mon volloir que j'ay envers eux et que je leur prie que eulx ne me veulhent abandonner; leur asseurant que tout ce que j'ay en ce monde et ma vie, je la metrey tousjours à leur comendement. Et ne fassent faulte, quant eulx escripront à Sa Magesté, de faire mes recommandations.

Mon très cher filz, se pouvés envoier de barches chargées de scel, je vous asseure que eulx le vendront si bien que s'en porront contempter et deschargeront en deux jours. Et se peuvent retirer à la plaige de Chinarque que soubdainement seront expédiées, d'aultant que maintenent nous n'avons besoing que de scel et quelque peu de bonnetz et draps. Et je vous prie faire vostre delligence avec le patron Thomas de m'envoier si pouvés ung engeignier; et, quant ne feusse de si grand esperit, me suffist de ung peu de praticque et je le traicteré de tielle sorte que se contentera.

Dirés au patron Thomas et Padro Piedron que je ne leur escript au présant, d'aultant que je suis sur ma partance; mais la présante sera comme à vous et à eulx, vous priant à vous et à eulx que, par le premier passaige, me bailler de vos nouvelles et de ce que s'ensuivra et en est ensuivy jornellement, et si vous avez des nouvelles, d'aulcune part, comme nous avons entendeu de l'armée du grand Turc, qu'est sorti deux cens gallères, lesquelles doivent venir icy, que ce sont offertes à nostre aide à faire tout ce que sera possible ne pouvoir faire. Et je pence que en ce pendant, nous fairons quelque fassion, et ce pendant vous et le patron Thomas, nous pouvés envoier quelques barches chargées de scel. Je vous prie ferez mes recomandations à tous nous patrons et vous amis. Et si auriés quelques nouvelles du Pinay m'en farés participant, du conseille du patron Thomas. Escriprés à mon nom à Sa Magesté comme les Gennevois n'ont poinct de respect et honte, bruslé la frégatte envoiée icy par son comandement et une barche de Prouvence que venoict icy avec de marchandise; et, que Sa Magesté me voullise aider, que je me offre et me vante, avec mil hommes et deux cens chevaulx, en me baillant munition sans que me baillent aulcune artilherye, leur remectre entre leurs meins l'isle en peu de temps. Et, ne me vollant aider, que Sa Magesté me pardonne si je prens aide et secours de Crestiens ou de Turcz; que, plus tost d'estre soubgetz aux Gennevois, tous les Corsons sont délibérés de soy bailler au Turc ou au diable, si nous peuvent aider.....

Mon très cher filz d'aultant que le cappitaine Gasparin abandonny le chasteau d'Istre tant malereusement, je ordonnis que le fissent mourir, ensemble son fils. Et ledict cappitaine Gasparino ne l'avons peu avoir entre nos meins et seullement nous fismes mourir Jehan-Mathieu, son filz, vous advertissant que se vient en ce lieu ne vous fier poinct de luy en aulcune manière. Non aultre sinon que Dieu vous contente.

(Copie du temps; f. fr., vol. 15881, f. 68.)

IV.

Lettre du comte de Warwick au connétable de Montmorency.

Windsor (17 août 1563).

Réclamations touchant l'inexécution des articles de l'acte de capitulation des Anglais au Havre.

Monseigneur. Il vous peult très bien souvenir des articles accordez naguaires entre nous au Hâvre-de-Grâce sur la délivrance d'icelle entre vos mains, pour le libre passage de moy et les miens, ensemble toutes choses aulcunement appertenantes à la Royne, ma souveraine, ou à aulcuns des siens. En quoy, comme pour ma part j'ay accomply tout ce qu'avois promis, ainsy bien s'en fault que le réciproque ait esté faict et observé envers moy et les miens; car dedans le terme limité audit accord et outre les capitulations et promesses y contenues, le cappitaine Sarlebos et aultres de sa compaignie, entrans en ladicte place, usèrent de la force et violence sur mes soldatz, leur ostant les armures, armes et argent, et oultre ce (dont ay plus de cause et raison de justement m'en plaindre) ilz ont engardé les mynistres de Sa Magesté de enlever hors dudict lieu du Hâvre son artillerye, munitions et poudres, montant à bonne somme, comme aussy les vivres quy avoient esté transportez d'Angleterre là, estans en bon nombre, quantité et de mesme prix estymé par lesdicts ministres à cent mil escuz sol. Or, Monseigneur, encores que les prix desdictes choses ne poiseront pas tant à madicte souveraine, sy est ce que la rupture dudict accord a faict que je vous en escript ce mot, vous pryant que, eu esgard tant à l'estat et honneur de connestable de France que tenez, comme pour vostre intérest particulier de faire observer vos promesses (ne pensant pas que telles oultrages ayent esté perpétrées par vostre sceu), j'en puisse trouver la réparation due et ne me laisser descheoir de l'oppinion qu'avois de vous; quy a esté que me fusse fyé en vous jusques à vous mectre la vye entre les mains sur vostre seulle parolle sans aultre escript; comme attens que le mesme me soit faict par vous et autres en cas semblable.

Et sur ce vous prye bien affectueusement me faire bonne responce avec prompte satisfaction, ayant à ces fins escript à Monsieur le comte de Rhringrave, qui a aussy cognoissance desdicts articles et accord, de moyenner l'accomplissement d'iceulx en mon endroict, auquel j'ay escript par ce porteur estant à ceste heure dépesché par madicte souveraine à son ambassadeur réséant en icelle court, ne voulant luy mectre avant ceste affaire, sy, par faulte de vostre digne et due réparation sur ces poinctz, ny soit contrainct; à quoy n'espère estre occasionné par personne de vostre rang.

Pryant à tant Dieu, Monseig^r, après m'estre très affectueusement recommandé à vostre bonne grâce vous donner la sienne.

(Orig., f. fr., vol. 3242, f. 31.)

V.

Liste des officiers domestiques ordonnés pour le service de Madame Élisabeth de France, royne d'Espagne, fille du roy Henri II, depuis le 17 juin 1559 qu'elle a demeuré en France jusqu'au 3 janvier ensuivant qu'elle entra en Espagne.

17 juin 1559.

Dames. — Mlle Anne de Bourbon, demoiselle de Montpensier, à 800 livres. — Mme Loyse de Bretagne, dame de Clermont, à 1,200 l. — Mme Claude de Vaupergues, dame de Vineuil, à 600 l. — Catherine Gazet, demoiselle de la Motte-au-Groing, dame d'atour, à 500 l.

Gouvernante des filles à 500 *l.* — Madeleine de Rainefort, demoiselle de Lacour.

Filles et demoiselles à 200 *l.* — Léonore de la Rovère, demoiselle de Vineuil. — Catherine de Malesec, demoiselle de Cuiron. — Anne d'Aydie, demoiselle de la Guitonière. — Jeanne de la Cette, demoiselle de Chassincourt. — Philipes de Fumel, l'aînée. — Madeleine de Jubert, demoiselle de Noyent. — Melchiore de Thorigny. — Marthe Taune, demoiselle de Santena. — Marie de Fumel, la jeune. — Françoise de Montal. — Perrette de Corbon, demoiselle de Saint-Léger. — Isabeau de Sareilly, demoiselle d'Arné. — Françoise de Rainefort, gouvernante de Mlle de Montpensier.

Femmes de chambre à 100 *l.* — Catherine Clabault. — Guillemette de Marie. — Loyse d'Auxerre, dite Girouville. — Loyse Bois. — Marie Burgensis, femme de l'apothicaire. — Claire du Chesne. — Angélique de

Canillac. — Aimée Dourière, nourrice de madite dame, à 300 l. — Françoise Lhuillier, pour Mlle de Montpensier.

Femmes des filles. — Deux à 50 l.

Lavandières. — Trois à 120 l.

Aumôniers. — Mess. Claude Sublet, abbé du palais Saint-Étienne, à 400 l. — Don Diego Rogez, à 200 l.

Confesseur. — Fr. Jean Concillon, à 500.

Chapelains. — Deux à 120 l.

Clercs de chapelle. — Deux à 60 l.

Chantres et violons. — Sept à 180 l.

Maître d'hôtel. — Un à 600 l. : André de Vermond.

Panetiers. — Deux à 400 l. : François Salviatty. — Loys Malineau, seigneur de Vaux.

Échansons. — Deux à 400 l. : Nicolas le Vasseur. — Paul de Flavyn.

Écuyers tranchants. — Deux à 400 l. : Antoine d'Espernay. — Charles Gondy, fils de Mme du Perron.

Écuyers d'écurie. — Quatre à 400 l. : Améric Ferrier, marquis de Bourdelon. — Pierre Hunault, seig^r de Lanta. — Charles d'Ongnies, seigneur de Chaulnes. — Charles Guyot, seigneur de la Barde, gentilhomme servant pour Mlle de Montpensier.

Secrétaires. — Quatre à 300 l. : M. Jérôme Berzeau. — M. Daniel Durand. — M. Jérôme Lhuillier. — Jean Bonacoursy.

Contrôleur général. — M. Aignan Dufour, à 800 l.

Clercs d'offices. — Deux à 200 l. : M. Étienne Dufour. — M. Pierre Signac.

Maître de la garde-robe. — David de Odeau, à 300 l.

Médecins. — Deux à 800 l. : M. Simon Burgensis. — M. Vincent Montguyon.

Apothicaire. — Un à 400 l.

Chirurgien. — Un à 100 l.

Valets de garde-robe. — Deux à 200 l.

Valets de chambre. — Sept à 180 l.

Tailleur. — Un à 600 l.

Huissiers de chambre. — Quatre à 180 l. : Claude Dupin. — Claude de Lestang. — Nicolas Guillet. — Jean Paulle.

Huissiers de salle. — Deux à 120 l.

Tapissiers. — Deux à 120 l.

Gens de métier. — Trois à 20 l.

Maréchaux des logis. — Trois à 400 l. : Gabriel de Chamborant, seig^r de Lavau. — Pierre Cheminée, seig^r de Boisbenest. — Jean-Antoine Rasta.

Fourriers. — Quatre à 140 l.

Paneterie. — Deux à 180 l.

Aides. — Quatre à 120 l.

Boulangers. — Deux à 120 l.

Échansonnerie. — Deux à 180 l.

Aides. — Quatre à 120 l.

Écuyers de cuisine. — Deux à 200 l.

Queux. — Deux à 180 l.

Potagers. — Deux à 160 l.

Hasteux. — Trois à 140 l.

Enfants de cuisine. — Deux à 60 l.

Galopins. — Deux à 25 l.

Porteurs. — Quatre à 70 l.

Huissiers. — Deux à 80 l.

Pâtissiers. — Deux à 70 l.

Verduriers. — Deux à 50 l.

Garde-vaisselle. — Un à 200 l.

Fruiterie. — Deux à 100 l.

Aides. — Deux à 50 l.

Sommier. — Un à 120 l.

Fourrière. — Quatre à 100 l.

Aides. — Cinq à 60 l.

Maréchaux de salle des dames. — Deux à 50 l.

Maréchaux des filles. — Deux à 60 l.

Sertdeau. — Un à 80 l.

Portier. — Un à 120 l.

Valets des filles. — Trois à 50 l.

Gens de Mlle de Montpensier. — Charles Guyot, seig^r de la Barde, gentilhomme servant, à 300 l.

Guillaume Doson, valet de chambre, à 100 l.

Jean Moingarineau, tailleur, à 100 l.

Trésorier. — Aymery Tizart, à 1,800 l.

(Copie; coll. Clairembault, vol. 836, f. 2795.)

TABLE.

CHAPITRE PREMIER.

Négociation du traité de Cateau-Cambrésis.

Ouverture des conférences de Cercamp (12 octobre 1558). — Mort de Marie Tudor (17 novembre 1558). — Conférences de Cateau-Cambrésis (février 1559). — Signature du traité de paix (2 et 3 avril). — Appréciation du traité. — Mariage du duc de Savoie et de Marguerite de France. — Blessure et mort de Henri II (30 juin-10 juillet 1559).

CHAPITRE DEUXIÈME.

Exécution du traité de Cateau-Cambrésis en Italie.

Piémont. — Restitution du Piémont au duc de Savoie, à l'exception des places de Turin, de Chieri, de Pignerol, de Chivasso et de Villeneuve d'Asti. — Le maréchal de Brissac fait démanteler les autres places. — Indiscipline de l'armée. — Retour du duc de Savoie en Piémont (déc. 1559). — Ordonnances de ce prince. — Brissac est remplacé par Bordillon. — Échange des cinq villes contre Savigliano, Pignerol et Pérouse (2 nov. 1560).
Toscane. — Ambition de Cosme de Médicis. — Conquête du Siennois.
Ferrare. — Hercule d'Este, fidèle allié de la France. — Alphonse, son successeur, s'allie à l'Espagne.

Montferrat. — La ville de Casal est rendue au marquis de Montferrat.

Corse. — Le capitaine Sampiero Corso. — La Corse est restituée aux Génois par le traité de Cateau-Cambrésis. — Sampiero à Constantinople. — Meurtre de la dame Vanina d'Ornano. — Soulèvement des Corses (1564). — Assassinat de Sampiero (17 janvier 1567). — Alphonse d'Ornano évacue la Corse (1er avril 1569).

États romains. — Paul IV. — Sa mort (18 août 1559). — Le duc de Paliano et le cardinal Carafa. — Meurtre de la duchesse de Paliano (28 août). — Ouverture du conclave (5 sept.). — Élection de Pie IV (25 décembre). — Procès et supplice du duc de Paliano et du cardinal Carafa (1560-61).

CHAPITRE TROISIÈME.

Exécution du traité de Cateau-Cambrésis avec l'Angleterre.

Portrait d'Élisabeth, reine d'Angleterre. — Ses prétendants et ses favoris. — Le duc de Nemours et Leicester. — William Cecil. — Regrets du peuple anglais de la perte de Calais. — Situation difficile des otages français à Londres. — Alliance de la reine d'Angleterre avec les réformés de France. — Le roi de Navarre. — La conjuration d'Amboise. — Première guerre civile en France (1er avril 1562-19 mars 1563). — Traité de Hamptoncourt (20 septembre 1562). — Les Anglais prennent possession du Havre. — Siège et prise du Havre par le connétable de Montmorency (28 juillet 1563). — Négociation de Catherine de Médicis avec la reine d'Angleterre. — Traité de Troyes (11 avril 1564).

CHAPITRE QUATRIÈME.

Exécution du traité de Cateau-Cambrésis avec l'Espagne.

Accord prétendu entre les rois de France et d'Espagne contre les réformés. — Choix de l'ambassadeur d'Espagne en France. — Restitution des biens confisqués des partisans des deux rois. — Accord relatif aux prisonniers.

Affaire de Metz, de Toul et de Verdun. — Restitution à l'Espagne de Thionville, de Marienbourg, de Carignan, de Damvilliers et de Montmédy. — Restitution à la France de Saint-Quentin, du Catelet, de Ham et de Théroanne.

CHAPITRE CINQUIÈME.

Mariage, vie et mort d'Élisabeth de Valois.

Portraits d'Élisabeth et de Philippe II. — Mariage d'Élisabeth de Valois avec Philippe II. — Départ d'Élisabeth pour l'Espagne (18 novembre 1559). — Son arrivée à Roncevaux (2 janvier 1560). — Première entrevue de Philippe II et d'Élisabeth à Guadalaxara (30 janvier). — Arrivée du roi et de la reine d'Espagne à Tolède.

Vie d'Élisabeth de Valois en Espagne. — Élisabeth et ses dames. — Querelles de préséance. — La reine d'Espagne renvoie en France les dames qu'elle avait amenées en Espagne. — Son rôle et son influence politiques.

Élisabeth et don Carlos. — Portrait de l'infant. — Ses amours prétendus avec la reine d'Espagne. — Négociation du mariage de don Carlos avec Marguerite de Valois.

Santé, grossesses et mort d'Élisabeth de Valois (3 octobre 1568).

Nogent-le-Rotrou, imprimerie DAUPELEY-GOUVERNEUR.

OUVRAGES DU MÊME AUTEUR :

COMMENTAIRES ET LETTRES DE BLAISE DE MONLUC, MARÉCHAL DE FRANCE, 1864-1872, 5 vol. in-8, édition publiée pour la *Société de l'Histoire de France*.

MÉMOIRES INÉDITS DE MICHEL DE LA HUGUERYE, 1877-1880, 3 vol. in-8, publiés pour la *Société de l'Histoire de France*.

HISTOIRE UNIVERSELLE, par Agrippa d'Aubigné, 1886-1889, 3 vol. in-8, édition publiée pour la *Société de l'Histoire de France*. Le tome IV est sous presse.

NOTICE DES PRINCIPAUX LIVRES MANUSCRITS ET IMPRIMÉS QUI ONT FAIT PARTIE DE L'EXPOSITION DE L'ART ANCIEN AU TROCADÉRO, 1879, in-8, Techener.

FRANÇOIS DE MONTMORENCY GOUVERNEUR DE PARIS ET LIEUTENANT DU ROI DANS L'ISLE-DE-FRANCE (1530-1579), extrait du tome VI des *Mémoires de la Société de l'histoire de Paris et de l'Ile-de-France*.

LE DUC DE NEMOURS ET MADEMOISELLE DE ROHAN (1531-1592), Paris, 1883, petit in-8, *tiré à 170 exemplaires*.

LE MARIAGE DE JEANNE D'ALBRET, 1877, in-8, Labitte.

ANTOINE DE BOURBON ET JEANNE D'ALBRET, suite de *Le Mariage de Jeanne d'Albret*, 4 vol. in-8, 1881-1886, Labitte.

Ces deux ouvrages ont été honorés par l'Académie des inscriptions et belles-lettres, en 1887, du grand prix Gobert.

Nogent-le-Rotrou, imprimerie DAUPELEY-GOUVERNEUR.

www.ingramcontent.com/pod-product-compliance
Lightning Source LLC
Chambersburg PA
CBHW050730170426
43202CB00013B/2247